Ulrich Wilckens

Kritik der Bibelkritik

Wie die Bibel wieder zur Heiligen Schrift werden kann

Neukirchener Theologie

Dieses Buch wurde auf FSC-zertifiziertem Papier gedruckt. FSC (Forest Stewardship Council) ist eine nichtstaatliche, gemeinnützige Organisation, die sich für eine ökologische und sozialverantwortliche Nutzung der Wälder unserer Erde einsetzt.

Bibliografische Information der Deutschen Nationalbibliothek

Die Deutsche Nationalbibliothek verzeichnet diese Publikation in der Deutschen Nationalbibliografie; detaillierte bibliografische Daten sind im Internet über http://dnb.d-nb.de abrufbar.

© 2012
Neukirchener Verlagsgesellschaft mbH, Neukirchen-Vluyn
Alle Rechte vorbehalten
Umschlaggestaltung: Andreas Sonnhüter, Düsseldorf
Druckvorlage: Dorothee Schönau
Gesamtherstellung: Hubert & Co., Göttingen
Printed in Germany
ISBN 978–3–7887–2603–4 Print
ISBN 978–3–7887–2614–0 eBook-PDF
www.neukirchener-verlage.de

Vorwort

Gegenwärtig ist in den Synoden der Gliedkirchen der Evangelischen Kirche in Deutschland die Frage nach der Autorität und konkreten Verbindlichkeit der Bibel für Glaube und Leben der Christen in unserer modernen Welt aktuell brennend geworden. Dieses Buch soll eine Argumentationshilfe für diejenigen sein, die heute daran festhalten wollen, dass nach dem Bekenntnis *aller* christlichen Kirchen die Heilige Schrift Grund und Quelle des Christseins ist und bleiben soll.
Ich danke vielen Freunden, die mich zur Veröffentlichung dieses Buches gedrängt und ermutigt haben.
Ich danke Papst Benedikt XVI. für sein lebhaftes Interesse, das er mir brieflich und jüngst auch in einer persönlichen Begegnung freundlich erwiesen hat.
Ich danke meiner Enkelin, Frau Ann-Christine Rose, von Herzen dafür, dass sie das Manuskript dieses Buches auf dem Computer geschrieben und termingerecht druckfertig gemacht hat.
Ich danke dem Neukirchener Verlag, vor allem Herrn Dr. Volker Hampel, für den Großmut, dieses Buch zum »Jahr des Glaubens« zu publizieren.

Lübeck, August 2012   Ulrich Wilckens

Vorwort

Gegenwärtig ist in den Synoden der Gliedkirchen der Evangelischen Kirche in Deutschland die Frage nach der Autorität und konkreten Verbindlichkeit der Bibel für Glaube und Leben der Christen in unserer modernen Welt aktuell brennend geworden. Dieses Buch soll eine Argumentationshilfe für diejenigen sein, die heute daran festhalten wollen, dass nach dem Bekenntnis *aller* christlichen Kirchen die Heilige Schrift Grund und Quelle des Christseins ist und bleiben soll.
Ich danke vielen Freunden, die mich zur Veröffentlichung dieses Buches gedrängt und ermutigt haben.
Ich danke Papst Benedikt XVI. für sein lebhaftes Interesse, das er mir brieflich und jüngst auch in einer persönlichen Begegnung freundlich erwiesen hat.
Ich danke meiner Enkelin, Frau Ann-Christine Rose, von Herzen dafür, dass sie das Manuskript dieses Buches auf dem Computer geschrieben und termingerecht druckfertig gemacht hat.
Ich danke dem Neukirchener Verlag, vor allem Herrn Dr. Volker Hampel, für den Großmut, dieses Buch zum »Jahr des Glaubens« zu publizieren.

Lübeck, August 2012   Ulrich Wilckens

Inhalt

Vorwort 5

Einleitung 11

Teil I
Die Geschichte der historisch-kritischen Exegese 15

1 Die Entstehung historischer Bibelkritik in der Zeit der Aufklärung 15
   1.1 Das Grundmotiv der Aufklärung 15
   1.2 Grundmotive der Theologie der Aufklärung 17
   1.3 Grundurteile der Bibelkritik 18
   1.4 Die Bibel im Pietismus 24

2 Die Entwicklung der historisch-kritischen Bibelwissenschaft
   im 19. Jahrhundert 27
   2.1 Die Organisation der exegetischen Wissenschaft 27
   2.2 Die Krise der neutestamentlichen Wissenschaft:
        Strauß und Baur 32

3 Die historisch-kritische Bibelwissenschaft im Zusammenhang
   der Geistesgeschichte des 19. Jahrhunderts 36
   3.1 Immanuel Kant als Lehrer und Kritiker der
        Aufklärungstheologie 36
   3.2 Die theo-logische Problematik der nachkantischen
        Philosophie 38
   3.3 Hegels Philosophie als Integration der zentralen Inhalte
        biblischer Theologie in eine Geschichte des Geistes ... 39
   3.4 Nietzsches Atheismus als gewaltsame Lösung des
        theo-logischen Grundproblems neuzeitlicher Philosophie 41

4 Die Theologie Friedrich Schleiermachers als Rettung der
   Selbstständigkeit christlichen Glaubens und dessen Einfügung
   in den Geist der Neuzeit 46
   4.1 Ein neues Verständnis lebendiger Religion in
        Schleiermachers Erstlingswerk 46
   4.2 Schleiermachers Theologie in seiner kirchlichen Dogmatik 49

5 Die radikale historische Bibelkritik in der 2. Hälfte des
   19. Jahrhunderts und ihre Aufnahme in der liberalen Theologie ...56
   5.1 Die theo-logische Problematik..56
   5.2 Die Einbeziehung der biblischen Exegese in die
       Religionsgeschichte 58
   5.3 Das Christentum als Höchstform der Religion in der
       Geschichte der Religionen: Ernst Troeltsch 60

6 Die Gegnerschaft gegen die Bibelkritik der liberalen Theologie
  und theologische Versuche, diese grundsätzlich zu überwinden....61
   6.1 Der Gegensatz zwischen liberaler und konservativer
       Theologie 61
   6.2 Heilsgeschichtliche Theologie der konfessionell-
       lutherischen Erlanger Schule 63
   6.3 Das Wirken Gottes in der Heiligen Schrift wahrnehmen –
       Adolf Schlatter 65
   6.4 Der Versuch, dem christlichen Glauben eine historische
       Grundlage zu schaffen: Albrecht Ritschl 72
   6.5 Das Erstarken konservativer Bibelwissenschaft und deren
       theologische Verteidigung gegen die radikale Bibelkritik 74
   6.6 Die biblische Dogmatik als Hilfe zur Verteidigung
       biblischer Exegese: Martin Kähler 74
   6.7 Die Annährung konservativer und liberaler Exegese
       auf dem Feld neutestamentlicher Theologie............................77

7 Die Stellung der römisch-katholischen Kirche zur Bibelkritik
  seit der Aufklärung..82
   7.1 Die katholische Schriftexegese vor der Aufklärung...............82
   7.2 Die katholische Schriftexegese seit der Aufklärung...............85

8 Der große Um- und Aufbruch in Theologie und Kirche
  zwischen den beiden Weltkriegen...91
   8.1 Die Entstehung einer Bewegung zur gründlichen
       Neuorientierung in der Krise nach dem Ersten Weltkrieg 91
   8.2 Der Anfang der ›dialektischen Theologie‹: Karl Barth 92
   8.3 Die Auslegung des Neuen Testaments unter dem Einfluss
       Rudolf Bultmanns 94
   8.4 Gründe für den Aufstieg und das Ende der dialektischen
       Theologie 97

9 Zusammenfassender Rückblick 102

Inhalt

Teil II
Wie kann die historisch ausgelegte Bibel wieder zur
Heiligen Schrift werden? 116

1 Die Gottesfrage 116
2 Jesus Christus, Gottes Sohn 126
3 Die Endvollendung der Geschichte Gottes mit den Menschen 138
4 Das Wirken des Geistes in der Kirche 144
5 Hermeneutik der Auslegung der Bibel als der Heiligen Schrift..... 148
6 Die Bedeutung der verschiedenen Methoden wissenschaft-
   licher Exegese 158

Literatur 171

Einleitung

Im Herbst 2012 beginnt in der katholischen Kirche ein »Jahr des Glaubens«. Dem kann sich die evangelische Kirche nur anschließen. Denn was gibt es für eine aktuell wichtigere Aufgabe für beide Kirchen als die: der weithin säkularisierten Öffentlichkeit unserer gegenwärtigen Lebenswelt geistvoll und begeisternd nahezubringen, welche ungeahnt hilfreichen Kräfte für ein sinnvolles und daher gelingendes Leben des Einzelnen und welche ganz eigenen Beiträge zu wahrer Freiheit in Gesellschaft und Staat aus dem christlichen Glauben erwachsen können.
Um dies zu verstehen und dahin zu wirken, bedarf es eines neuen Ernstnehmens der Bibel als der Heiligen Schrift der Kirche. Seit dem Zweiten Vatikanischen Konzil gibt es zwar *in der Lehre* aller Kirchen eine ökumenische Übereinstimmung darin, dass die Bibel die zentrale Quelle alles christlichen Glaubens und Lebens ist. Damit diese Lehre jedoch *in der Praxis* modernen Christseins zur Wirkung kommt, wird für Kirche und Theologie eine große Anstrengung notwendig sein. Denn bis weit in die Zahl der Christen selbst hinein hat die Kenntnis der Bibel stark abgenommen und damit auch die persönliche Vertrautheit mit ihr. Die Theologie aber hat Mühe, Abhilfe zu schaffen. Denn ihre wissenschaftliche Bibelauslegung hat sich weithin in ihre eigene Welt vielfältiger historischer Gelehrsamkeit so eingegraben, dass schon Studenten schwer Zugang finden. Und was davon in die Öffentlichkeit gelangt, klingt dort nicht selten so sehr nach negativer Kritik an der Bibel, dass Christentumsgegner sich freuen, reichlichen Gebrauch davon zu machen.
In der Theologie selbst fällt die Aufgabe, die Lehre von der Bibel als der Heiligen Schrift verständlich darzulegen, der Dogmatik zu und die Aufgabe der Besinnung über die Methode der Bibelauslegung der Hermeneutik (Verstehenslehre). Beide setzen als selbstverständlich voraus, dass die Auslegungsarbeit selbst, die die exegetischen Disziplinen zu leisten haben, durch historische Kritik bestimmt sein muss. Diese sei eine Errungenschaft der Neuzeit, hinter die – so heißt es – heutige theologische Wissenschaft nicht zurückgehen kann.
Historisch-kritische Exegese aber sieht die Bibel nicht als Heilige Schrift, sondern als Sammlung urchristlicher Schriften und diese als Produkte von Menschen aus der Vergangenheit der Anfänge des Chris-

tentums, die wiederum der antiken Welt des Vorderen Orients und des Hellenismus zugehören. Bildungsbürger, die sich für dieses wichtige Erbe interessieren, kommen reichlich auf ihre Kosten. Aber wenn es schon für sie schwierig ist, darin eine Bedeutung für das Denken und Leben unserer Gegenwart zu finden, wie problematisch ist es dann für Pastorinnen und Pastoren, aus dem, was die exegetische Wissenschaft zur Erklärung des ursprünglichen ›Sinns‹ der alt- und neutestamentlichen Texte ihnen zu bieten hat, etwas zu finden, was ihren heutigen Hörern für ihr christliches Leben in der nicht mehr christlichen Welt Orientierung oder gar Glaubensmut zu geben vermöchte.

Seit langem stellt sich die Frage: So hoch die wissenschaftliche Qualität historisch-kritischer Exegese auch einzuschätzen ist – lässt sie die biblischen Texte, deren ursprünglichen Sinn zu erhalten sie als ihre Aufgabe sieht, nicht sehr fremd werden für gegenwärtiges Verstehen, geschweige denn für ein Vernehmen von Gottes Wort? Ist es bei der entschieden historischen Vergangenheitsorientierung moderner Exegese nicht eine geradezu notwendige Folge, dass im kirchlichen Umgang mit der Bibel in Predigt, Konfirmanden- und Schulunterricht ein hohes Maß an sozusagen ›produktiver Willkür‹ herrscht? Und das gilt für katholische Priester und Lehrer grundsätzlich ebenso wie für evangelische.

Dieser Problematik nimmt sich das Fach ›Hermeneutik‹ an. Ihre Aufgabe ist es, in der anwachsenden Beziehungsproblematik, die es schon innerhalb der Theologie und zwischen Theologie und Kirchenleitung gibt, Hilfen zu gegenseitigem Verstehen von Gegenwart und Vergangenheit zu erarbeiten. Ihre wichtigste, aber eben auch schwierigste Aufgabe ist es, im Alten und Neuen Testament *das* vernehmbar werden zu lassen, was in der Vielfalt menschlicher Theologien als ihnen gemeinsame *eine* theo-logische Wahrheit zu Wort kommen will: Gott. Für historische Exegese kann es nur darum gehen, das jeweilige Gottes*verständnis* herauszustellen, das in der Rede von Gott in den verschiedenen biblischen Schriften zu erkennen ist; die Unterschiede und auch Gegensätze zueinander in Beziehung zu bringen und zu zeigen, dass es ihnen allen um *Gott* zu tun war, jedem freilich in seiner Weise. Aber für sich selbst aus den biblischen Texten Gott zu vernehmen, überschreitet, so urteilt man, die der Exegese gesetzten Grenzen. ›Theologische Exegese‹ mag es ja geben – so schwierig und sogar problematisch das auch sei – dann aber als möglichst genaue *Beschreibung* der verschiedenen Theologien in der Bibel, nicht aber als eigene Aufnahme ihrer Rede von Gott. Will die Exegese bei ihren Leisten bleiben, muss sie selbst gott-los sein. Sobald sie sich mit einer eigenen Theo-logie in den Strudel der nebeneinanderstehenden oder einander befehdenden Theo-logien im Urchristentum selbst einmischt, wird sie ihre ihr vorgeschriebene historische Neutralität verlieren und das Bild der Geschichte der Urchristenheit in aller Regel verzeichnen.

Einleitung 13

Nun gehört heute zum hermeneutischen Standard-Wissen, dass dem früheren Ideal einer vorurteilsfreien, objektiven Exegese ein Denkfehler zugrunde lag: Ein »Vorverständnis« bringt jeder Historiker in seine Arbeit ein und damit eben auch eigene Urteilsmaßstäbe. Die historische Kunst kann nur darin bestehen, die Verfasser der neutestamentlichen Schriften mitsamt ihren Urteilen als Partner der Kommunikation mit ihnen ganz ernst zu nehmen. Aber nimmt man sie wirklich ernst, wenn man ihre Rede von Gott als ihre eigene (bzw. von anderen übernommene) menschliche Theologie beurteilt, nicht aber als Theologie, wie sie es selbst meinen? In der ›vorkritischen‹ Zeit war es einmal der Sinn und das Ziel aller Auslegung biblischer Texte: diese als *Zeugnisse von Gott* ernst zu nehmen, um selbst »Gottes Wort« aus ihnen zu vernehmen: Ist es damit wirklich und endgültig vorbei? Im Sinn der Aufklärung als der Mutter aller historisch-kritischen Exegese muss die Antwort ein klares Ja sein. Gott als ein transzendenter Herrscher über die Menschen oder auch als ihr Erlöser kann nicht selbst Gegenstand vernünftigen Erkennens sein, wie Kant uns für immer gültig gelehrt hat.
Da historisch-kritische Exegese ein Unternehmen der Vernunft ist, kann sie selbst nicht »theo-logisch« sein. Theo-logien in auszulegenden Quellen ›vorkritischer‹ Vergangenheit kann sie nur als theologische Konzeptionen mit Vorstellungen von Gott erklären, denen nach heutiger vernünftiger Auffassung keine Wirklichkeit entspricht. Daraus leitete die Aufklärungstheologie das Recht ab, von vornherein als die Wahrheit *hinter* den Texten nur menschliche Lehren und Vorgänge zu suchen, zum Beispiel im ›historischen Jesus‹ nur einen Menschen zu sehen, nicht den Gottessohn; einen durchaus weisen Lehrer vernünftiger Moral, nicht den Verkünder eines Herrschergottes, sei es als Richter und Rächer, sei es auch als Retter und Heiland. Dass man jedoch so die Texte nicht deutet, sondern umdeutet, haben dann die Exegeten des 19. Jahrhunderts immer klarer erkannt. Freilich – je historisch-konsequenter man in der Exegese zu Werke ging, umso merkwürdigere, ganz und gar zeitbedingte ›apokalyptische‹ Vorstellungen musste man Jesus zuerkennen, und als eine umso fremdere Gestalt erschien er. Und wenn es dann darum ging, was an Jesus denn überhaupt noch Bleibend-Wahres sei, so kamen auch strengste historische Exegeten schließlich doch auf einen sympathischen Lehrer mit ganz ›humanen‹ religiös-sittlichen Anliegen zurück, auf eine Gestalt, die dem ›historischen Jesus‹ der Aufklärung augenscheinlich glich! Das ist grundsätzlich bis heute so, wie auch immer die sympathischen Züge des ›historischen Jesus‹ mit dem Urteil der jeweils eigenen Gegenwart wechseln.
In diesem Buch soll der Versuch unternommen werden, die historische Bibelkritik ihrerseits einer Kritik zu unterziehen. Das soll nicht heißen, sie insgesamt abzulehnen! Bloße Ablehnungen hat es in der Geschich-

te der Exegese immer wieder gegeben und gibt es auch heute. Was dabei herauskam, waren zumeist nur Verfestigungen der Gegensätze und entsprechende Polarisationen.

Nein, hier soll mit der gleichen Methode, mit der die Tradition historischer Kritik die biblischen Texte zu verstehen sucht, die historische Bibelkritik selbst historisch-kritisch auf die sie leitenden Motive hin geprüft werden. Das kann nur so geschehen, dass ihre eigene Geschichte historisch-kritisch verfolgt wird, von ihrer Entstehung im Zeitalter der Aufklärung an bis in unsere Gegenwart hinein.

Das wird die Aufgabe des Ersten Teils sein. Daraus soll sich dann in einem Zweiten Teil eine Möglichkeit ergeben, heute in neuer Weise von Gott selbst zu reden in der Vielfalt durchweg menschlicher Zeugnisse von seinem Handeln – und damit deren eigentlichem Anliegen historisch-kritisch zu entsprechen. Es wird so auch zwischen dem Alten und dem Neuen Testament eine theo-logische Einheit sichtbar. Und es werden den vielerlei Initiativen im »Jahr des Glaubens« theologische Hilfen angeboten, und zwar – so hoffe ich – im Bereich sowohl der evangelischen wie auch der katholischen Theologie und Kirche.

Teil I
Die Geschichte der historisch-kritischen Exegese

1 Die Entstehung historischer Bibelkritik in der Zeit der Aufklärung

1.1 Das Grundmotiv der Aufklärung

Oft ist zu lesen, in der Aufklärung sei nichts anderes geschehen als das Erwachsenwerden der Vernunft, die nun endlich ihrer selbst bewusst geworden sei und sich von der bisher sie beherrschenden Mutter, der Kirche, gelöst, »emanzipiert« habe. Daran ist zwar richtig, dass in der Tat überall, wo in Europa die Aufklärung als neue Bewegung entstanden ist – zuerst in England, dann in Frankreich und Deutschland – wissenschaftliche Vernunft mit dem Wahrheitsanspruch nachprüfbarer Empirie in Streit geriet mit der Kirche und der bloß durch ihre Autorität verordneten Glaubenslehren und Lebensordnung.
Doch Spannungen zwischen Vernunft und Glauben hat es seit Jahrhunderten zuvor gegeben, ohne dass daraus antikirchliche Gegensätze erwachsen sind. Und als dann durch die Reformation die Einheit der Kirche zerbrach, war der Grund dafür ein tiefer Gegensatz im Glauben und nicht zwischen Glaube und Vernunft. *Dieser* Gegensatz blieb auf einzelne Wissenschaftler und ihre wenigen Anhänger beschränkt. Deren große astronomische Entdeckungen wurden von beiden Kirchen abgelehnt. Und als sich dann kleine Gruppen bildeten, in denen sich nun tatsächlich wissenschaftliche Vernunft mit vernünftiger Kritik an Inhalten des Glaubens verband, blieb dies auf zahlenmäßig kleine Sekten beschränkt, die von den Kirchen als Ketzer verurteilt wurden (wie die sogenannten Sozinianer in Polen und Holland). Breite Bewegungen sind daraus nicht geworden – bis auf einmal die der Aufklärung entstand mit ihrer Tendenz, für die Vernunft Autonomie entgegen aller kirchlichen Bevormundungen zu beanspruchen und die Vernünftigen zu ermutigen, sich aus der Kirche in die Freiheit einer christlichen Privatexistenz zurückzuziehen. Deswegen muss nach den *Motiven* gefragt werden, die zu dieser antikirchlichen Tendenz geführt haben, mit der die Aufklärung der Autonomie der Vernunft ihre Durchschlagskraft verschafft hat.
Hier ist nun ganz deutlich zu sehen: Überall in Europa sind es die Erfahrungen der Auswirkungen der Kirchenspaltung in der gesamten Le-

benswelt gewesen, die zum Widerspruch gegen die Kirchen geradezu herausforderten – vor allem die Religionskriege, die im Namen der einander bekämpfenden *Kirchen* geführt worden sind, besonders in Deutschland, wo drei Jahrzehnte hindurch unzählige Dörfer und Städte zum Teil mehrfach zerstört und ganze Regionen verwüstet worden sind und zahllose Menschen unmenschliches Leid erfahren mussten. Empört war man darüber, dass es *christliche Kirchen* waren, in deren Namen all diese widerchristlichen Unmenschlichkeiten geschehen waren; Kirchen, deren Feindschaft gegeneinander dieses Unrecht sogar noch legitimieren sollte. Diese Empörung erreichte ihren Siedepunkt, als aufgrund des schließlichen politischen Friedensschlusses das militärische Wüten zwar aufhörte, aber den Fürsten das *Recht* zuerkannt wurde, alle Menschen, die sich nicht zur Konfession ihres politischen Herrn bekennen wollten, als Ketzer aus ihrer Heimat zu vertreiben. Wenn *Kirchen* diesen Hass gegeneinander und solches Vertreibungsunrecht geradezu forderten, dann konnten anständige Christen sie nur als unchristliche Institutionen ansehen und sich aus ihnen zurückziehen, um im eigenen Privatbereich ein eigenes Christentum zu leben, das als wahrhaft menschlich wahrhaft christlich sein sollte.
Diese Reaktion führte einen rasch wachsenden Kreis des gebildeten Bürgertums zusammen; und es legte sich nahe, dass sie zur Begründung einer weltanschaulichen Alternative zum kirchlich verordneten Leben auf den Gegensatz zwischen vernünftiger Religion und verordneter kirchlicher Glaubenslehre zurückgriff, der zuvor in den Kreisen der englischen Aufklärung entwickelt worden war. Dieser ging es bereits darum, die unselige konfessionelle Feindschaft zwischen der anglikanischen und der katholischen Kirche durch eine vernunftgemäße Position zu überwinden, die sich gegen beide Kirchen richtete und der Gesellschaft endlich Frieden schaffen sollte durch Privatisierung der Religion und allseitige Toleranz im öffentlichen Leben. Es war wie eine *neue dritte Konfession*, die sich von nun an bildete. Diese nahm die »Freiheit eines Christenmenschen« für sich in Anspruch, jedoch anders als Luther sie gelehrt hatte: als die persönliche Freiheit, allein nach dem Urteil des eigenen Gewissens leben zu dürfen und leben zu sollen. War es Luther um die Freiheit im Glaubensgehorsam zum Evangelium gegangen, zu der er Christenmenschen zum Widerstand gegen die Verfälschung des Evangeliums durch den Papst und seine »papistische« Kirche ermutigte, so hatte sich in den Religionskriegen auch die lutherische Kirche als nicht weniger »papistisch« erwiesen, sodass man nun die Freiheit des allein der Vernunft gehorchenden Gewissens durch Emanzipation auch von der Herrschaft lutherischer Kirchenlehre zu gewinnen hatte. Nur die Wahrheit, die die Vernunft lehrte, konnte dazu ermächtigen; und diese war die Wahrheit der Toleranz, die jedwedem kirchlich-konfessionellen Exklusivanspruch auf die alleinige Wahrheit des Glaubens gegen alle falschen Wahrheiten

ein radikales Ende zu machen hatte. Glaube kann nur als persönlicher Glaube wahr sein. Und ihn wahrhaft christlich zu leben, ist nur so möglich, dass ich allen anderen die Wahrheit ihres Glaubens nicht bestreite. War das nicht der Sinn des Gebots, das Jesus als das zentrale Hauptgebot gelehrt hatte: »Liebe deinen Nächsten wie dich selbst«, und in das er auch den Feind ausdrücklich einbezogen hat (Mt 5,48)?

1.2 Grundmotive der Theologie der Aufklärung

Damit tritt nun auch das Urteil aller Aufklärungstheologie hervor, das für den Umgang mit der Bibel gilt:
Der Glaubenslehre der lutherischen Kirche liegt die Forderung zugrunde, die Bibel ganz, Wort für Wort, als das allein wahre Zeugnis der Offenbarungswahrheit anzuerkennen und sie so zu gebrauchen: als von Gottes Geist eingegeben und daher für alle Menschen von absoluter Autorität. Für einen vernunftgeleiteten Glauben dagegen wird durch diese Forderung die Bibel selbst zum ›papierenen Papst‹. Ein vernünftiger Christ kann diese Lehre von der Inspiration der Bibel als unantastbar-heilige Schrift nur ebenso bestreiten wie alle anderen ›Dogmen‹ der Kirche; und sie sogar an erster Stelle, weil sie deren Wahrheitsanspruch begründete! Sind es doch durchweg Menschen, die in allen Schriften der Bibel zu Wort kommen: Wie kann man überhaupt annehmen, dass diesen Menschen alle ihre Worte von Gottes Geist geradezu diktiert worden sein sollten? Nein, es sind Zeugnisse von Menschen, sie müssen daher von der Vernunft geprüft werden können, ob sie nach *deren* Kriterien als wahr anzuerkennen sind oder nicht. Allerdings gehört als Voraussetzung zu solcher Prüfung, dass man sich nach allen Regeln der Kunst der Auslegung von Schriften des Altertums darum bemüht, den biblischen Autoren gerecht zu werden und zu erkunden, wer sie waren und welches der Sinn ist, in dem sie selbst ihre Aussagen verstanden wissen wollten. Mit anderen Worten: Die biblischen Schriften sind historisch zu untersuchen und auszulegen.
Der Erste, der in Deutschland diesen neuen Grundsatz »*historisch-kritischer Exegese*« dargelegt und erste Ergebnisse solcher Prüfung einem bereits breiten Publikum interessierter Gebildeter vorgelegt hat, war der allseits hochgeachtete Hallenser Professor *Johann Salomo Semler* (1725–1791). Er untersuchte die Entstehungsgeschichte der Sammlung der einzelnen Schriften zum »Kanon« der Bibel. Unter Heranziehung aller vorhandener Nachrichten zeigte er, dass diese Zusammenstellung erst vom 2. Jahrhundert n.Chr. an in einem langen Prozess kirchlicher Entscheidungen geschehen ist. Zur Zeit der Apostel hat es nur das Alte Testament als ein Buch gegeben. Die Evangelien und Briefe des Neuen Testaments waren noch einzelne Schriften, die zu verschiedener Zeit geschrieben und in Gemeinden verschiedener

Orte aufbewahrt worden sind, und denen wahrscheinlich mündlich überlieferte Predigten und Lehrvorträge vorausgegangen waren. Semler wusste wohl, dass er mit diesem Werk der gesamten Kirchenlehre den Boden entzog. Aber er wollte der Christenheit keineswegs ihre Bibel unglaubwürdig werden lassen, im Gegenteil: Als ein frommer Christ meinte dieser Gelehrte, durch seine historischen Untersuchungen einer aufgeklärten Christenheit die Zeugnisse der Bibel näher und konkreter vor Augen zu stellen. Nur das Historisch-Ursprüngliche war doch das echte Christentum, und die historisch-untersuchende Vernunft gab die größtmögliche Sicherheit, es zu finden! Der Glaube war aber die Sache jedes einzelnen Christen; und hielt dieser seinen Glauben mit seiner Vernunft zusammen, so werde er dazu imstande sein, aus der Fülle der verschiedenen Zeugnisse der Schrift das für sich auszuwählen, was sowohl seinem religiösen Bedürfnis entspricht als auch vor dem Urteil der Vernunft besteht. Weil aber die Vernunft allen Menschen gemein ist, werden diejenigen Inhalte der Schrift, die die Vernunft bejaht oder doch in ihrem Sinn zu deuten vermag, auch hinreichen, um Inhalt einer allen Christen gemeinsamen gesunden Glaubenslehre zu sein; und hält man sich an diese, so bedarf es der widervernünftigen Dogmen der Kirche nicht mehr. Ja, man hat in dieser vernünftig ausgewählten biblischen Glaubenslehre sogar eine gemeinsame Grundlage für alle Christen, und damit konnten endlich auch die Gegensätze zwischen den Kirchen zugunsten einer neuen Einheit echten Christentums überwunden werden!

So zeigten sich hier Ansätze zu einer gründlichen neuen Reformation, durch die man ohne exklusive Wahrheitsansprüche und ohne Dogmenzwang als Christen in Frieden zusammenleben konnte. Auf dieses Ziel gemeinsamer Sehnsucht vieler Zeitgenossen liefen alle ›kritischen‹ Impulse der frühen Aufklärungstheologie hinaus: Dogmen spalten – Vernunft eint. Kirchen knechten – Vernunft macht frei. Eine von Gott inspirierte Heilige Schrift erzwingt Glauben – eine Bibel voller vielfältiger Zeugnisse menschlicher Religion gibt jedem Christen freien Raum.

1.3 Grundurteile der Bibelkritik

Dieses Bild einer harmonisch neu vereinten Christenheit verdeckt nun aber die destruktiven Kräfte, die der Bibelkritik der Aufklärung von Anfang an innewohnten. Denn: Was galt jetzt alles in der Bibel als widervernünftig und als »Aberglaube«!

1. An erster Stelle waren es die vielen *Wunder* in der Bibel, einschließlich der Wundertaten Jesu in den Evangelien, die, weil und sofern sie als Akte berichtet werden, die die Naturgesetze durchbrochen haben sollen, von jedem vernünftigen Christen bestritten und abge-

1 Die Entstehung historischer Bibelkritik in der Zeit der Aufklärung

lehnt werden mussten. Wusste man doch, dass die Gesetze, die der Natur zugrunde liegen, schlichtweg gültig sind und durch keinen Eingriff außer Kraft gesetzt werden können, von wem auch immer. Daraus folgte mit Notwendigkeit: Diese Wunder konnten gar nicht geschehen sein, und vor allem: Sie durften auch nicht als Erweise göttlicher Macht in Jesus gelten, weil diese ja doch die Macht des Schöpfers ist, die sich gerade umgekehrt im Walten der Naturgesetze erweist. Dann aber können die Wunder auch nicht den wahren Glauben an Gott beweisen, sondern sie bestärken den Aberglauben! Was vernünftige Exegese allenfalls vermag, ist: zu unterscheiden zwischen dem Verständnis der biblischen Erzähler, dass es sich um ein Wunder gehandelt habe, und der vernünftigerweise offen zu lassenden Möglichkeit, dass es außergewöhnliche natürliche Ereignisse waren, die die in naivem Aberglauben befangenen Erzähler nur als Wunder erlebt haben. Bestimmte Heilungen Jesu sind medizinisch erklärbar, einschließlich der Austreibungen dämonischer Mächte, die dann in Wahrheit Heilungen von Geisteskrankheiten gewesen sein können. Solcherlei Deutungen finden sich bei Exegeten um die Wende vom 18. zum 19. Jahrhundert vielfach. Sie merkten gar nicht, dass es sich tatsächlich um grobe Umdeutungen handelte, die einem noch naiverem Umgang mit den biblischen Erzählungen entsprungen sind, als die Naivität der wundergläubigen Erzähler, die sie ›berichtigen‹ zu müssen meinten.
Wahrhaft historisch wäre es gewesen, wenn man diese ›Naivität‹ der biblischen Erzähler zumindest als Element ihres Glaubens an Jesus ernst genommen hätte, der die Wunder als Erweise der Herrschaft Gottes erzählt. Dass überhaupt zum *Wesen Gottes* im Sinne biblischer Theologie sein *schöpferisches Handeln* gehört, ist der Hintergrund alles Wirkens Jesu. So ist es nicht ein Eingriff in die Naturgesetze, die die biblischen Erzähler berichten wollten, sondern vielmehr die Erfahrung der göttlichen Macht der »Königsherrschaft« Gottes selbst, die als ganz dieselbe auch im Zuspruch der Vergebung wirkt, mit dem nicht wenige Heilungstaten Jesu ihren abschließenden Höhepunkt finden. Die Bestreitung der Wunder durch die »historische Kritik« der Vernunft, ist also der Sache nach eine *Bestreitung der Wirklichkeit des biblischen Gottes* überhaupt. Das ist jedoch den kritischen Exegeten der Aufklärung offenbar gar nicht bewusst geworden. Atheisten wollten sie allesamt nicht sein. Dass sich jedoch ihr ›vernünftiges‹ Verständnis Gottes von dem der gesamten Bibel tiefgreifend unterschied, das haben sie wohl gesehen, es wurde für sie aber nicht zu einem theologischen Problem. Ihnen galt Gott als vernünftiger gütiger Vater aller Menschen als seiner lieben Kinder. *Das* zu glauben, war aufgeklärten Menschen des 18. Jahrhunderts völlig ausreichend, um als vernünftige Christen ein humanes Leben zu führen. Dass in einem solchen Glauben die *Wirklichkeit Gottes* selbst ganz *verloren* zu gehen drohte, ist das unbemerkte, aber abgründige Problem der Aufklärungstheologie

von Anfang an gewesen. Wir werden sehen, dass ihr weiterer Verlauf im 19. Jahrhundert diese Gefahr immer deutlicher hat hervortreten lassen.

2. Das größte Wunder, das im Neuen Testament verkündigt und erzählt wird, ist die *Auferstehung Jesu*. Auch sie hätte deshalb von Aufklärungstheologen, die Wunder grundsätzlich bestritten haben, logischerweise als geschichtliches Ereignis ebenso – ja vor allem – bestritten werden müssen. Doch dies wagten zuerst nur vereinzelte radikale Aufklärer in England (Thomas Woolsten, Peter Anet). Von ihnen angeregt, hat in Deutschland der Hamburger Gymnasialprofessor *Hermann Samuel Reimarus* (1694–1768) durch einen kritischen Vergleich aller Osterberichte der Evangelien den zwingenden Beweis dafür erbringen zu können erachtet, dass Jesus in Wahrheit nicht vom Tode auferstanden sei, sondern seine Jünger seine Leiche heimlich aus dem Grab gestohlen hätten, um mit dem Verweis auf das leere Grab als augenfälliges Beweisstück die Auferstehung ihres Lehrers zu verkünden. Weil seine englischen Vorgänger beide durch strafrechtliche Verfolgung Leben und Ehre verloren hatten und in Hamburg eine strenge Zensur für Veröffentlichungen bestand, hat Reimarus sein Werk (in dem die Untersuchung der Auferstehungsberichte nur ein Teil war) zeitlebens geheim gehalten. Erst nach seinem Tode hat *Gotthold Ephraim Lessing* (1729–1784) die entscheidenden Stücke daraus veröffentlicht – nicht weil er allen Beweisgängen zustimmte, sondern weil es in einer freiheitlichen Gesellschaft unbedingt notwendig sei, auch derart radikal-kritische Untersuchungen öffentlich mit Argument und Gegenargument zu diskutieren.

Das geschah denn auch in aller Heftigkeit; und deswegen konnte von nun an keine kritische Exegese die Geschichte Jesu behandeln, ohne zu diesen »Fragmenten eines Ungenannten« (so der Titel Lessings) Stellung zu nehmen. Dessen Beweisgängen ist zwar kaum jemand gefolgt, aber die geschichtliche Wirklichkeit der Auferstehung Jesu war zum Problem geworden; und doch war allen bewusst, dass es sich hier um das entscheidende Thema des Neuen Testaments handelt! Man konnte die historische Frage nicht verneinen, ohne eine exegetische Lösung anzubieten, wie denn dann die Entstehung der Osterbotschaft zu erklären sei. Das – bis heute wirksame – Modell der zumeist vertretenen Antwort lautet: *Der Glaube* der Jünger an Jesus und seine Verkündigung sei so stark gewesen, dass sie zu der Gewissheit kommen mussten, er lebe; und seine Verkündigung und Lehre, für die er gestorben sei, behalte ihre Wahrheit über seinen Tod hinaus für ewige Zeiten. Dies ist ein Argument, mit dem sich erklären zu lassen schien (und scheint), dass die nachösterliche Geschichte des ganzen Urchristentums mit der *Verkündigung* der Auferstehung Jesu begonnen hat.

So bleibt zwar, rein historisch betrachtet, das Problem, wie denn diese Glaubensgewissheit in den Jüngern entstanden sei angesichts des Gescheitertseins des Gekreuzigten, und wie ihre Auferstehungsverkündigung in der Jerusalemer Öffentlichkeit so viele Menschen hat überzeugen und von der Obrigkeit hat bestritten werden können – angesichts des Grabes Jesu? Die erste Frage ließ (und lässt) sich nur psychologisch beantworten: die »Erscheinungen« des Auferstandenen seien nicht äußerliche Ereignisse gewesen, sondern *innere Visionen*. Diese hätten so stark auf die Zeugen gewirkt, dass sie die Auferstehung ihres Herrn als wunderbare Tatsache selbst geglaubt und verkündigt hätten. Und das zweite Problem schien man loswerden zu können mit der Vermutung, das Grab Jesu sei tatsächlich leer aufgefunden worden – jedoch weil Jesus nur scheintot gewesen sei und bei seinem Erwachen unbemerkt das Grab verlassen habe; oder aber, weil ein Unbekannter seine Leiche aus dem Grab entfernt habe. Aber das sind Vermutungen, die, *historisch* gesehen, überaus *unwahrscheinlich* sind. Und die psychologische Erklärung der Erscheinungen als Visionen ist nur für die überzeugend, die ohnehin aus naturwissenschaftlichem Grund *wissen*, dass die Rückkehr eines wirklichen Toten ins Leben auszuschließen sei. Solches sichere Wissen schließt so alles Fragen, nach dem, was wirklich geschehen ist, von vornherein aus. *Das* ist das wahre Problem der ganzen Osterdiskussion: *Es ist eigentlich kein historisches, sondern ein weltanschauliches Problem*, dessen historische Lösung ihre Überzeugungskraft nur durch die vorauszusetzende eindeutige Sicherheit des naturwissenschaftlich begründeten Urteils hat.

3. Mit der Auferweckung Jesu aus seinem Tod am Kreuz ist im ganzen Neuen Testament die *Heilswirkung dieses Todes* wesenhaft verbunden: »Christus ist für unsere Sünden gestorben« (1Kor 15,3), lautet der erste Satz des Grundbekenntnisses des Urchristentums. So groß in der Aufklärungstheologie die Scheu war, das Auferstehungszeugnis schlichtweg historisch zu bestreiten, so verbreitet war die Kritik dieser Lehre von der Erlösungskraft des stellvertretend für alle Sünder erlittenen Todes Christi. Sie widersprach nicht nur der Unvertretbarkeit der Person des autonomen Menschen, sondern vor allem: Sie schlug der moralischen Würde des Gottes, den man verehren wollte, geradezu ins Gesicht: Wie konnte dieser Gott, der alle Menschen liebt und darum jegliche Gewalt gegen einen Menschen verurteilt, etwas so Grausames getan haben, seinen eigenen Sohn als Opferlamm zu schlachten oder auch nur zuzugeben, dass dieser sich ermorden ließ, um uns von Sünden zu befreien! Wenn Fehler sich gegenseitig zu verzeihen, zur moralischen Größe jedes anständigen Menschen gehört, so vermag doch erst recht der erhabene Gott seinen fehlsamen Menschen lediglich mit einem Wort zu vergeben, nicht aber doch durch ein so schreiendes Unrecht an seinem eigenen Sohn. Und was im Bereich des ›Mythischen‹

von Gott-Vater und Sohn gilt, das hat doch seine moralische Geltung noch ungleich gewichtiger im Blick auf den ›historischen Jesus‹ als einen Menschen. Wie hätte er, der Lehrer humaner Moral, auch nur auf den Gedanken kommen können, er wolle – oder solle gar – sich selbst Gott zum Opfer darbringen, um ihn zu bewegen, seinen »Zorn« gegen uns Sünder aufzugeben und uns aufgrund seines Opfertodes zu vergeben!

In der Tat lehrte dies die Dogmatik der lutherischen Kirche aufgrund der mittelalterlichen Versöhnungslehre. Anselm von Canterbury hat diese nach dem Vorbild der Wiederherstellung der verletzten Ehre eines Fürsten durch Zahlung eines Lösegelds ausgeführt. So »musste« der Sohn Gottes für die Wiederherstellung der durch die Sünder verletzte Ehre Gottes das Allerhöchste an Lösegeld seinem Vater darbringen, damit dieser von der Bestrafung der Sünder mit dem ewigen Tod absehe: sein eigenes Leben.

Noch im 18. Jahrhundert hörte und verstand man die biblischen Aussagen über den Tod Christi »für unsere Sünden« im Horizont dieser mittelalterlichen Versöhnungslehre. Und dass man sie mit moralischer Empörung als Gottes unwürdig und Jesus schlechterdings nicht zuzutrauen ablehnte, das ist angesichts der Erfahrungen der mörderischen Religionskriege und des so vielen Menschen im Namen der Kirche angetanen Unrechts historisch durchaus zu verstehen. *Der Kirche* lastete man die ganze grausame Lehre von Christi Sühnetod an, um Gott und auch Jesus davon zu entlasten. Kein anderer als die Kirche des ›finsteren‹ Mittelalters musste es sein, der eine so geradezu gotteslästerliche Lehre zuzutrauen war. Dieses dezidierte Urteil erschien so selbstverständlich zwingend, dass hier die Kunst historischer Exegese lange Zeit keine Chance hatte, um den ganzen Sinnzusammenhang der neutestamentlichen Aussage über die Rettungs- und Heilskraft des Sühnetodes Christi als der letzten *Heilstat der Liebe Gottes* zu verstehen und die Vorstellungen der damaligen kirchlichen Versöhnungslehre als in der Tat widersprüchlich davon abzulösen. So findet sich die Kritik dieser im Neuen Testament zentralen Grundaussage durchweg in historisch-kritischen Schriften der Aufklärung (und wiederum auch bis heute) – und zwar ohne jede exegetisch-historische Nachprüfung! Die biblischen Aussagen wurden schlicht umgedeutet: Jesus habe für seine Lehre der Liebe Gottes zu uns Menschen und unserer mitmenschlichen Liebe zueinander auch den Tod auf sich genommen, den seine jüdischen Gegner ihm angetan haben; und so sei er den Christen zum *Vorbild* mutigen Eintretens für den wahren Willen göttlicher Morallehre geworden. Und ebenso selbstverständlich wie man die biblischen Aussagen umdeutete, gab man dieses Verständnis des Leidens und Sterbens Jesu als ›historisch-kritische‹ Erklärung des ursprünglich-wahren Sinnes aus: »Für uns gestorben« konnte gar nicht anders gemeint sein als »uns zum Vorbild«.

4. Im Blickfeld der Aufklärungstheologie war Jesus ein *moralischer Tugendlehrer*, und zwar der größte in der Geschichte der Menschheit. Die Mitte seiner Lehre findet sich in der Bergpredigt; und dort zeigt sich auch der Gegensatz seiner Lehre zu der der jüdischen Gesetzeslehrer. Dieser Gegensatz zwischen Christentum und Judentum zieht sich als eines der Grundmotive der Aufklärung durch alles spätere Schrifttum hindurch; und oft erscheint dieser Gegensatz im Lichte des Gegensatzes zwischen protestantischer und katholischer Theologie, der in der Gegenwart der »Neuzeit« auch zum Gegensatz zwischen freiheitlich-christlicher Religion und protestantischer Kirchenlehre geworden ist. So ist der Kern dieses Gegensatzes auch bereits als Kern der Lehre Jesu zu verstehen: Jesus wollte nur autonom-sittliche Jünger; um ihm nachzufolgen, bedurfte es der entschiedenen Verabschiedung aller autoritätsgebundenen Moral. Die Moral, die er selbst seinen Jüngern vorlebte, ist das eigentlich Christliche seiner Lehre. Was sich sonst in den Evangelien als Jesu Lehre findet – vor allem die Reden über die zu erwartenden Ereignisse endzeitlicher Zukunft –, konnte man als Erbe jüdischer Zukunftsangst getrost beiseitelegen. Nur dass Jesus die Auferstehung der Toten lehrte, ist im Sinne der Unsterblichkeit der Seele auch für aufgeklärte Christen zu verstehen und als Zielaussage seiner Lehre ernst zu nehmen.

So ergibt sich ein *subjektivistischer Grundzug*: Alles in der Theologie der Aufklärung zielt auf den Menschen, sein Leben und Zusammenleben in sittlicher Nachfolge Jesu und in frommem Gottvertrauen: Jesus als persönliches Vorbild, sein Gott als gütiger Vater aller Menschen als seiner Kinder. In beidem hält man sich an das historisch vernünftig ausgelegte Neue Testament und die Bergpredigt als seine Kernbotschaft. Glaube an Jesus ist: sich im eigenen Alltag an seine Lehre halten und auf den Gott vertrauen, dem er vertraut hat. Für solches christliche Leben selbst die Verantwortung zu übernehmen, hat Jesus jedem seiner Jünger zugemutet; und angesichts des eigenen Sterbens des Weiterlebens der eigenen Seele gewiss zu sein, hat er ihm zugetraut.

5. *Kirche* als übergeordnete Gemeinschaft, der man als Christ eingegliedert ist und ohne die es Christsein nicht geben kann und geben darf, gibt es für den Christen der Aufklärung nicht; und auch wenn man der Kirche formal angehört, ist sie weder wichtig für Christen noch vor allem haben ihre Dogmen für ihren christlichen Glauben, ihre Ordnungen für christliche Lebensführung, ihre Autoritätspersonen für aufgeklärte Christen irgendeine Verbindlichkeit. Der Gottesdienst der Kirche, wenn man noch an ihm teilnimmt, muss für das religiöse Gefühl erhebend sein, die Predigt Ratschläge enthalten für die Gestaltung des eigenen Lebens in Haus und Beruf, die Lieder müssen gemütvoll sein, ihr Inhalt dem des modernen Christentums und ihre Sprache der modernen Umgangssprache angepasst. Eine entsprechende Umfor-

mung von Liturgie und Gesangbuch war ein besonderes Anliegen der Aufklärung. Dazu gehört das Zurücktreten alles Sakramentalen und das Vorherrschen des Ich-Stils.

Dies alles schien der Reformation zu entsprechen, wie die Theologie der Aufklärung nicht müde wurde zu versichern. Und es schien dem Gemeindeleben der Urchristenheit angemessen, wie die Exegese der Apostelgeschichte und der Paulusbriefe bestätigten. In Wirklichkeit war das Ideal der Aufklärung vom kirchlichen Zusammenleben dem der häretischen Sekten der Reformationszeit näher als dem Gemeindeleben, das Luther und Bugenhagen zu ordnen suchten. Erst recht die selbstverständliche Grundsätzlichkeit, in der bei Paulus und in der Apostelgeschichte alles christliche Leben aus der Taufe hervorgeht und durch sie die ganze Kirche in den »Leib Christi« eingegliedert und geordnet ist und aus der sakramentalen Einung mit Christus in der Mahlfeier lebt, hat die Aufklärung in ihrer Exegese weder wahrgenommen noch ernst genommen. Ihr subjektivistischer Ansatz im Verständnis des Christentums und allen christlichen Lebens hat sie blind gemacht für deren wesenhafte Kirchlichkeit. Und diese Blindheit wurde verstärkt durch die tief in ihr Bewusstsein hineinwirkende Abwehrtendenz gegen das viele Unrecht, das in der jüngsten Vergangenheit der Religionskriege geschehen war und das in der Gegenwart der konfessionellen Exklusivität der Politik im Namen der Kirche weiter geschah, nicht zuletzt auch durch das Zusammenwirken von Politik und Kirche in der Zensur alles geistigen Wirkens in der Öffentlichkeit. Das will wohl bedacht sein bei einem historisch gerechten Urteil über die Aufklärung. Doch das hindert nicht die Erkenntnis, welche Gefahren für das Christentum in der Gesellschaft der Neuzeit mit dem grundsätzlichen Subjektivismus eingeleitet worden sind: Auf das Individuum konzentriert und eingeschränkt, musste das Christentum seinen festen Grund Zug um Zug verlieren.

1.4 Die Bibel im Pietismus

In gewisser Weise war der Pietismus in seiner Kindheit ein Bruder der Aufklärung. Beide waren eines in der Empörung über die Konfessionskriege und in der daraus erwachsenen kritischen Reserve gegen die Kirchen. Beiden ging es um individuelles Christsein aus persönlicher Überzeugung, beide legten dabei auf die Praxis christlicher Lebensführung großes Gewicht. Sie unterschieden sich jedoch von Anfang an darin, dass die Pietisten den Grund alles entschiedenen Christseins in der Bekehrung sahen: der Bekehrung als Erfahrung der persönlichen Gnade Gottes, der dem Sünder, der zu ihm umkehrt, die *Sünden vergibt*, sodass er zu einem neuen Leben im Gehorsam des Glaubens fähig wird. Es war das barmherzige Gnadenhandeln Gottes, das zur »Heiligung« in christlicher Lebensführung ermächtigt, aber auch verpflichtet; und es war das Heilsgeschehen in Tod und Auferstehung Jesu und die darin »mir« erwiesene Liebe des Gottessohnes, der ich mich mit meiner ganzen Existenz verdanke und dem ich lebenslang in Schriftlesung und Gebet persönlich verbunden bleibe.

Dies ist ein anderes Grundverständnis als das der Aufklärung. Pietisten achten zwar die Vernunft als Schöpfungsgabe Gottes; aber eine gesunde Vernunft lässt sich nicht vom Heilsgeschehen verselbstständigen. Sie ist von der Bekehrung mitbetroffen, ist als Vernunft eines bekehrten Christen zusammen mit dessen Glauben neu geworden. Die Bekehrung ist etwas wesentlich anderes als der Entschluss, der eigenen Vernunft zu folgen. Eine Sache des persönlichen Willens ist beides, jedoch hier des Willens, Christus als dem Herrn im Glauben zu gehorchen, dort dagegen des Willens zur Emanzipation von jeglichem Gehorsam gegen jegliche vorgegebene Instanz mir gegenüber, auch gegen einen Gott und einen Christus, die mir als Herren über mein Gewissen verkündigt werden. Weil sich sowohl die Aufklärung als auch der Pietismus genötigt sahen, ihre je andere Grundentscheidung am Umgang mit der Bibel zu bewähren, ist der Unterschied zwischen beiden von Anfang an als Gegensatz im Verständnis und in der Auslegung der Bibel wirksam geworden.

Pietisten haben der *textkritischen Forschung* großes Gewicht gegeben. Ist doch die Bibel in einer Vielzahl von Handschriften überliefert. Diese kritisch zu vergleichen, ist der einzige, höchst arbeitsreiche und mühsame Weg, um das Ziel des ältesten erreichbaren Wortlauts der biblischen Schriften zu erreichen. Das ist die notwendige Voraussetzung dafür, dass die Exegese überhaupt den richtigen ursprünglichen Text auslegt. Dafür lohnt es den Aufwand textkritischer Forschung. Man kann sogar sagen: Der Pietismus an den theologischen Fakultäten ist zu einer besonderen Pflegestätte der Textkritik geworden. Pietisten konnten auch der Aufgabe, die Semler der neutestamentarischen Forschung stellte, grundsätzlich zustimmen: einer historisch-kritischen *Entstehungsgeschichte des Kanons*, wenngleich sie nicht jeder der verschiedenen Hypothesen zustimmen konnten, die die spätere Kanonkritik hervorbrachte. Und vor allem: Jegliche Bemühungen, die *Erforschung der Umwelt* der Bibel in Texten und Monumenten als Beitrag zur Erkenntnis der Echtheit und des ursprünglichen Sinns der biblischen Schriften zu nutzen, galt dem Pietismus als wichtige Hilfsdisziplin.

Jedoch: Gottes Wort muss die historisch untersuchte und ausgelegte Bibel bleiben! Wo von Gott, von Christus und vom Heiligen Geist in ihrem Handeln uns Sündern zum Heil die Rede ist; und wo der Kreuzestod Jesu und seine Auferstehung und Himmelfahrt bezeugt wird, da will und darf sich ein gläubiger Christ nicht für befugt halten, an der historischen Wirklichkeit dieses elementaren Heilsgeschehens zu zweifeln; und wer es persönlich an sich erfahren hat, braucht daran auch nicht zu zweifeln. Seine Vernunft wird er nur dazu gebrauchen, solche Zweifel zu widerlegen.

Für einen pietistischen Theologen musste historische *Kritik* sich darauf beschränken, einerseits Argumente zu erbringen, die dem Erweis der Originalität und Echtheit dienen, andererseits Argumente zu finden, mit denen eine unsachgemäße, theologisch illegitime Kritik göttlicher Wirklichkeit zu widerlegen ist.

Was das Erste betrifft, so war der *Hauptfeind die Literarkritik* der »Einleitungs«-Wissenschaft, in der »unechte« Schriften von »echten« geschieden wurden. Darin sah der Pietismus einen Angriff auf die Wahrheit der Inspiration: War doch allen Verfassern der neutestamentlichen Schriften von Gottes Geist eingegeben, was sie geschrieben haben! Daraus musste historisch folgen, dass sie allesamt die Apostel gewesen sein müssen, als welche sie im biblischen Kanon überliefert sind. Darum stritten die pietistischen Exegeten des 19. Jahrhunderts leidenschaftlich für die »Echtheit« der Verfasser, weil es um die geistliche Echtheit des Inhalts ging. Hier war allerdings ein theologischer Denkfehler im Spiel: Wenn im Kanon nicht nur Apostel als Verfasser benannt werden, sondern neben und mit ihnen auch Apostelschüler, deren Schriften geistlich genauso »echt« sind wie die von Aposteln, so ist nicht einzusehen, warum zum Beispiel der Epheserbrief und die Briefe an Timotheus und Titus statt von Paulus nicht auch von einem späteren Theologen der paulinischen Gemeinde geschrieben worden sein können. Entscheidend ist ja doch der *Inhalt*; und selbst wenn sprachliche oder inhaltliche Unterschiede mit philologisch-historisch guten Argumenten herausgestellt werden können, so betrifft das doch nicht die Wahrheitsfrage, um die es allein zu gehen hat!

Das, was in der Sprache wissenschaftlich-liberaler Exegeten »*Sachkritik*« heißt, ist in der Bibelauslegung des Pietismus prinzipiell ausgeschlossen: Die Vernunft darf sich nicht anmaßen, über Wahrheit oder Unwahrheit des biblischen Gotteszeugnisses zu befinden. Und auch die biblischen Zeugen zu kritisieren, gilt für pietistische Exegeten als unerlaubt. Diese sind zwar Menschen gewesen, aber solche, die ihr Zeugnis aus dem Hören des göttlichen Geistes gewonnen haben. Ebensolche Menschen müssen Bibelausleger aller Zeiten sein: Glaubende, die als solche dem Heiligen Geist nicht widersprechen können und wollen. Der Kern der kirchlichen Lehre der Inspiration der Schrift muss in Geltung bleiben. Wo an die Stelle des Heiligen Geistes die verselbstständigte Vernunft tritt, kann das nur zur Zerstörung der Heiligen Schrift führen.

So hat sich der Gegensatz zwischen Pietismus und Aufklärung vor allem auf das Verständnis und die Auslegung der Bibel konzentriert. Der Pietismus blieb auch im 19. und 20. Jahrhundert geradezu der Hort des Widerstandes gegen die liberale Exegese, in der sich die Grundmotive der Bibelkritik der Aufklärung fortgesetzt, weiterentwickelt und großenteils auch vertieft und verstärkt haben.

Jedoch: Was der Pietismus mit dem Liberalismus gemein hat, ist, wie gesagt, *die Subjektivierung des Glaubens und der Theologie*, die in einer gemeinsamen kritischen Reserve gegen die Macht der Kirche und deren dogmatisch verfestigter Lehre gründet. Zwar ist der Neupietismus des 19. und 20. Jahrhunderts in mancher Hinsicht mit dem kirchlichen Konservatismus ein Bündnis eingegangen, vor allem was die Kritik an der liberalen Bibelkritik betrifft. Aber die konservative konfessionelle Theologie hat, je länger je mehr, den subjektivistischen Ansatz des Pietismus auch selbst zur Wirkung kommen lassen. So konnten beide einstigen Gegner zusammenfinden.

Daher muss die Frage erlaubt sein: Wenn der Pietismus in seinem Subjektivismus den *kirchlichen* Horizont von Glaube und Theologie nicht kennt, fehlt dann nicht auch in pietistischer Exegese ein wesentlicher Aspekt biblischer Theologie? Denn nicht nur im Alten Testament ist wegen der Integration allen Glaubenslebens in die Bundeswirklichkeit der Glaube des Einzelnen immer eingebunden in die Gemeinschaft des Gottesvolkes. Das Gleiche ist verstärkt auch im Neuen Testament der Fall: Auch hier leben die einzelnen Christen in einer Gemeinde zusammen; und zwischen den einzelnen Gemeinden besteht eine Gemeinschaft in der einen »Kirche Gottes«. Gewiss, das wird in pietistischer Exegese nicht unbeachtet gelassen. Doch was hier allein zählt, ist *die einzelne Gemeinde*; und diese wiederum wird als *Sammlung der einzelnen Christen* verstanden: Um den einzelnen Christen geht es letztlich. Insofern die Bruderliebe nach dem Neuen Testament zum Christsein wesenhaft hinzugehört, ist zwar immer auch die Gemeinde im Blick – aber eben unter dem Aspekt der in ihr zusammenlebenden *Christen*. Deswegen tritt der Horizont der Kirche, an der der einzelne Christ *teilhat*, in den Hintergrund. Das wirkt sich auf das Verständnis und die Gewichtung der Sakramente aus, auch der kirchlichen Ämter, besonders des Apostelamtes. Die Grundkategorien pietistischer Schriftauslegung sind Wort Gottes und Glaube. Bei der Verkündigung ist der Aspekt des Missionarischen und des Erbaulichen entscheidend.

In diesem Zurücktreten alles Kirchlichen im Christentum liegt eine Verengung, die sich bis heute bemerkbar macht. Umso wichtiger ist es allerdings, dass die Objektivität des Heilsgeschehens dem Subjektivismus nicht zum Opfer gefallen ist. Deswegen kommt in pietistischem Umgang mit der Bibel – bei aller Priorität der Evangelien – auch den Briefen großes Gewicht zu.

2 Die Entwicklung der historisch-kritischen Bibelwissenschaft im 19. Jahrhundert

2.1 Die Organisation der exegetischen Wissenschaft

War die Auslegung der Bibel im 18. Jahrhundert noch weitgehend Sache der ganzen Theologie, so erforderte die historisch-kritische Wissenschaft bald nicht nur eine endgültige Trennung zwischen der alt- und neutestamentlichen Exegese als zwei verschiedener »Fächer«, sondern auch innerhalb jeder von diesen eine Ausbildung verschiedener Arbeitsgebiete.

1. Von der raschen Verselbstständigung der neutestamentlichen *Textkritik* als einem eigenen Spezialgebiet war bereits die Rede. Durch einen aufwendigen Arbeits- und Diskussionsprozess wurde es bis zur Mitte des Jahrhunderts möglich, sich auf einen weitgehend übereinstimmenden Wortlaut aller neutestamentlichen Schriften zu einigen, der der wissenschaftlichen Arbeit aller beteiligten Forscher zugrunde gelegt und auch für moderne Übersetzungen gebraucht werden konnte. Auf diesem grundlegenden Gebiet gibt es heute einen breiten Konsens, so sehr auch der Wortlaut einzelner Stellen noch umstritten bleibt oder auch durch neue Handschriftenfunde verändert werden muss.

2. Eine Aufgabe, die sich allen Neutestamentlern stellt, konservativen wie liberalen, ist die Erklärung aller Bücher des Neuen Testament in Gestalt von *Kommentaren*. Hier bemühen sich alle Autoren um die fortlaufende Auslegung der einzelnen Schriften. Da jedoch das Verständnis und von daher die Methode und die Zielsetzung zwischen den verschiedenen ›Fraktionen‹ der neutestamentlichen Wissenschaft sehr unterschiedlich, ja vielfach gegensätzlich war und ist, stimmen die Kommentare vielfach nicht überein, obwohl sie doch eigentlich allen Predigern in ihrer kirchlichen Praxis als Verstehenshilfe dienen sollen. Liberal-kritische Exegeten kommen in ihren Kommentaren zu anderen Erklärungen als konservative und pietistische.
Gleichwohl ist es erstaunlich, wie viel Übereinstimmung sich bei einem Vergleich der Kommentare in der Erklärung vieler einzelner Stellen zeigt. Der Grund liegt darin, dass man auch als Verfasser radikalkritischer Untersuchungen die Einwirkung gewagter eigener Thesen und Hypothesen in einem Kommentar eher vermeidet. Es hat sich so etwas wie eine stille Übereinkunft zwischen theologisch gegensätzlich denkenden und urteilenden Exegeten ergeben, Kommentare in aller Regel nicht zum Schlachtfeld wissenschaftlicher Diskussion zu machen, sondern hier die Texte das sagen zu lassen, was sie – freilich je nach dem Standpunkt der Kommentatoren – aller Wahrscheinlichkeit nach ursprünglich haben sagen wollen.
Bei dieser Zielsetzung haben wissenschaftliche Kommentare allerdings *rein beschreibenden (deskriptiven) Charakter* und führen bewusst nicht aus, was die Texte uns heutigen Lesern zu sagen haben und für unser Leben in der Zeit und Welt unserer Gegenwart bedeuten könnten. Diese Aufgabe überlassen exegetische Kommentatoren gern ihren dogmatischen und vor allem ihren praktisch-theologischen Kollegen – und tragen so dazu bei, dass zwischen den rein philologisch-historisch

kommentierten biblischen Texten einerseits und dem Bedürfnis ihrer heutigen Rezeption andererseits ein tiefer Spalt klafft – jener »garstige breite Graben«, den schon Lessing beklagt hat. Erst im 20. Jahrhundert ist eine eigene Gattung von Kommentaren zum Neuen Testament entstanden, die über den kleinen Leserkreis der ›Schriftgelehrten‹ hinaus einer breiteren Schicht von Christen als Hilfe zum Verstehen dienen sollen.

3. Als ein eigener Bereich historisch-kritischer Exegese hat sich die Bearbeitung einer Fülle von *literarkritischen Problemen* herausgebildet: angefangen mit der Entstehungsgeschichte des neutestamentlichen Kanons und als Folge der Prüfung der Verfasser und der Abfassungszeit der einzelnen Schriften. Deren kritische Analyse verfolgt sodann das Ziel, spätere Zusätze vom Original abzuheben, die Entstehungsgeschichte dieser oder jener Schrift kritisch zu rekonstruieren, und schließlich das Verhältnis zwischen den einzelnen Schriften zu klären, besonders natürlich das zwischen den vier Evangelien.
Diese Studien werden in der neuen Disziplin der »*Einleitung in das Neue Testament*« zusammengefasst. Der Name ist von der Literaturwissenschaft übernommen, wo man dem Text eines Dichtwerks eine Einleitung vorauszuschicken pflegt, in der über dessen Entstehungszeit im Zusammenhang der Biographie des Dichters und ähnliche Vorfragen informiert wird.
Die Arbeitszweige der »Einleitung in das Neue Testament« waren bis in die Mitte des 19. Jahrhunderts allgemein Bereiche heftiger Kontroversen. So ist die »Einleitung« zur aktuell zentralen Disziplin geworden, auf die sich das Fachinteresse besonders konzentrierte. Die verschiedenen Urteile über die »Unechtheit« mancher Verfasserangaben wurden von den Gegnern der liberalen Bibelkritik heftig bestritten, weil sich damit eine inhaltliche Kritik an den für unecht erklärten Schriften verband, die deren Inspiration in Frage stellte.
Wie das *Verhältnis der Evangelien zueinander* zu erklären ist, war in der ersten Hälfte des 19. Jahrhunderts auch unter den »kritischen« Exegeten heiß umstritten. Die offensichtliche Verschiedenheit zwischen dem Johannesevangelium und den drei anderen Evangelien war deswegen das schwerste Problem, weil die meisten Theologen das vierte Evangelium wegen seines theologischen Tiefgangs besonders liebten und deswegen geneigt waren, es für das Evangelium einzuschätzen, in dem die Stimme Jesu besonders authentisch zu hören sei. Wie aber lässt sich dann das Johannesevangelium mit dem Matthäusevangelium vereinen, in dem – im Kanon an erster Stelle stehend – viele das älteste Evangelium sahen, weil hier ja auch das Judentum Jesu am deutlichsten hervortritt?
Ein weiteres schweres Problem war im Blick auf das Verhältnis der drei ersten Evangelien zu lösen, die einerseits an überraschend vielen

Stellen, ja in ganzen Passagen nahezu wörtlich übereinstimmen, andererseits in vielem auch differieren. Manche meinten, das Markusevangelium sei eine verkürzte Fassung des Matthäusevangeliums – aber überzeugende Gründe für deren Entstehung konnten sich nicht anführen lassen. Andererseits aber zeigte sich beim Vergleich des Matthäusevangeliums mit dem des Lukas, dass es auch zwischen diesen beiden merkwürdige Gemeinsamkeiten gibt. Viele Sprüche Jesu, ja ganze Spruchreihen – wie die Bergpredigt in Mt 5–7 und die Feldrede in Lk 6,20ff – stimmen bis in den Wortlaut überein. Jedoch stehen diese Sprüche im Buch des Lukas an ganz verschiedener Stelle und in anderer Reihenfolge als bei Matthäus. Hat Lukas diese Worte Jesu für seine heidnischen Leser so anders platziert? Auch dafür ist ein Grund nicht erfindlich. Und wie ist es andererseits zu erklären, dass Lukas so viele Worte und Begebenheiten erzählt, die bei Matthäus fehlen? Er kann diese doch nicht als nicht berichtenswert unberücksichtigt gelassen haben! Probleme über Probleme, denen sich auch diejenigen Exegeten nicht entziehen konnten, die in diesen Evangelien Zeugnisse des Heiligen Geistes zu hören lehrten!

Was die drei »Synoptiker« betrifft, so hat sich seit der Mitte des 19. Jahrhunderts eine Doppel-Hypothese ziemlich allgemein durchgesetzt, durch die sich all diese verschiedenen Probleme frappant überzeugend lösen lassen. *Erstens*: Markus ist das älteste Evangelium, das Matthäus und Lukas in verschiedener Weise für ihr Buch benutzt haben. Und *zweitens*: Matthäus und Lukas müssen außerdem aus einer anderen älteren Quelle geschöpft haben, die nahezu ausschließlich Sprüche Jesu enthalten hat. Diese »Spruchquelle« ist allerdings als eine Schrift unter den vielen Zeugnissen der Alten Kirche nicht zu finden. Ihre Existenz ist lediglich zu vermuten. Doch ist die Hypothese durch so schlagende Beobachtungen beim Textvergleich zu begründen, dass es schwerfällt, ohne sie die Probleme der drei »synoptischen« Evangelien zu lösen. Beide Hypothesen sind heute international so weithin anerkannt, dass man die verbleibenden Schwierigkeiten, die durch sie nicht gedeckt sind, auf sich beruhen zu lassen gewohnt ist.

Für das Johannesevangelium hingegen, das einen völlig eigenen Weg der Darstellung der Geschichte Jesu geht und in vielem auch dem Bericht aller drei synoptischen Evangelien auffallend widerspricht, ist eine allgemein überzeugende Erklärung nicht gefunden worden. Jesus spricht und handelt hier auf so eindrückliche Weise tiefsinnig, dass man nicht umhinkommt, den großen Theologen der Alten Kirche zuzustimmen, die es als das ganz besondere, »geistliche« Evangelium verstanden und geehrt haben – also als das selbstständige Werk eines geistlich begabten Theologen, der nicht ein ›Leben Jesu‹ geschrieben hat, sondern die Geschichte des Mensch gewordenen Sohnes Gottes. Manches deutet darauf hin, dass er die synoptischen Evangelien gekannt hat und deren Berichte geistlich vertiefen wollte. Andererseits zeigen sich auch so viele Kenntnisse von Orten in Galiläa und in Jerusalem und von den großen jüdischen Festen, dass dieser Evangelist zweifellos in der Lebenswelt des Judentums beheimatet gewesen ist. So nehmen bis heute einige Exegeten sogar an, dass Johannes die Geschichte des Wirkens Jesu chronologisch zutreffend berichtet – nämlich so, dass Jesus dreimal von Galiläa nach Jerusalem gekommen ist; dass er einen Tag früher das Abschiedsmahl mit seinen Jüngern gehalten hat, als es die Synoptiker berichten, und entsprechend einen Tag vorher verhört, verurteilt und gekreuzigt worden und zur Zeit der Schlachtung der Passalämmer am Kreuz gestorben ist. Wenn Johannes dies jedoch historisch zutreffend berichtet, wie lässt sich dann die übereinstimmend andere Geschehensfolge in den synoptischen Evangelien erklären? Dieser Problematik entrinnt man nur, wenn man entweder die Gegensätze harmonisiert – und dazu neigten und neigen nicht wenige Exegeten – oder theologische Gründe für sie zu finden sucht. Das Erste aber ist philologisch unerlaubt; und im zweiten Fall wäre es wesentlich überzeugender zu vermuten, dass es der Johannesevangelist ist, der seinen Bericht theologisch so gestaltet hat, dass der Tod Jesu als das neue wahre Passa erscheint, und dass von Anfang an Jesu Geschichte auf dieses Kreuzesgeschehen zuläuft (Joh 1,29.36).

Aber wie immer man hier urteilt – dass es eines kritischen Umgangs mit den Texten bedarf, um die bestehenden gravierenden Unterschiede zwischen den Evangelien sinnvoll zu erklären, müssen alle Exegeten anerkennen, nicht weil sie der Vernunft, sondern weil sie den biblischen Texten gerecht werden müssen. So ist die Disziplin der »Einleitung in das Neue Testament« zwar der Bereich der exegetischen Wissenschaft, in dem damals die theologischen Gegensätze am heftigsten aufeinanderprallten, in dem es aber Probleme zu lösen galt, die die Texte selbst jedem Exegeten stellen, der seine Aufgabe, sie zu erklären, in Redlichkeit ernst nimmt. Und das gilt grundsätzlich für konservative Exegeten genauso wie für liberale.

4. Warum hatte der Streit um die Literarkritik eine so große aktuelle Bedeutung für die gesamte Theologie? Es ging um die Voraussetzung dazu, die *wahre Geschichte Jesu und des Urchristentums* zu erkennen, die für die einen wie für die anderen das Fundament war, um das ganze Christentum in seinem Wesen zu verstehen. Das Interesse der Liberalen zielte, wie wir gesehen haben, primär – oft sogar ausschließlich – auf die Ethik Jesu, die in seinem »Gottesbewusstsein« gründe und so für die Christen aller Zeiten das maßgebliche Vorbild sei, an dem sie sich in ihrem religiös-sittlichen Leben orientierten. Den Konservativen ging es entscheidend um die historische Gewissheit, dass Jesus als der Gottessohn wirklich Sünder so zur Umkehr und Nachfolge gerufen *hat* und nach Gottes Heilswillen wirklich zur Erlösung aller, die an ihn glauben, am Kreuz gestorben und von Gott auferweckt und zu sich er-

höht worden *ist*, wie es die Evangelien berichten und die Briefe der Apostel bezeugen. Auf die Letzteren legten sie deswegen ebenso großes Gewicht, weil hier wie auch in der Apostelgeschichte den Christen aller Zeiten die Rechtfertigung des Sünders allein durch den Glauben und die Pflicht der Gerechtfertigten zu einem Leben in der Heiligung gepredigt und verbindlich nahegebracht wird. So erweist sich nach dem Urteil der pietistischen Theologen in der eigenen Praxis die Wahrheit des Heiligen Geistes dem Gewissen der Menschen. Um dieser Wahrheit willen mussten alle biblischen Zeugnisse als historisch echt erwiesen werden. Alle Unechtheitsurteile der liberalen Bibelkritik zerstörten daher alle Heilsgewissheit des Glaubens, die durch Argumente der Vernunft nicht in Zweifel gezogen werden könnten und dürften.

2.2 Die Krise der neutestamentlichen Wissenschaft: Strauß und Baur

Von zwei Seiten her ist die Situation der neutestamentlichen Wissenschaft bis zur Mitte des Jahrhunderts grundlegend verändert worden. *Erstens* erschütterte *David Friedrich Strauß* durch sein 1835/36 veröffentlichtes Buch: »Das Leben Jesu, kritisch bearbeitet« alles Vertrauen zum Jesusbild der Evangelien insgesamt. Er zeigte schonungslos eine so große Fülle von Widersprüchen auf, dass er es für unmöglich erklärte, den Evangelien überhaupt ein sicheres, stimmiges Bild von der Person und Geschichte Jesu zu entnehmen. Der Jesus der Evangelien sei eine durch und durch »mythische« Figur – der Glaube der Urkirche habe ihn so vollkommen zu einem göttlichen Wesen gemacht, dass vom Menschen Jesus nahezu nichts mehr zu sehen sei. Mit diesem Ergebnis attackierte Strauß die Exegeten aller Richtungen: Der Tugendlehrer der Liberalen habe mit dem Jesus der Evangelien insofern nichts zu tun, als diese ihn durchweg als wundertätigen Gottessohn darstellten, der auch in seiner Lehre über göttliche Vollmacht verfüge. Darin hätten die Konservativen gegen ihre liberalen Gegner vollkommen Recht – nur dass die göttlichen Züge des biblischen Jesus natürlich, vernünftig geurteilt, zu dem *Menschen* Jesus nicht passen und deswegen nie und nimmer für ein historisches Bild Jesu taugen. Darin wiederum hätten die Liberalen gegen die Konservativen alles Recht auf ihrer Seite. Wenn so aber sowohl der Jesus der Evangelien als auch der der Evangelienkritik als Produkte menschlicher Einbildung zu beurteilen sind, dann verlieren die Evangelien überhaupt ihre zentrale Bedeutung für das Christsein der Gegenwart – es sei denn, man finde im Mythischen einen religiösen Sinn. Das mag zwar für einige Gebildete möglich sein, könne aber weder den Glauben an Jesus ersetzen, wie ihn die Kirche im Sinne der Evangelien für alle Menschen lehrt, noch auch der vernünftigen Moral zugrunde liegen, wie es sich die Aufklärungstheologie zum Ziel ihrer Arbeit der Evangeliumskritik machte.

2 Die Entwicklung der historisch-kritischen Bibelwissenschaft

Strauß' Ergebnis war nichts weniger als die Zerstörung aller geschichtlichen Grundlagen des christlichen Glaubens. Damit bewirkte er eine riesige Woge von entsetzter Ablehnung auf allen Seiten in Theologie und Kirche. Für die Konservativen war er ein Judas, der nur offenbar machte, wohin die ganze Bibelkritik treibe: in den Abgrund eines Atheismus, der dem Glauben seinen Wirklichkeitsgrund zu entreißen suche. Für die Liberalen war er ein Nestbeschmutzer der kritischen Bibelwissenschaft. Die bloße Ablehnung jedoch blockierte auf beiden Seiten die Einsicht in die Gefährlichkeit der Situation, in der sich Theologie und Kirche durch die tiefe Kluft zwischen historischer Bibelkritik einerseits und kirchlichem Leben andererseits tatsächlich befand. Strauß hat also nur rücksichtslos dargelegt, in welcher fatalen Lage sich die Jesusforschung faktisch befand.

Einer der wenigen, die die Art und Weise, wie Strauß zu seinen Ergebnissen gelangt ist, einer grundlegenden methodischen Kritik unterzog, war – *zweitens* – sein Lehrer, der große Tübinger Theologe *Ferdinand Christian Baur* (1792–1860). Seine Kritik traf freilich nicht nur Strauß, sondern die bisher allgemein übliche Weise, Textaussagen einzeln auf einer Ebene nebeneinander zu vergleichen, um so den historisch-originalen Tatbestand herauszufinden. Dem setzte er eine andere Weise »wirklich historischer« Exegese entgegen: Erst dann, wenn ein Schriftwerk als ganzes so verstanden ist, wie dessen *Verfasser* es gelesen wissen will, wenn man vor allem *seine Absicht* erkennt, auf seine Leser einzuwirken, sie zu etwas zu bewegen oder gegen etwas zu überzeugen, erst dann kann man den Sinn von Einzelaussagen richtig erfassen. Alle neutestamentlichen Schriften, die Evangelien eingeschlossen, wollen durch Predigt und Lehre ihre Leser beeinflussen. Gerade auch den Evangelisten kam es nicht nur darauf an, etwas, was Jesus gesagt oder getan hat, als ›Faktum‹ richtig wiederzugeben. Sie wollten vielmehr den Sinn und die Bedeutung des Berichteten herausstellen, die der jeweilige Verfasser seinen Lesern nahebringen wollte. Was die Fakten der Geschichte Jesu betrifft, mag Strauß in vielen Einzelurteilen Recht haben. Das darin eigentlich Wichtige jedoch seien die großen Ideen, die Jesus in seiner Verkündigung und Lehre im Gegensatz zu den jüdischen Gesetzeslehren seiner Zeit habe durchsetzen wollen. Für diese Ideen sei er auch in den Tod gegangen und sie seien es eigentlich, die dann seine Jünger, jeder in seiner Weise und »Tendenz«, aufgenommen und fortgeführt haben.

Strauß' Fehler bestehe nicht so sehr in der Herausstellung des Mythischen der Gestalt Jesu in den Evangelien, sondern darin, dass er das Mythische bloß negativ als Hindernis beurteile, den historischen Jesus zu erkennen. Die mythischen Züge müssten vielmehr positiv gesehen werden: als Ausdrucksweise, mit der die Evangelisten die Bedeutung Jesu für den Glauben des ganzen folgenden Christentums hätten herausstellen wollen: nämlich eben die Idee des Christlichen, die Jesus als

Erster gelehrt und persönlich vertreten habe. Dies sei durchaus als die eigentliche Leistung des historischen Jesus zu beurteilen: sein Kampf gegen die pharisäischen Schriftlehrer um den wahren Sinn des Gesetzes. Während jene es als die formale Autorität aufgefasst haben, die vielen Einzelgebote des Gesetzes peinlich genau zu erfüllen, sei es Jesus um die geistige Zielrichtung des Gesetzes als ganzen gegangen, die nur von einem freien Selbstbewusstsein jedes einzelnen Menschen angenommen und befolgt werden könne und solle. So habe er zugleich die Religion aus ihrer »*partikulären*« Eingrenzung im Judentum herausgeführt und ihr »*universelle*« Bedeutung für die gesamte Menschheit gegeben. Um dies zu verwirklichen, habe es allerdings eines Kampfes bedurft, der nach Ostern zwischen den Judenchristen unter der Führung des Apostels Petrus und den Heidenchristen unter der Führung des Apostels Paulus habe ausgefochten werden müssen. Jene wollten in der Nachfolge Jesu gesetzestreue Juden bleiben, Paulus dagegen lehrte die Glaubensgerechtigkeit für Juden wie Heiden gegen die ganze jüdische Gesetzesgerechtigkeit, die Heiden nicht zugemutet werden dürfe.

Dieser Gegensatz sei in der ältesten Generation nicht zu bewältigen gewesen; es habe dazu längerer intensiver Bemühungen von beiden Seiten bedurft. Dieser Prozess zeichne sich bereits im Neuen Testament selbst ab. Radikal judenchristliche Sicht zeige sich nur noch in der Johannesoffenbarung. Schon Matthäus bezeuge in seinem Evangelium einen Übergang von einem jüdisch begrenzten Aspekt in der vorösterlichen Zeit des Wirkens Jesu in Galiläa (Mt 10,5f) zu einer Öffnung universaler Völkermission nach Ostern (Mt 28,18–20). Lukas habe dann die Verkündigung Jesu im Sinn der paulinischen Rechtfertigungslehre vertieft (Lk 15) und die Geschichte Jesu in der Apostelgeschichte fortgeführt, deren ganzer zweiter Teil nur von der Mission des Paulus handelt. Andererseits seien unter den paulinischen Briefen der Epheser- und Kolosserbrief von Paulusschülern geschrieben, die die originale Lehre, die sich nur in den Briefen an die Römer, Korinther und Galater zeige, bereits abgemildert und verändert hätten; und ganz katholisch seien dann die erst im 2. Jahrhundert entstandenen Pastoralbriefe (1/2Tim; Tit). Und wiederum sei der unter dem Namen des Petrus überlieferte 1. Petrusbrief ganz aus abgemildert paulinischer Sicht verfasst. Dieser Prozess der Harmonisierung des ursprünglichen Gegensatzes habe sich dann im 2. Jahrhundert fortgesetzt. Das Ergebnis sei die Theologie der frühkatholischen Kirche, aus der das Judenchristentum als Sekte ganz ausgeschieden sei.

Gleichwohl habe der Urgegensatz zwischen Petrus und Paulus in der Geschichte der katholischen Kirche permanent produktiv weitergewirkt, bis er im Kampf der Reformation gegen die römisch-katholische Kirche noch einmal ganz neu ausgebrochen sei und sich bis in die theologischen Kämpfe der Gegenwart fortgesetzt habe: als Streit um

die endgültige Durchsetzung der Wahrheit der Lehre Jesu, der Freiheit des sittlich-religiösen Selbstbewusstseins jedes einzelnen Christen und der entsprechenden Umbildung der protestantischen Kirche zu einer Kirche der Freiheit.
So geht in Baurs Sicht die Geschichte urchristlicher Theologie unmittelbar in die Dogmengeschichte über. Der Neutestamentler wird notwendigerweise zum Kirchenhistoriker und dieser zum systematischen Theologen. Dieser weite, umfassende Horizont ist es, der Baur zeitlebens fasziniert hat, und unter dem er die protestantische Theologie insgesamt auf einen neuen Weg führen wollte: einen Weg zu einer gründlichen Historisierung mit geistesgeschichtlicher, philosophisch-theologischer Weitung und Vertiefung. Eben darin hat Baur freilich nur wenige Kollegen und Schüler gefunden, die diesen Weg konsequent mitzugehen bereit waren. Überwiegend stieß er auf Ablehnung, und zwar gerade wegen seines geistesgeschichtlichen Verständnisses, mit dem er die tatsächliche Geschichte verzeichne. Der Widerspruch entzündete sich zunächst daran, dass er die »Echtheit« vieler Schriften des neutestamentlichen Kanons bestritt und so dessen Einheit und damit die Echtheit seines Zeugnisses zerstörte; und vor allem daran, dass er einen Grundsatzstreit zwischen den Aposteln Petrus und Paulus postulierte und im Gegensatz zwischen dem partikulär-jüdischen Selbstverständnis des gesetzestreuen Judenchristentums und dem Universalismus des gesetzesfreien Heidenchristentums *das* Leitmotiv der ganzen urchristlichen Geschichte sah; und schließlich daran, dass er das Johannesevangelium aus dem Kreis der synoptischen Evangelien als Quelle für die Geschichte Jesu schlicht ausschied, ihm jedoch als theologische Deutung der Person Jesu und der von ihm gelehrten »Idee des Christentums« höchste Qualität zuerkannte.
Die Kritik an Baur hatte zwar in mancherlei Hinsicht ihr gutes Recht: Die Beschränkung der echten Paulusbriefe auf die vier ersten ist willkürlich und die Konzentration der Auslegung aller neutestamentlichen Schriften auf die jeweilige Position ihrer Verfasser im Streit zwischen Paulus und Petrus ist eine unstatthafte Verengung und somit Verzeichnung der urchristlichen Geschichte. Doch diese Kritik bewirkte nur, dass man sich in der zweiten Jahrhunderthälfte umso mehr vor Konstruktionen übergreifender Zusammenhänge in der Geschichte Jesu und des Urchristentums hütete und sich in einem historischen Positivismus bloßer Beschreibung und einem wachsenden Spezialismus von Detaildiskussionen wissenschaftlich wohl fühlte. Schon Baur hatte bewusst darauf verzichtet, historische Texterklärungen in eine Bedeutsamkeit für den Glauben der gegenwärtigen Leser ausmünden zu lassen. In der Zeit nach Baur jedoch wurde die strikte Trennung zwischen Exegese und Erbauung längere Zeit geradezu zu einem Prinzip exegetischer Wissenschaft. Die praktische Theologie fand ihre Hilfe (wenn überhaupt) nur noch in der Dogmatik. Die historisch-kritische Exegese

zu Rate zu ziehen, bereitete für Prediger immer größere Schwierigkeiten. Bei der Predigtvorbereitung durfte man sie, ihrer wissenschaftlichen Autorität wegen, nicht übergehen, aber einen geistlichen Zusammenhang zu den vorliegenden biblischen Texten musste man selbst suchen, unabhängig von der Exegese.

3 Die historisch-kritische Bibelwissenschaft im Zusammenhang der Geistesgeschichte des 19. Jahrhunderts

Dass und wie die Wendung zu einer historisch-kritischen Lektüre der Bibel mit der Entstehung der Aufklärung und der von ihr bestimmten Theologie wesentlich zusammenhängt, haben wir im 1. Kapitel gesehen. Der geistige Auszug aus der herrschenden Tradition kirchlicher Glaubenslehre betraf vor allem auch die von dieser in Anspruch genommenen Deutung der Bibel als der obersten Autorität und Norm für alles Christsein. War es ein Grundsatz der Reformation, dass die Bibel aus ihr selbst zu verstehen sei und so jedem Christen zugänglich werden müsse, so galt das nun natürlich vertieft auch für gebildete Christen der aufgeklärten Gegenwart. Und war nach deren Auszug aus der Lehrnorm der Kirche die Vernunft die allein maßgebliche Autorität, so mussten auch die Wege vernünftiger historischer Untersuchung und Auslegung der Bibel, die die ersten Gelehrten der Aufklärung der Öffentlichkeit vorlegten, grundsätzlich theologisch rechtens sein. Das gebildete Publikum interessierte sich sehr für diese Bücher. Ein Goethe und ein Kant kannten selbstverständlich Semlers »freie Untersuchung des Kanons«; und Lessing veröffentlichte Fragmente seines Hamburger Freundes Reimarus gezielt zu dem Zweck, eine notwendige allgemeine Diskussion dieser geradezu theologisch aufrührerischen Radikalkritik anzuregen. Die Wahrheit kann nur durch die Vernunft offenkundig werden: durch kritischen Vergleich im streitigen Dialog. Das gilt für die Wahrheit der in den Evangelien bezeugten Geschichte Jesu und ebenso für die Wahrheit im wissenschaftlichen Streit über diese Geschichte.

3.1 Immanuel Kant als Lehrer und Kritiker der Aufklärungstheologie

Von Anfang der Aufklärungstheologie an war die Vernunft an die Stelle getreten, die nach der Lehrtradition der Reformationskirche dem Heiligen Geist zukam: die Wahrheit Gottes gültig zu bezeugen. Man hielt zunächst für selbstverständlich, dass diese Wahrheit in der Moralität guten Handelns bestehe. Deswegen schien es schlicht vernünftig richtig, dass der historische Jesus diese Moral in völliger Reinheit gelehrt habe und alles von ihm in den Evangelien Berichtete mit diesem Kern seiner Botschaft zusammenhängen müsse – und was darüber hi-

3 Die historisch-kritische Bibelwissenschaft 37

nausgehe oder gar im Widerspruch dazu stehe, nicht zum historischen Jesus gehören könne.
Nun hat Immanuel Kant einerseits diese Lehre der Aufklärung bestätigt: Den »kategorischen Imperativ« als den Kern vernünftiger Moral, sah er in der Lehre Jesu ebenso einfach wie klar ausgesprochen (Mt 7,12). Auch dass die Wahrheit dieses Grundsatzes auf Gott zurückzuführen ist, hat Kant – als Ergebnis einer gründlichen Prüfung (»Kritik«) – letztlich bestätigt, wenn auch nur als notwendiges »Postulat« der Vernunft: Es muss ein oberster Gesetzgeber existieren, der die Wahrheit der Moral letztlich garantiert und der der Grund dafür ist, dass die Vernunft jedes Menschen diesen Ur-Satz als seine absolute Handlungsmaxime, als Pflicht schlechthin, weiß oder doch wissen kann. Jedoch: Zwischen diesem Grunderfordernis einerseits, Gott als den Gesetzgeber für alle Menschen vorauszusetzen, um den kategorischen Imperativ, den die Vernunft in sich selbst findet, als wahrhaft absolut gültig anzuerkennen, und andererseits einem strengen Beweis, dass dieser Gesetzgeber-Gott wirklich existiert, ist ein Unterschied, der nicht aufzuheben ist: Einerseits zeigte Kant, dass vor dem kritischen Forum der Vernunft alle traditionellen Beweise für das Dasein Gottes ihre zwingende Kraft verlieren. Andererseits aber ergibt eine selbstkritische Prüfung eben dieser Vernunft, dass ihr Grenzen der Erkenntnis gesetzt sind, die der Grund dafür sind, dass die menschliche Vernunft jenseits dieser Grenzen Gott nicht erkennen kann, aber offenhalten muss, dass er in einer Weise existiert, die der Kompetenz menschlicher Vernunft entzogen ist.
Während es sich aber im Zusammenhang der »Kritik der reinen Vernunft« als gänzlich unmöglich erweist zu begründen, welche Bedeutung ein transzendenter Gott für die Vernunft des Menschen haben könnte, erscheint es in der »Kritik der praktischen Vernunft« unumgänglich notwendig, seine Existenz als oberster Gesetzgeber zu *postulieren*. Das hat für Kant darin seinen Grund, dass offensichtlich nicht alle Menschen faktisch die moralische Pflicht so absolut erfüllen, wie sie es aufgrund ihrer Vernunft eigentlich tun *müssten*. Die Menschen *wissen*, dass sie es sollen, handeln aber faktisch diesem Wissen zuwider. Kant hat diesen Gegensatz in der Sprache der biblisch-kirchlichen Lehre von der Ursünde als das dunkle Problem des »absolut Bösen« beschrieben, für das es eine Auflösung nicht gebe. Zwar *kann* jeder, der Böses statt des Guten tut, seinen Fehl aufheben, indem er vom Bösen lässt und sich dem Guten zuwendet. Insofern handelt es sich bei dem »absolut Bösen« keineswegs etwa um ein der Menschheit auferlegtes unentrinnbares Geschick, sondern um etwas, wofür der Mensch selbst verantwortlich ist. Doch eben darin besteht das bedrängend Problematische: dass *faktisch* das Böse in der Menschheit herrscht, sodass es der staatlichen Strafgesetze bedarf, um es wenigstens in Grenzen zu halten; und dass sogar, redlich genau gesehen, kein Mensch existiert, der nicht auch selbst Böses getan hat und tut.

Hier liegt sozusagen die schmerzlich-wunde Stelle in Kants Morallehre, die ihm viel Kritik und wenig Verständnis eingebracht hat. Im Sinne der biblischen Lehre von der Erlösung von allem Bösen durch Christus zu sprechen, die sich beim einzelnen Menschen in der Vergebung der Sünden durch göttlichen Zuspruch verwirklicht, hat sich Kant als Philosoph versagt. Die Soteriologie des Neuen Testaments war für ihn als Denker der Aufklärung unannehmbar. Sogar die naheliegende philosophische Lösung des Problems des absolut Bösen durch eine Verbindung mit dem Gottes-Postulat der praktischen Vernunft verbot sich ihm: Nur als Gesetzgeber kann Gott postuliert werden, nicht aber als Versöhner. Doch auch die Rede von Gott als Gesetzgeber darf nicht so verstanden werden, als wäre Gott eine dem Menschen gegenüberstehende Person eines Gebieters – das wäre »Religionswahn«. So wird deutlich: Für ein radikal-kritisches Denken kann Gott nur ›funktionale‹, keine personhafte Bedeutung haben. Man braucht ihn, um die absolute Geltung des Sittengesetzes jedem Menschen gegenüber zu gewährleisten. Aber man kann sein Handeln nicht erfahren, und man kann eigentlich auch zu ihm nicht beten. So sehr Kant sich bemüht hat, die Unerlässlichkeit der Religion für jedes moralische Handeln zu betonen, so abgrundtief ist sein philosophischer Gottesbegriff vom biblischen Gott unterschieden. Bereits bei Kant also deutet sich an, dass der Weg philosophischer, vom Christentum gelöster Rede von Gott früher oder später in einem prinzipiellen Atheismus enden wird.

3.2 Die theo-logische Problematik der nachkantischen Philosophie

Zeigt sich so bei Kant eine letzte, tiefe theo-logische Problematik, so erst recht in der Generation der Philosophen, die bei Kant in die Schule gegangen sind. *Johann Gottlieb Fichte* (1772–1814) hat zeitlebens darum gerungen, einerseits das Ich des menschlich-vernünftigen moralischen Subjekts so zu stärken, dass es einer Zurückführung auf Gott nicht bedarf, andererseits aber der biblischen Rede von Gott – eben zur Stärkung des Ich – auch nicht zu entraten: Atheist wollte Fichte nie werden, obwohl man ihn im »Atheismusstreit« (1798/9) dafür erklärt hat. *Friedrich Wilhelm Joseph Schelling* (1775–1854) hat – besonders in der Spätphase seiner Philosophie – unter dem Einfluss von Rousseau einen theo-logischen Horizont seiner Lehre von der Natur gesucht und ist damit in den Verdacht eines Pantheismus geraten.
An beiden Philosophen des beginnenden 19. Jahrhunderts ist deutlich zu sehen, wie sich die Gottesfrage, die in der frühen Aufklärung zunächst kein Problem zu sein schien, seit Kant als ein abgründiges Problem des Denkhorizonts mehr und mehr zur Wirkung brachte – von unabweisbar zentralem Gewicht, aber vernünftig unlösbar. Einerseits schieden sich an dieser Frage bereits seit der Mitte des 18. Jahrhunderts Theologie und Philosophie. Und beide sind auch in der weiteren

Geschichte voneinander getrennt geblieben. Für die Gottesfrage ist die Theologie zuständig, die das Gotteszeugnis der Bibel zu vertreten hat. Die Philosophie kann und darf die Bibel als Quelle nicht benutzen. Andererseits beansprucht die ›kritische‹ Theologie ihrerseits auch die Vernunft als ihre Quelle; und die Philosophie wird dessen gewahr, dass elementare *Themen* der Bibel der Sache nach auch in ihrem Bereich zu verhandeln sind. Beide grenzen sich von der konservativen Theologie ab und diese von ihnen: Je mehr sich die liberale Bibelkritik von zentralen Inhalten des biblischen Zeugnisses als widervernünftig distanziert, umso mehr weiß sich die konservative Theologie als Anwalt der Bibel und behauptet das, was jene ›sachkritisch‹ ablehnt, als das für wahre Christen entscheidende Heilsgeschehen. Und je mehr sich die Philosophie von der Theologie unterscheidet, desto mehr fühlen sich konservative Theologen als die deutlicheren Gegner und deswegen eigentlich besseren Partner der Philosophen – im Unterschied von den liberalen Theologen, die derselben Vernunft huldigen wie die Philosophen und für diese deswegen unglaubwürdige Vertreter der Bibel als der Quelle des Christentums sind.

3.3 Hegels Philosophie als Integration der zentralen Inhalte biblischer Theologie in eine Geschichte des Geistes

In dieser Situation hat *Georg Wilhelm Friedrich Hegel* (1770–1831) der Philosophie die Rolle der zentralen geistigen Führungsmacht in der gegenwärtigen Welt zuerkannt – anstelle der Theologie. Damit war das bislang ständig unklare Konkurrenz- wie auch Partnerschaftsverhältnis zwischen Philosophie und Theologie nach Hegels Urteil so radikal geklärt, dass es in keinem Bereich des öffentlichen Lebens der Theologie mehr bedarf, sehr wohl jedoch der Religion: Deren öffentliche Anwältin und Interpretin aber war die Philosophie; denn deren Thema war die Geschichte der Selbstverwirklichung des »Geistes« als der Macht der Vernunft. Zu vergangenen Phasen dieser Geschichte gehörten nach Hegel die biblischen Gestaltungen der Religion sehr wohl hinzu, wie immer die Vernunft der Neuzeit deren Vorstellungen zu Recht als vergangene zu beurteilen habe. Doch die in ihnen sich ausdrückende Idee des Christentums als der höchsten Form von Religion bleibt wahr und denkwürdig. Sie kann, ja muss daher Inhalt der Religionsphilosophie sein. Doch hat diese zugleich zu begründen, dass die Vollendung der Religion im Christentum noch nicht die letzte Stufe der Geistesgeschichte sein kann. Diese werde vielmehr erst darin erreicht sein, dass sich in der Zukunft einmal die Idee der Religion als »der absolute Geist« selbst zu erkennen geben werde.
So ist bei Hegel tatsächlich die ganze biblische Theologie (wie freilich zugleich auch die ganze griechische Philosophie) in das »System« der (universalen) Geistesgeschichte von Anfang an einbezogen, vom Uran-

fang der Einheit von Gott und Logos, mit dem das Johannesevangelium beginnt, bis zur Geschichte Jesu und von dieser bis zum eschatologischen Ende der Geschichte des Geistes, der dann zu sich selbst einkehren wird wie nach dem Johannesevangelium der Sohn beim Vater, der ihn gesandt hat und dessen Sendung im Einswerden mit dem Vater ihre Vollendung findet. Auch die christliche Grundidee des drei-einen Gottes, der in seiner Geschichte mit der ganzen Welt als seiner Schöpfung sich selbst verwirkliche, findet bei Hegel philosophische Hochachtung.
Man kann bei Hegel also wirklich von einer vollständigen Integration der Theologie in die Philosophie sprechen – samt der ganzen in der Bibel bezeugten Heilsgeschichte. Jedoch: Diese Geschichte ist wesenhaft als *Geistes*geschichte zu denken, die allein die Vernunft zu verstehen und richtig zu denken vermag, eben weil das eigentliche *Geschehen* dieser Geschichte das Zu-sich-selbst-Kommen *des Geistes* ist. Zwar ist bereits im biblischen Zeugnis von dem Geist Gottes die Rede, der mit dem Geist Jesu Christi eins wird: Aber die Vernunft denkt Gott als das Subjekt *des Geistes*, nicht mehr den Geist als Kraft *Gottes*. Darum ist die Integration der Theologie in die Philosophie bei Hegel eigentlich die *Aufhebung der Theologie in die Philosophie*. Der ›linke‹ Teil der Schüler Hegels – Feuerbach, Marx und andere – haben diesen letzten Gedanken Hegels im Sinne eines gründlichen *Atheismus* verstanden und in Anspruch genommen. Hegel selbst hat das als Missverständnis beurteilt. Das Christentum war ihm zeitlebens zentral wichtig. Um das wahrzunehmen, ist es aufschlussreich, dass das erste Werk, das der junge Hegel veröffentlicht hat, ein »Leben Jesu« gewesen ist. Zwar haben sich dann zunächst in seinen großen philosophischen Werken ausdrückliche Beziehungen auf die biblischen Inhalte mehr und mehr reduziert. Doch in seinen Alterswerken treten sie dann wieder hervor. In der Tat ist die Gedankenbildung der Philosophie Hegels ohne den Bezug zu den Grundthemen biblischer Geschichtstheologie schwerlich zu erklären. Doch dass der biblische *Gott* in seinem Wesen als personal Handelnder (im Sinn von Ex 34,6) im absoluten Geist Hegels verschwindet, ist ebenso schwerlich zu leugnen. Es ist nicht von ungefähr, dass sich Theologen nur unter den ›Rechtshegelianern‹ befunden haben; und diese haben die Rede von Gott als selbstschöpferisch Handelndem und vom Versöhnungsgeschehen in Tod und Auferstehung Jesu bewahrt. Aufs Ganze gesehen, hat aber die Theologie die Hegel'sche Philosophie nicht in sich aufgenommen und die Chance nicht wahrgenommen, die zentralen Inhalte biblischen Glaubens darin nun auch *theologisch* öffentlich zum Leuchten zu bringen.
So ist mit Hegels Denken die Scheidung der Philosophie von der Theologie allererst endgültig geworden. Bis heute sind Philosophen sehr darauf bedacht, ihre Selbstständigkeit gegenüber der Theologie zu bekräftigen und sicherzustellen – gerade auch dann, wenn sie wie He-

gel christliche Gedanken in ihrem Denken zur Wirkung kommen lassen (wie im 20. Jahrhundert vor allem Martin Heidegger). Und umgekehrt gibt es bei Theologen zwar immer wieder mancherlei ›Anleihen‹ bei philosophischen Denkwerken ihrer Zeit (wie Rudolf Bultmanns theologische Denkfiguren sich denen des früheren Heidegger verdanken). Aber den Unterschied zwischen Theologie und Philosophie bewahren auch sie sehr bewusst. Es gibt nur einen Denker, der als Philosoph ganz radikal Christ zu sein beansprucht hat: Sören Kierkegaard. Allerdings gab er sich als Theologe aus, weil ihm die Christlichkeit der Theologen seiner Zeit zu undeutlich und alles andere als radikal im Sinne Jesu zu sein schien.

3.4 Nietzsches Atheismus als gewaltsame Lösung des theo-logischen Grundproblems neuzeitlicher Philosophie

Um zu verstehen, warum der Entschluss zu einem persönlich zu vertretenden und zu lebenden Atheismus für *Friedrich Nietzsche* (1844–1900) eine notwendige Abkehr von jederart Gottesglauben sein sollte, nicht nur biblisch-theologischer, sondern auch philosophischer Art, muss man noch einmal zu Hegels Philosophie zurückkehren: Dieser hatte es – als einziger Philosoph der Neuzeit – unternommen, die von der Aufklärungstheologie von Anfang an entschieden abgelehnte biblische Zentrallehre der Erlösung von der Sünde durch Christi Kreuz- und Auferstehung philosophisch ernst zu nehmen: Am philosophisch verstandenen »spekulativen Karfreitag« sei Jesus als der Mensch gewordene Gottessohn und somit *Gott selbst gestorben*. Hegel zitiert den Vers aus dem lutherischen Choral: »O große Not: Gott selbst ist tot!« Der christliche Glaube sieht – nach Hegels Verständnis zu Recht – im Kreuzestod Christi in radikaler Wahrheit zugleich seinen eigenen Tod und damit zugleich das Zunichtewerden von schlechthin allem. Doch eben dies ist nach Hegel in der Geschichte des Geistes zugleich die Kehre: In der Auferstehung Christi habe dieser seine Kraft erwiesen, die Negation seiner selbst zu negieren, seinen eigenen Tod selbst aufzuheben. Und entsprechend könne auch der christliche Glaube diese göttliche Kraft in sich verwirklichen und sich aus seinem eigenen Tod, aus tiefster Verzweiflung an sich selbst, zu einem Glauben erheben, der über allen bisherigen kirchlich-christlichen Glauben hinaus absolutes *Wissen* sei: Allein so hat Hegel gemeint, das Herz des Christentums: den Glauben an den gekreuzigten und auferstandenen Christus, sozusagen philosophisch neu erfinden und so bewahren zu können: als Gipfel der ganzen Geschichte des Geistes, als das Geschehen der Vollendung des Geistes im absoluten Wissen des (menschlichen!) Selbstbewusstseins.

Für *Ludwig Feuerbach* (1804–1872) war dies als vernünftig-sinnvoll nur zu verstehen als Grund, alle Theologie philosophisch zu vernichten und nunmehr den Atheismus als die eigentliche Wahrheit, die die Philosophie zu lehren habe, zu proklamieren. Nietzsche ließ sich in seiner Jugend von dieser Botschaft eines philosophisch begründeten Atheismus zunächst faszinieren. Aber er hat bald erkannt, dass auch diese atheistischen Philosophen die Wahrheit, die sie erkannt zu haben meinten, noch nicht in ihrer ganzen Tiefe verstanden hätten: Wenn *Gott* tot ist, dann ist damit auch *alles* zunichte geworden, worin die Menschheit sich je begründet erfahren und behauptet hat: nicht nur alle Religion, sondern auch alle Moral – also das, was in der Aufklärung als die wahre vernünftige Religion verkündet worden ist.

In der Frühzeit der Geschichte der Menschheit sei der Mensch über die Erfahrung seiner ihm von Natur eignenden Allmacht zutiefst erschrocken. Um sich vor ihr zu schützen, habe er einen Gott als Herrn und Gebieter erfunden und diesen Gott über sich hinaus in den Himmel erhoben, sich selbst dagegen zum Sünder erniedrigt, der Strafe verdient habe. Der Mensch habe diesen Gott zum himmlischen Strafrichter über sich erhoben, der ihn klein macht und Gehorsam von ihm fordert, den dieser jedoch nie hinreichend zu leisten vermöge. Der Mensch habe darum in ständiger Furcht vor dem göttlichen Rächer zu leben und sei in diese Sklaverei seiner selbst geradezu verliebt, weil er sich nur als Sklave vor der bedrohlichen Freiheit seines eigenen Willens beschützt fühlen könne.

In eben der gleichen »Genealogie« sei aber zusammen mit diesem Gott auch die Moral entstanden: Auch sie setze der Mensch sich selbst als seinen Gebieter gegenüber, dem gehorsam zu sein, seine Vernunft ihn als absolute Verpflichtung lehre: Tugend sei die Kunst, sich das Recht zu jedem Willen zu sich selbst abzusprechen, sich die eigene Willensfreiheit zu verbieten.

Von diesen beiden Wegen der Selbsterniedrigung sich loszureißen, müsse der Mensch heute endlich den Mut finden: von der Sklaverei des eingebildeten Glaubensgehorsams gegen Gott ebenso wie vom pseudovernünftigen Tugenddienst. Ja zu sagen zu sich selbst in gründlichem *Atheismus* und in grenzenlosem *Egoismus* – darum muss es gehen bei der Menschwerdung des Menschen. Das sei nur möglich durch eine radikale Bekehrung zur Selbstbefreiung; und wer zu dieser den Mut aufbringt, werde auch die Kraft in sich entdecken, als Einzelner aus der Masse der in Religion versklavten und von Moral besessenen Menschen herauszutreten und ihnen allen gegenüber fröhlich seine Freiheit auszuleben.

In der immer sich vertiefenden Wiederholung dieser Philosophie wahrer, ebenso gottloser wie moralloser Freiheit des Ich wurde bei Nietzsche der Atheismus geradezu zum Genius einer Anti-Verkündigung, voller Hass auf alles Christliche, besonders unter der Priesterherrschaft der Kirche. Seine letzte Schrift vor dem Ausbruch seines Wahnsinns trägt den Titel: »Der Antichrist – Fluch auf das Christentum«.

Dieser auf die Spitze getriebene Atheismus lässt sich zunächst aus der Biographie Nietzsches erklären. Aufgewachsen in einem pietistisch frommen Elternhaus, traf seine Loslösung von der als persönliche Bedrückung erlebten Atmosphäre heilsnotwendiger Bekehrung mit dem ganz gegensätzlichen Eindruck des Atheismus des Philosophen Feuerbach und der Lektüre von Strauß' »Leben Jesu« zusammen. Dass jedoch die dadurch ausgelöste eigene Eruption sein ganzes weiteres Leben ganz und gar bestimmt hat und zwar zusehends tiefgreifender und emotional heftiger, das ist nur zu verstehen als das Ergebnis seiner Auseinandersetzung mit Kant, Fichte, Schelling und Hegel. Für den Philosophen Nietzsche waren diese die zunächst gegebenen Autoritäten zur Sinnfindung nicht nur für sein eigenes Leben, sondern für die ganze Lebenswelt der Neuzeit. Nach seinem Urteil hat Kant nicht bloß die *Erkennbarkeit* Gottes durch die Vernunft, sondern damit zugleich notwendigerweise die *Existenz* Gottes überhaupt bestritten. Wie kann er dann aber in seiner Moralphilosophie einen göttlichen Gesetzgeber als Postulat der praktischen Vernunft für notwendig erklären? Wie kann Kant einem aufgeklärten Menschen nicht nur zumuten, um der absoluten Gültigkeit des Moralgesetzes willen nun doch einem Gott unabdingbaren Gehorsam leisten zu sollen, den er als Garant dieser Letztgültigkeit anzuerkennen habe? Und warum in aller Welt sollte der, der diese zu geben nicht bereit sei, als dem »absolut Bösen« verfallen zu gelten haben? Das war für Nietzsche nichts anderes als die philosophisch verkleidete Basis des Aberglaubens seines christlich-frommen Elternhauses: die ›Erbsünde‹. Ein Mensch, der wirklich frei sein will, kann auch Kants Bekehrungsruf zur Anerkennung des Moralgesetzes der Pflicht zur Tugend nicht gehorchen – ja er *darf* dies nicht wollen! Eine Vernunft, die dazu sein persönliches Ja fordert, gewinnt nicht ihre wahre Freiheit, sondern im Gegenteil: Sie verliert sie – sie kann dann nicht mehr die eigene autonome Vernunft sein, die sie nach Kant sein sollte. Sie muss vielmehr den von Kants Moralgesetzen verbotenen, ja moralisch geächteten Egoismus als die Verwirklichung seiner Freiheit wählen und das, was nach Kant böse ist, gut heißen. *Das* ist die Bekehrung, die ein wahrer Philosoph zu vollziehen habe: das eigene Ja zu sagen dem Nein des Moralgesetzes ins Gesicht!
Und was gegen Kant zu gelten hat, das muss auch gegen Fichte gelten, dessen radikale Absolutsetzung des Ich doch eben nur bei gleichzeitiger Außerkraftsetzung jeder Pflicht zu moralischem Handeln gelingen kann. Was Schelling demgegenüber als Gesetz der Natur behauptet, lässt sich nun wirklich nicht, wie er es wollte, mit Gott gleichsetzen – dagegen hat jeder fromme Theologe Recht, der dies als versteckten Pantheismus kritisiert. Jedoch das All der Natur mit *Gott* gleichzusetzen, sei in Wahrheit nicht deswegen verboten, weil damit Gott seine Freiheit als allmächtiger Schöpfer des All verlöre, sondern umgekehrt

deswegen, weil es einen Schöpfergott ebenso wenig gibt wie einen persönlichen Moralgott.
Vor allem mit Hegel hat Nietzsche sich auseinandergesetzt. Er hat Hegel so (miss)verstanden, dass er das menschliche Selbstbewusstsein mit dem Selbstbewusstsein Gottes gleichsetze. Dazu habe er die Grundidee des Christentums gleichsam als Basis gebaut: die Menschwerdung Gottes im Gottmenschen Jesus. Es ist Nietzsche nicht entgangen, dass Hegel es vermieden hat zu entscheiden, ob dieser Gottmensch Jesus mit dem Urbild des zur Freiheit erwachten Menschen gleichzusetzen ist, oder ob zwischen Gott in Jesus und dem Selbst des Menschen ein Unterschied bestehen müsse, damit dieser zu sich selbst kommen könne, indem der Geist *Gottes* ihm gewährt, sich zu Gott zu erheben, und ihn dazu ermächtigt. Für Nietzsche kann eine solche Alternative nicht bestehen bleiben – es kann nur der *Mensch selbst* sein, der sich zu Gott erhebt, um ihn gleichsam von seinem Thron zu stürzen, den der Mensch selbst ihm als seinem himmlischen Gegenbild errichtet hat. Geht es aber in der Selbsterhöhung des Menschen darum, Gott als Herrn über sich zu entmachten und ganz und gar zu vernichten, dann bedarf es auch der mythischen Vorstellung nicht mehr, Gott sei in Jesus Mensch geworden. Strauß hat Recht: Ein mythischer Gottessohn verschwindet mit, wenn auch ein Gott-Vater ein Mythus ist, dessen Unwahrheit die Vernunft entlarvt.
Bei aller aggressiver Emotionalität, in der Nietzsche zuletzt als ein gegengöttlicher Verkünder der Wahrheit des Todes Gottes auftritt, muss man dies als Botschaft im Namen der Philosophie ernst nehmen: Wenn man Hegels »spekulativen Karfreitag« *für sich* nimmt, gelöst von seinem philosophischen Osterwissen um die Aufhebung des Todes Gottes, dann ist der Tod Gottes in der Tat die letzte Erkenntnis, die die vom christlichen Glauben gelöste Vernunft gewinnen muss. Und sie ist dann in der Tat eine zutiefst erschreckende Botschaft für den Menschen, »der fürchterliche Gedanke, dass alles Ewige, alles Wahre *nicht ist*«, wie Hegel sich ausdrückt. Nach Nietzsche jedoch ist eben dieser Gedanke »fürchterlich« nur für den, der im Tod Gottes seinen eigenen Tod fürchtet. Der wahre Philosoph jedoch weiß die Erkenntnis des Todes Gottes als eine »fröhliche Wissenschaft«. Denn was darin *zunichte* wird, sind nur die künstlich von ihm selbst errichteten Elemente seiner Unfreiheit. *Radikaler Atheismus ist notwendig zugleich radikaler Nihilismus* – der jedoch den wahren Philosophen selbst nichts angeht. Denn absoluter Nihilismus ist ja nur die nach außen gewandte *Kehrseite seines eigenen Egoismus*.
Nietzsche hat damit jedoch einem Nihilismus die Tür geöffnet, der notwendig *universale Geltung* beanspruchen muss – den Atheisten selbst einbeschlossen! Wenn Nietzsche stattdessen auf das völlige Ausleben eines totalen Egoismus setzt, der sich darin wohlfühlt, sich womöglich allen Menschen entgegenzusetzen, wie immer einsam er

3 Die historisch-kritische Bibelwissenschaft

sich dadurch selbst macht – dann ist das nur als ›philosophischer Kurzschluss‹ zu beurteilen. Ein Philosoph, der als letzte Wahrheit die Nichtigkeit Gottes lehrt, muss dann als Konsequenz auch die Nichtigkeit des Universums einschließlich seines eigenen Lebens lehren. Sich selbst allein als fröhlich-egoistischen Genießer bloß seiner Selbst zu sehen, ist ein aus Trotz geborenes Ideal, der »Übermensch« eine Heroisierung des Protests gegen den ›Zeitgeist‹.

Was aber ist der Grund dafür, dass Nietzsche nicht nur viel Ablehnung widerfahren ist, sondern merkwürdiger Weise – bis heute – immer wieder auch viel Bewunderung? In der damaligen Welt haben viele begrüßt, dass hier endlich einer mit den Halbheiten aufräumte, die nicht nur in der Theologie die seit langem wirksame Brüchigkeit des religiösen Fundaments der bürgerlichen Gesellschaft bemäntelte, sondern auch mit der Unfähigkeit der Philosophie, ihrerseits dem christlichen Glauben an Gott überhaupt noch eine grundlegende Bedeutung zu schaffen: Das Band zwischen Religion und Vernunft und zwischen christlichem Glaubensgehorsam und vernünftig-freiem Leben ist endgültig zerschnitten!

Aus größerem Abstand kann man nicht umhin, über den theatralen Protest des Verkündigers eines radikalen Atheismus und Egoismus hinwegzusehen und die Bedeutung dessen zu gewichten, dass Nietzsche der Geltung der Philosophie als der geistig führenden Macht ein abruptes Ende gesetzt hat. Kant hatte der jungen Generation des endenden 18. Jahrhunderts das Ideal einer Tugend gegeben, mit der eine moralisch bessere Gesellschaft, ein humaner Staat, ja vielleicht sogar nach all den generationenlangen Kriegen endlich ein wirklicher »ewiger Frieden« zu schaffen sein sollte. Was daraus geworden war, wirkte ernüchternd und weckte in der romantischen Generation des beginnenden 19. Jahrhunderts eine Sehnsucht nach tieferen Quellen geistigen Lebens, zugleich aber auch eine Resignation, dass dies ein schöner Traum bleiben werde. Hegel hat dieser jungen Generation einen festen, klaren Grund im Reich des Geistes geben wollen und eine gewisse Hoffnung durch die begründete Erwartung künftiger Vollendung der gesamten Geschichte des Geistes, an der jeder Denkende selbst teilhat. Doch die folgende Generation war nur noch an Empirie interessiert. Hegels Reich des Geistes erschien ihr allzu wirklichkeitsfremd. Wer sich nicht durch die Entwicklung der Technik zu einer ›realen‹ Zukunft immer neuer Entdeckungen faszinieren ließ, der erfuhr durch Nietzsche, dass die Philosophie – wie lange zuvor bereits die Theologie – ihr Ende erreicht habe. Eine neue Zeit schien zu beginnen, wenn auch nicht das Reich des »Übermenschen«, so doch eine Welt, die in bisher ungeahnter Weise von *menschlicher Macht gestaltet* werden und *menschlichen* Interessen dienen werde, eine Welt ständiger ›Fortschritte‹, dessen Subjekt allein der Mensch sei.

Dazu taugte allerdings kein Nihilismus. Die Gesetze der Natur, die sich durch die neue Technik zu großartigen Machwerken des Menschen nutzen ließen, waren alles andere als ein Nichts. Im Gegenteil: Wissenschaft musste empirisch werden, neue ›Realitäten‹ schaffen! Das musste nicht nur für die aufblühenden Naturwissenschaften gelten, sondern auch für die »Geisteswissenschaften«. Auch in ihnen mussten es Realitäten sein, die bestimmend werden: voran die Fähigkeit, die gesamte Vergangenheit historisch zu sichten und zu erklären; sodann die Zurückführung alles historischen Geschehens auf die Kräfte der Seele des in der Geschichte handelnden Menschen. Von dieser *Historisierung und Psychologisierung der neu sich orientierenden Geisteswissenschaft* ließen sich auch die liberalen Theologen leiten. Atheistischen Philosophien brauchten sie keine Beachtung zu schenken – wo sich doch die vergangenen Welten der Religion historisch erforschen und psychologisch erklären ließen.

Es waren vielmehr die konservativen Theologen, die sich im Blick auf Nietzsche in ihrem Urteil bestätigt sahen, das sie von Anfang an über die Philosophie und die sich von ihr abhängig machende liberale Theologie gefällt hatten: Überall sahen sie atheistische Motive oder doch wenigstens notwendig in Atheismus enden müssende Ansätze. Denn wer sich dem personal-lebendigen Gott der Bibel entzieht, der muss notwendigerweise alles Göttliche in Menschliches verändern. Und wo Religion immer mehr eine Sache des Menschen wird, da wird am Ende das Nichts stehen. *Darin* hatte Nietzsche Recht.

4 Die Theologie Friedrich Schleiermachers als Rettung der Selbstständigkeit christlichen Glaubens und dessen Einfügung in den Geist der Neuzeit

4.1 Ein neues Verständnis lebendiger Religion in Schleiermachers Erstlingswerk

Dass der christliche Glaube an Gott im 19. Jahrhundert nicht der philosophischen Problematisierung verfallen, aber auch nicht zu einer Burg der Bekämpfung des Geistes der Neuzeit geworden ist, sondern seinen Ort in der modernen Lebenswelt gefunden hat, das ist entscheidend *Friedrich Daniel Ernst Schleiermacher* (1768–1834) zu verdanken. Seine Grundthese ist: Religion ist ihrem Wesen nach weder Moral noch Philosophie, sondern ein *selbständiges Drittes*, nämlich ein Erleben des Ganzen aller Wirklichkeit im *Gefühl* eines Augenblicks. Damit wendete er sich schon in seinem Erstlingswerk von 1799 gegen das rein moralische Verständnis von Religion, das in der Aufklärung vorherrschte. Gegen sie verteidigte er die Religion, mit der er sich persönlich identifizierte, mit Argumenten, die ganz neu waren. Er wollte die-

4 Die Theologie Friedrich Schleiermachers

jenigen in der jungen heranwachsenden Generation spontan zu überzeugen suchen, die in der blutleeren rein gedanklichen Erklärung von »natürlicher Religion« des aus England importierten »Deismus« nichts geistig Lebendiges sehen und erst recht in dem auf bürgerliche Moral reduzierten Privatchristentum nichts von einem lebendigen Glauben finden konnten. Er sah voraus, dass daraus sehr wohl ein Hinwelken und schließlich ein lautloses Sterben der Religion werden konnte, und richtete seine Philippika mutig an die Wortführer der damaligen Religionskritik. »Über die Religion. Reden an die Gebildeten unter ihren Verächtern« lautet der Titel seines Buches, in dessen fünf Reden er einen leidenschaftlichen Appell veröffentlichte, das Christentum doch bitte in seinem eigentlichen Wesen ernst zu nehmen.

Aber was ist dieses Wesen? Keineswegs das, was üblicherweise die Kirchen an Lehre zu bieten hatten – in scharfer Kritik an kirchlicher Dogmatik und ihrem Herrschaftsanspruch war er mit der Aufklärung ganz eines. Die ›Ergebnisse‹ historischer Kritik der Bibel, besonders der Evangelien, setzte er als vernünftig anzuerkennen voraus. Dahinter zurück kann man nicht mehr wollen. Aber es geht ihm darum, was denn die eigentliche Botschaft des ›historischen Jesus‹ sei und wie gerade sie den modernen Bibelleser zu überzeugen vermag, ihr nicht nur mit dem Verstand, sondern auch mit dem Herzen zuzustimmen.

Religion lebt dort, wo ein endlicher Mensch in beglückender Schauung »dem Unendlichen« in einem Augenblick begegnet. Mit dem »Unendlichen« meint Schleiermacher den Gott, den Jesus zuerst so vollkommen *erlebt* hat, wie es anderen Menschen zuvor noch nicht widerfahren ist. Auch heute könne kein Mensch diese mystische Zentralerfahrung von sich aus bewirken; vielerlei egozentrische Lebens- und Denkmotive, in denen sich unsere Endlichkeit auswirkt, hindern uns daran. Aber gleichwohl sehnen wir uns danach, als endliche Menschen, die wir sind, Unendlichkeit zu erfahren. In Jesus finden wir solche Erfahrungen in vollkommener Ganzheit. Seine Rede von seiner eigenen unmittelbaren Nähe zu Gott, ja der Einheit mit ihm, dem Unendlichen, vermag unserer Sehnsucht eine überraschende Erfüllung gleicher Art zu vermitteln. Von Jesus nicht zu lernen als Lehrer vollendeter Moral, sondern uns von seiner Gottinnigkeit begeistern zu lassen, *das* ist die wahrhaft erbauliche Wirkung der Bibel; in *diesem* Sinn ist sie tatsächlich geisterfüllt und geisterweckend.

Das Erstaunliche lebendiger Religion ist dies: dass *endliche* Menschen dem *Unendlichen* in seiner Ganzheit in einem Augenblick tiefinniger Schauung tatsächlich *begegnen* können. Doch das darf nicht individualistisch verstanden werden: Wenn es wirklich das Unendliche ist, Gott, mit dem man sich religiös vereint, dann ist dies ein Urerlebnis, das jeder Einzelne, der es erlebt, mit allen anderen teilt, die es ebenso erleben. Die Erfahrung des Universums ist nie beschränkt auf Individuen für sich, sie ist vielmehr Sache einer *Gemeinschaft* von Menschen, denen Gleiches widerfährt. Das ist der unverlierbare Sinn von Kirche als Vereinigung aller wahren Jünger Jesu. Nicht eine feste Institution ist im Neuen Testament mit Kirche gemeint: mit Priestern, die über Laien herrschen dürften und die die sakramentalen Wunder der Gottesnähe zu verwalten hätten; und mit festen Lehren und Ordnungen, die von Anfang an da gewesen und in ihrer Ursprungsgestalt fest zu bewahren seien. Nein, echtes religiöses Erleben ist immer neu, immer die Sache je persönlicher Freiheit, die auch in der Gemeinschaft der Kirche allein gilt. Nach Schleiermacher ist das geistliche Wesen der Kirche geradezu an der Klarheit zu erkennen, mit der das Christentum sich gegen alles Festgelegte und Festlegende »*polemisch*« verhält, auch und besonders im Bereich der eigenen kirchlichen Tradition. Auch darin stimmt er mit der Kirchenkritik der Aufklärung überein.

Das hindert nun freilich nicht die Einsicht, dass Religion sehr wohl positiver Gestaltungen bedarf, ohne die sie sich als geschichtlich-konkrete Bewegung nicht durch die Geschichte hindurch erhalten und fortentwickeln könnte. Gerade vom Christentum als der vollkommensten Gestaltung von Religion gilt das. Es braucht Kontinuität von Kirche und lebendiger Überlieferung. Es braucht die Bibel als Heilige Schrift. Es bedarf ihrer Vermittlung in lebendiger Predigt. Es braucht auch kirchliche Gottesdienste, die durch elitäre Privatgemeinschaften nicht ersetzt werden dürfen. Doch wenn Kirche evangelisch bleiben und nicht in den Katholizismus »zurückfallen« soll, dann bedarf es immer zugleich auch eines kritischen Umgangs mit all ihrer eigenen Positivität.

So zeigen diese »Reden« ein ganz und gar revolutionär-emanzipatorisches Konzept von Christentum, mit dem der junge Schleiermacher die Kirchenkritik der Aufklärung zu aktualisieren, zugleich aber deren Tendenz, Kirche überhaupt loszuwerden, zu bekämpfen suchte. Ein Reformer will er sein, kein Totengräber – und darum ein durchaus konservativer Theologe als Bewahrer evangelischer Freiheit, aber nicht ein liberaler, der diese Freiheit als Beliebigkeit missbraucht; und zugleich ein die Vernunft liebender Theologe, der eben deswegen allen Tendenzen wehrt, wahren Glauben in bloßer Vernünftigkeit untergehen zu lassen.

Das Buch hat stark gewirkt, besonders in der jungen Generation. Viele haben darin eigene Kritik und eigene Sehnsucht ebenso klar wie persönlich-lebendig ausgesprochen gefunden: Die einen, die im Geist der Aufklärung aufgewachsen waren und sie an sich bejahten als überfällige Reaktion auf kirchliche Strukturen, die als Zwang empfunden wurden, wollten aber doch mehr als abstrakte Denkprodukte und moralische Anständigkeit: Für sie war das Gefühl als Ort persönlich-freier Religiosität eine Entdeckung neuer Wege, die in die Romantik führten. Es gab aber auch fromme Christen, die spürten, dass hinter Schleiermachers »Religion« Erfahrungen eines frommen Elternhauses standen, die nur neue Ausdrucksformen finden wollten: Sie stießen sich zwar daran, dass er den so abstrakten Begriff »das Unendliche« anstelle des biblischen Gottesnamens wählte, um »den Gebildeten unter den Verächtern« des Christentums entgegenzukommen. Aber er pries ja doch das Christentum und wollte es bewahren, indem er es erneuerte. Manche Pietisten empfanden diesen jungen Prediger als einzigen modernen Theologen, bei dem man – bei aller Kritik – einen Bundesgenossen in der Verteidigung des Glaubens zu finden hoffen konnte – eines persönlich lebendigen, ja begeisterten Glaubens, der vielleicht manche Zeitgenossen, die ihren Glauben schon nahezu verloren hatten, dazu bewegen könnte, ihn im eigenen Herzen neu zu entdecken.

4.2 Schleiermachers Theologie in seiner kirchlichen Dogmatik

So wurde Schleiermacher zu einem der Gründer der neuen Universität in Berlin und lehrte dort als Theologe neben dem Philosophen Hegel, der ihn allerdings zeitlebens als bloßen »Mystiker« verachtete. Sein Hauptwerk: »Der christliche Glaube nach den Grundsätzen der Evangelischen Kirche im Zusammenhang dargestellt« (1821) zeigt schon in diesem Titel: Hier soll das in den Reden sozusagen vom Herzen Geschriebene in die Form einer Dogmatik gebracht werden, die sich zwar als Produkt der Neuzeit von allen Gesamtdarstellungen kirchlicher Lehrtradition grundsätzlich unterscheidet, die aber doch den Anspruch erhebt, »die Grundsätze der Evangelischen *Kirche*« verantwortlich zu bewahren – der Kirche zwar, wie sie für die Zukunft ganz neu zu verstehen und zu ordnen sein werde, aber doch als Kirche, die das Wesentliche des christlichen Glaubens, wie er in der Reformation wieder neu gewonnen worden war – der lutherischen und zugleich auch der reformierten – bewahrt. So hat Schleiermacher sehr bewusst den Anspruch erhoben, seiner Kirche mit dieser Glaubenslehre eine Dogmatik zu schenken, die für ihren Weg in die Zukunft eines höchst problemreichen Zeitalters eine repräsentative Basis zu sein vermag. Es kann und soll hier nicht der ganze Inhalt dieser Glaubenslehre dargelegt, sondern nur kurz aufgezeigt werden, worin sie sich wesentlich von den »Reden« unterscheidet, und vor allem, was sie für das Verständnis und die Auslegung der Bibel austrägt.

4.2.1 Das »Gefühl schlechthinniger Abhängigkeit« als neues Grundmotiv der Glaubenslehre

Das Erste ist: Schleiermacher bleibt bei seiner Grundthese: Religion geht weder in Moral auf noch lässt sie sich durch Philosophie ersetzen. Das Umgekehrte gilt: Ohne Religion verliert die Moral ihre Grundlage und auch die Philosophie die Möglichkeit, ihrem zentralen Thema: Gott, auf vernünftige Weise gerecht zu werden. Das heißt positiv: Religion ist die ursprüngliche Erfahrung, in der der Mensch des Grundes

und des Ziels seines Daseins inne wird. Nur in der Religion ist die Mitte des Universums zu finden. Ihr im Denken wie im Leben zu entsprechen, darum geht es.
Schleiermacher bleibt auch dabei, dass *das Gefühl* der Ort im Ich des Menschen ist, an dem er Gott in sich erleben kann. Weil aber dieses Urerlebnis nicht vom einzelnen endlichen Menschen selbst in sich erweckt, sondern nur passiv erfahren werden kann, spricht Schleiermacher jetzt nicht mehr von einem »*Anschauen*« des Universums, sondern von einer *Abhängigkeit* des Menschen von Gott und entsprechend von Religion als Widerfahrnis. Nur so kann *unterschieden* werden zwischen meinem *endlichen* Ich und dem *unendlichen* Ich Gottes als Dem, der das gesamte All in sich zusammenfasst und zusammenhält. Darum ist es eine entsprechend totale oder, wie Schleiermacher sich ausdrückt: »schlechthinnige« Abhängigkeit, die wesenhaft zum Dasein des Menschen als Menschen gehört. Freilich nicht in dem Sinn, dass der Mensch in dem Widerfahrnis des Gotterlebens sich selbst als nichts und Gott als den allein Seienden erlebt, sondern: Das Erlebnis des Eins-Werdens mit Gott vollendet das ureigene Dasein des Menschen selbst: In seiner völligen *Abhängigkeit* von Gott erlebt er seine *Freiheit*. Denn *ich* bin es ja, der in der Abhängigkeit *von* Gott *mit Gott eins* wird. *Meine eigene* Subjektivität ist es, in der Gott mich an der Seinigen teilhaben lässt. Nur so darf ein Theologe überhaupt von Gott reden; sowie es eine ›*Person*‹ in irgendeinem Himmel ist, die der meinigen hier auf Erden als in sich selbstständig *gegenüberstünde*, habe ich Gott verdinglicht und mich in Gefahr gebracht, als sei Gott nichts anderes als ein in den Himmel projiziertes Spiegelbild meiner selbst. Dass dies in einen nicht aufzulösenden Atheismus führen muss, ist Schleiermacher schon vor Feuerbach bewusst gewesen.
Aber hier richtet sich nun andererseits die kritische Rückfrage an ihn selbst: Ist nicht auch das Einswerden mit Gott in der Subjektivität meines Gefühls der Gefahr ausgesetzt, dass es letztlich eben doch ich selber bin, der ich mich als ›Gott‹ erlebe und so mir meiner selbst gewiss werde? Ist doch in der Rede von meiner »schlechthinnigen Abhängigkeit« immerhin von *mir* die Rede, von der Bestimmtheit *meiner* Existenz, die zu *meinem* Wesen gehört! Und wird nicht das Erlebnis »*des Anderen*« in meinem Gefühl zu einem Zentralerlebnis *meiner selbst* im Unterschied zu allen Kennzeichen meiner Endlichkeit, in der ich mich in meinem alltäglichen Leben erfahre: mein Idealbild sozusagen im Unterschied zu meinem Alltagsbild? Das ist in der Tat das Grundproblem jedes theologischen Ansatzes in der Subjektivität des Christen als eines Menschen, der im religiösen Gefühl Gottes als des ›Kerns‹ seiner selbst innewird, ohne letztlich Gott in dessen eigener Subjektivität vom eigenen Ich in seiner Subjektivität unterscheiden zu können! Dieses Grundproblem liegt nicht nur aller aus der Aufklärung geborenen liberalen Theologie, sondern auch dem Pietismus von Anfang an

zugrunde, mit dem sich die konservative Theologie des 19. Jahrhunderts gegen die liberale Theologie verbunden hat. Schleiermacher hat sich – mit Recht – den Gedankensprung zu der bloßen Behauptung nicht erlaubt, Gott *sei* eben selbstverständlich in seinem eigenen unendlich großen Ich von jedem Menschen, gerade auch dem gläubigen Christen, unterschieden – das sei die entscheidende Voraussetzung aller Rede von Gott und auch aller Gotteserfahrung im eigenen Herzen. In der Tat: Ohne diese Voraussetzung der totalen Unterschiedenheit des Ich Gottes vom Ich des einzelnen endlichen Menschen geht die *Wirklichkeit Gottes selbst* theologisch-strukturell verloren. Aber wenn dies nicht nur eine pure, wie immer emotional geäußerte *Behauptung* sein soll, sondern wahre *Rede von Wirklichkeit*, dann muss das mit guten und tiefen Argumenten *begründet* werden können. Die Gewissheit des Gefühls für sich allein reicht als Grund nicht zu.

4.2.2 *Jesus als der Erlöser*
Schleiermacher ist sich dieser Problematik bewusst gewesen. Deswegen lautet sein *zweiter* Grundsatz, von Gott könne nicht anders als im Zusammenhang der Rede von *Jesus* gesprochen werden. Jesus nämlich sei »der Erlöser«, der die Glaubenden von der Sünde als Gottlosigkeit ihrer alltäglich-menschlichen Existenz befreie, um Gottes inne und mit Gott eins zu werden.
Doch auch die Christologie Schleiermachers leidet unter der gleichen Problematik wie seine Gotteslehre. Es ist nicht eigentlich die Person Jesu als solche, geschweige denn sein Kreuzestod und seine Auferstehung, die uns erlöst. Vom ›historischen‹ Jesus denkt Schleiermacher in den Bahnen der Evangelienkritik der Aufklärung: Wunder hat Jesus nicht getan und auch das Wunder seiner Auferstehung entbehrt geschichtlicher Wirklichkeit. Und insbesondere die altprotestantische Lehre vom stellvertretenden Sühnesterben Jesu verfällt restlos der Kritik der Vernunft, die darin nur ein horrendes widermoralisches Gottesbild zu sehen vermag und es total zu verabschieden hat. Nein, von Sünde erlöst Jesus uns, indem er uns an seinem eigenen vollkommenen Einssein mit Gott teilhaben lässt, in Schleiermachers Sprache: an der vollendeten »Kräftigkeit seines Gottesbewusstseins«. *Darin ist Jesus das Vorbild des wahren Menschen*, dem die Glaubenden sich in ihrem Gottesbewusstsein annähern und ihm angleichen können. Das vermögen sie nicht von sich aus, dazu brauchen sie einen Mittler, der sie von der Schwäche befreit, sich »gehemmt« zu fühlen zur Erhebung zu Gott. Diese Schwäche ist es, die nach Schleiermacher in der biblischen Rede von der Sünde allein gemeint sein kann. Und so sehr Jesus uns von dieser Sünde erlöst, indem er uns dazu befähigt, dem Vorbild seiner Gottinnigkeit zu folgen, so sehr können es nur wir selbst sein, die wir uns in unserem eigenen Gefühl zur Nachfolge dieses Vorbilds aufschwingen.

Dass diese Deutung von Sünde und Erlösung dem neutestamentlichen Zeugnis schon im Ansatz widerspricht, hindert Schleiermacher nicht daran, sie zur Mitte der Heilslehre seiner Dogmatik auf- und auszubauen. Ihn leitet *einerseits* das Interesse, seine Lehre von der Abhängigkeit des Menschen von *Gott* durch die Gründung alles Erlösungsglaubens auf *Jesus* zu stützen. Jesus ist und bleibt von jedem Christen deutlich unterschieden, so sehr er sie dazu bewegt, ihm in seinem Gottesbewusstsein gleich zu werden: Aber weil es Gott ist, der Jesus mit sich eins werden lässt, ist und bleibt auch für jeden Christen in der Nachfolge Jesu *Gottes Gnade* die bewegende Kraft, durch die allein es möglich ist und geschehen kann, zum Einswerden mit Gott erlöst *zu werden*. Anderseits darf diese Heilsaktivität Gottes und die entsprechende Passivität des Menschen keineswegs dessen Freiheit, die Erlösung anzunehmen und sie in sich wirken zu lassen, widersprechen oder sie auch nur einschränken. Auch dazu dient der Rückgang des Glaubens auf Jesus. Wie nämlich Gottes Gnade Jesus zu der Freiheit ermächtigt, als Gottes Sohn Gott gleich zu sein und so zu unserem Erlöser zu werden, so werden auch wir als durch Gottes Gnade Erlöste unserem Erlöser darin gleich, dass wir wie er zu Gottes Kindern werden und darin selbst frei werden wie er. Schleiermacher geht sogar so weit, die altkirchliche Lehre von Jesus als dem Mensch gewordenen Gott auf die Christen zu übertragen! Darin orientiert er sich an der Christologie des Johannesevangeliums, in dem er dasjenige der vier Evangelien sah, das für das neuzeitliche Christentum am deutlichsten und tiefsinnigsten den Weg zu weisen vermag, auf dem es zu sich selbst finde.

4.2.3 Die Lehre von der Schrift

Das führt nun – *drittens* – zu Schleiermachers *Lehre von der Schrift*. Das Programm der Aufklärungstheologie, die biblischen Schriften als historische Quellen zu sehen, übernimmt er voll und ganz. Er findet daran nichts zu ändern. In seiner Glaubenslehre allerdings hat die historisch-kritische Exegese erstaunlicherweise lediglich nebensächliche Bedeutung. Eine moderne Dogmatik hat sie zwar als Voraussetzung anzuerkennen, muss aber ihre eigenen Wege gehen. Darin zeigt sich einerseits, wie selbstverständlich zu Beginn des 19. Jahrhunderts die Bibelkritik in liberaler Theologie bereits Geltung erlangt hat und zu einem festen Teil theologischer Wissenschaft geworden ist. Anderseits aber ist sie ein in sich geschlossener Arbeitsbereich, von dessen reichem Detail nahezu nichts für eine moderne Dogmatik brauchbar ist. Dient diese doch der Aufgabe, der Christenheit der Neuzeit zu helfen, neue Wege zu gehen, um den alten Glauben in seinen wesentlichen Inhalten zu bewahren. *Dazu* hat die historische Bibelkritik mit all ihrem Arbeitsaufwand und mit aller Intensität der Fachdiskussionen offenbar nichts beizutragen! Der Grund liegt in ihrem eigenen Pro-

gramm: sich allein um die Kenntnis der *Vergangenheit* der biblischen Schriften in ihrer vergangenen Welt zu kümmern und es als die unausweichliche Folge anzuerkennen, dass sie der Gegenwart sehr fremd werden. Schleiermacher hat sich selbst an dieser Arbeit aktiv beteiligt und eigene Ergebnisse veröffentlicht, ohne dass diese in seiner Dogmatik auch nur einmal genannt werden, geschweige denn inhaltliche Bedeutung erlangen.
Wichtig ist für Schleiermacher allerdings ein Dreifaches: Einmal, dass das *Alte Testament* so vollkommen in die Geschichte und Welt des Volkes Israel gehöre, dass das Meiste ohne Belang für das Urchristentum sei bis auf die Zitate im Neuen Testament, in denen jedoch deren historischer Sinn vom christlichen Glauben umgedeutet werde: als Weissagungen, die in Jesus erfüllt worden seien. Für die gegenwärtige Kirche und ihre Glaubenslehre hat das Alte Testament als Ganzes keinerlei Bedeutung und könnte in den Bibelausgaben auch fehlen. Nur weil es durch seine jahrhundertelange Zugehörigkeit zum biblischen Kanon vielen Christen noch ganz oder teilweise vertraut ist, sei nichts dagegen einzuwenden, dass es auch weiterhin dem Neuen Testament »beigegeben« werde. Diese negative Einschätzung gehört seit den Anfängen der Aufklärung zu den Grundurteilen moderner Theologie. Schleiermacher hat wesentlich dazu beigetragen, dass diese kritische Sicht bis in die Gegenwart wirksam geblieben ist.
Sodann: Die *historisch-kritische Exegese der Evangelien* hat für Schleiermachers Dogmatik nur die negative Bedeutung zu begründen, dass die berichteten Wunder Jesu und an Jesus allesamt ohne geschichtlichen Wert seien. Dogmatisch relevant seien sie nur, wenn die Wunderhaftigkeit nicht in göttlichen Eingriffen in die Naturgesetze bestehe, sondern allem eigne, was zu Gott und seiner gnädigen Zuwendung zu den Menschen gehöre. Solche positive Deutung könne aber nicht exegetisch aus den neutestamentlichen Texten selbst erhoben, sondern nur dogmatisch ihnen zuerkannt werden. Und das gilt überhaupt für das der Dogmatik im Ganzen zugrunde liegende Bild von Jesus als Erlöser und Versöhner: Schleiermacher hat es völlig selbständig aus seinem eigenen Ansatz erdacht und legt es allen Christusaussagen im Neuen Testament als deren Sinn zugrunde; und genauso legt er auch die Aussage der kirchlich-dogmatischen Tradition aus. Wo es sein dogmatisches Gesamtbild verlangt, dass auch im Neuen Testament grundlegende Aussagen zu korrigieren seien – wie besonders über die wunderbare Empfängnis und Geburt Jesu, über die Heilswirkung seines Kreuzestodes, seiner Auferstehung und Himmelfahrt sowie auch seines künftigen Kommens zu Gericht und Heilsvollendung –, da geschieht dies schonungslos deutlich. Gleichwohl bemüht er sich, alle Aussagen des Neuen Testaments, einheitlich nach seinen Gesichtspunkten gedeutet, so stehen zu lassen, wie sie lauten, und die Fülle von Hypothesen, die in der exegetischen Zunft umstritten

sind, in der Dogmatik unberücksichtigt zu lassen. Überhaupt weist er hier nur in Anmerkungen auf Bibelstellen als Belege für seine dogmatischen Ausführungen hin und gibt ihnen einen Sinn, den er exegetisch nicht begründet.

Schließlich ist ihm wichtig, dass *der biblische Kanon* so, wie er in der Alten Kirche entstanden und als vom Heiligen Geist inspiriertes Zeugnisganzes vorgegeben ist, für die heutige Dogmatik und Predigt der Kirche nicht an sich als von vornherein verpflichtende autoritative Norm anzuerkennen sei, sondern sich in seiner Wahrheit und in seinem Sinn dem je gegenwärtigen Glauben erschließe. Zugespitzt formuliert: Der Kanon *ist* nicht als solcher Heilige Schrift, er *wird* es vielmehr nur durch den Glauben. Das kann und darf jedoch nicht vom individuellen Glauben jedes einzelnen Christen gelten, sondern allein vom Glauben der ganzen Kirche. Denn wie immer es im Glauben um das jeweils besondere Erleben des Einzelnen geht, an der Einheit des Erlösers mit Gott selbst für sich mit teilzuhaben, so gibt es solche Teilhabe nur so, dass dieses Erleben allen Glaubenden in gleicher Weise widerfährt. Individueller Glaube ist deswegen wahr und echt nur in Übereinstimmung mit dem Glauben der Kirche als ganzer. In *diesem* Sinn allein kann auch der biblische Kanon als Heilige Schrift gelten; und so ist auch die alte Lehre von deren Inspiriertheit anzuerkennen. Ist es ja doch der Geist der Gnade Gottes im Gottesbewusstsein des Erlösers, an dem dieser den Glaubenden teilhaben lässt. Und entsprechend umgekehrt: Es ist der Geist, der im Glauben wirkt und *so* die Wahrheit und den Sinn der Schrift erschließt.

4.2.4 Die Subjektivität der Theologie Schleiermachers als ihr Grundproblem

Durchweg bilden in Schleiermachers Theologie göttliche Objektivität und menschliche Subjektivität eine wechselseitige Einheit. Das eine ist nicht ohne das andere. Letztlich aber ist die Subjektivität bestimmend, weil sie der alleinige Ort ist, an dem es zum Erleben der Gottesgnade kommt und allein kommen kann. Die Lehre Luthers, dass dem Menschen *außerhalb* seiner selbst (extra me) Gottes Gnade *widerfährt*, indem sie in Christus für ihn gehandelt hat und im Glauben an ihm handelt, ist Schleiermacher nicht nachvollziehbar. Diese Lehre Luthers aber stimmt mit dem Grundmotiv neutestamentlicher Theologie, Christologie und Heilslehre überein. Die Subjektivität der Theologie Schleiermachers ist der gesamten Theologie der Neuzeit zum Schicksal geworden. Ihr Grundgegensatz gegen den Geist biblischer Theologie und aller an dieser orientierten kirchlichen Theologie ist ihr *Grundproblem*.

Die Kirchlichkeit der Theologie Schleiermachers hat an diesem Grundproblem teil. Seine Lehre von der Schrift mündet ganz konsequent darin aus, dass es die Predigt im Gottesdienst der Kirche ist, in

4 Die Theologie Friedrich Schleiermachers

der die Schrift je aktuell zur Wirkung kommen soll. Jedoch wie das geschieht, wird am Beispiel einer eigenen Predigt über die Ostergeschichte in Joh 21,1–19 besonders deutlich, die er zusammen mit anderen Predigten als vorbildliche Lehrbeispiele veröffentlicht hat. Im Bibeltext wird höchst eindrucksvoll erzählt, wie der auferstandene Jesus sieben seiner Jünger am See Genezaret begegnet: Zuerst unerkannt, dann vom »Jünger, den Jesus liebte«, erkannt, hält er mit ihnen Mahl. Doch das Wunder seiner Erscheinung benimmt ihnen die Sprache. Stumm bleibt die Mahlgemeinschaft, bis Jesus die Stille durchbricht und Petrus, der ihn zuvor dreimal verleugnet hat, dreimal fragt: »Liebst du mich?« Auf seine bejahende Antwort beruft Jesus ihn dreimal zum Hirten seiner Schafe und bezeugt ihm darin indirekt seine Vergebung. Schleiermachers Predigt handelt davon, wie die sieben Jünger als Vorbild zu nehmen seien für ein geselliges Beisammensein von Freunden in der Berliner bürgerlichen Oberschicht seiner Zuhörer. Wenn dort die Atmosphäre persönlicher Vertrautheit dazu führen kann, dass einer dem anderen Fehlhandlungen verzeiht, dann geschieht hier eben das, was im Predigttext zwischen Jesus und Petrus berichtet wird. Dass es *der Auferstandene* in seiner wunderbaren Erscheinung ist, der seinen Jünger zum Hirten seiner Schafe an seiner Statt (Joh 10,11) beruft, davon ist in dieser Predigt mit keinem Wort die Rede!

In allen Predigten Schleiermachers ist der Umgang mit dem biblischen Text von der gleichen Art: Was im Text steht, ist als Vorbild für gegenwärtiges Leben und Zusammenleben zu nehmen; von *diesem* zu reden, ist für eine Predigt allein und entscheidend wichtig. Der Prediger tut gut daran, das, worum es geht, im Vorhinein durch eine inhaltliche Überschrift für die Hörer zu kennzeichnen. Die Genialität eines Predigers erweist sich darin, dass er Themen aus dem Leben seiner Zuhörer zu finden weiß, die diese bewegen, und im Bibeltext dafür einen Anhalt sucht. Auch dies ist eine Predigtweise, die bis in unsere Gegenwart immer neue Blüten treibt. Nicht Gottes Wort ist es, das der Prediger aus dem biblischen Text zu hören und den Zuhörern in ihr Leben hinein zu verkünden hat, sondern das Wort eines seinen Hörern nahe verbundenen Mitchristen zu ihren gemeinsamen Erfahrungen oder auch Problemen menschlichen Lebens. Dass es dazu einer exegetischen Erschließung und theologischen Durchdringung des Textes nicht unbedingt bedarf, ist von daher zu verstehen. Der Prediger soll einem Künstler ähnlicher sein als einem Propheten.

So ist – bis gerade in die Predigtlehre und -praxis hinein – die Subjektivität der Theologie Schleiermachers als der sie ganz und gar begründende und prägende Ansatz zugleich ihr Grundproblem. Dass vom Menschen die Rede sein muss, wenn man das Evangelium Menschen zuspricht, ist gewiss wahr. Aber dass es das Heilshandeln *Gottes* ist, das menschliches Leben zutiefst angeht und verändert, ist die grundlegende Wahrheit biblischer Theologie und kirchlicher Lehre. Darum ist dieses das Thema einer christlichen Predigt im Gottesdienst einer dem Wort Gottes in der Heiligen Schrift verpflichteten Kirche, nicht menschliches Leben als solches.

5 Die radikale historische Bibelkritik in der 2. Hälfte des 19. Jahrhunderts und ihre Aufnahme in der liberalen Theologie

5.1 Die theo-logische Problematik

Der vorangegangene Blick auf die Entwicklung der Philosophie von Kant bis zu Nietzsche sollte zeigen: Dort, wo außerhalb der Theologie das religiöse Anliegen der Aufklärung über deren moralistisches Interesse hinaus zur Wirkung kommen sollte, hat der Denkweg mit einer gewissen inneren Notwendigkeit zu einem Verlust der Bedeutung Gottes für das moderne Leben geführt. Weder ein Gott, der jenseits der Zuständigkeit der reinen Vernunft nur noch ein Grenzbegriff sein kann, mit dem die Voraussetzung unbedingter Geltung der Grundsätze der Moral für alle Menschen ausgedrückt wird, konnte noch ein lebendiges Gegenüber sein, mit dem sich in der Wirklichkeit eigenen Lebens konkret umgehen ließ; noch ein Gott, der nur im Bereich des Denkens über den Sinn und das Ziel der Geschichte der Menschheit eine zentrale Rolle spielt. Ließ sich zwar auf dem einen wie auf dem anderen Denkweg die Wahrheit des ererbten Christentums vernünftig rechtfertigen und sogar die Bedeutung der Kirche als Institution des Christentums für den modernen Staat begründen, so konnte doch das zentrale Thema der biblischen Religion: die Erlösung der sündigen Menschen von der Macht des Bösen über ihr Leben, für einen selbstständig leben wollenden Zeitgenossen wie Nietzsche nur auf entschlossenen Widerspruch stoßen und das ganze Christentum der Kritik radikaler Aufklärung gegen alle »versklavenden« Mächte verfallen. Allerdings zeigt sich selbst noch in der emotionalen Heftigkeit eines solchen Atheismus, dass die Gottesfrage keineswegs erledigt war, sondern bedrängend nah blieb – aber doch in der Weise einer tiefgründigen Krise.

In der Theologie ist die Krise, wie wir sahen, von Friedrich Schleiermacher als solche zuerst erkannt worden. Er hat sie für die »protestantische« Kirche und Theologie dadurch abzuwenden und auf Dauer zu überwinden unternommen, dass er ihr eine neue, eigene Grundlage gab, mit der er einerseits der Religion einen selbstständigen Ort im Lebensganzen zusprach, unterschieden von aller Philosophie, jedoch auf ihre Weise mit ihr verbunden, andererseits so viel vom theologischen und kirchlichen Erbe bewahrte, dass das Kirchentum bestehen bleiben und eine neue Gestalt finden konnte, in der das Christentum auch in der neuzeitlichen Welt seine sie prägende Bedeutung behalten konnte. So war die Gotteskrise gelöst, aber um den Preis wesenhafter Subjektivierung; und die Kirche gerettet, aber um den Preis einer Veränderung ihres Wesens zu einem religiösen Verein. Diese neue Basis ermöglichte es, die in der Theologie in vollem Gang befindliche Historisierung »wissenschaftlicher« Schriftauslegung voll anzuerkennen, aber eine kirchliche Glaubenslehre zu entwickeln, die von dieser weithin unabhängig ihren eigenen Weg eines theologisch-kritischen Umgangs mit den Inhalten der Schrift und der Lehrtradition wählte.

War so die Krise gemeistert? Die breite Zustimmung in der damaligen Theologie und Kirche und die bis heute anhaltende Wirkung dieses Ansatzes zeigen, dass für die liberale Mehrheit diese Frage zu bejahen ist. Selbst im modernen Pietismus der »Erweckungsbewegung« war zunächst die Meinung verbreitet, wegen der ›Kirchlichkeit‹ dieser Theologie mit Schleiermachers Einfluss leben zu können, ohne an der Gegnerschaft zur historischen Bibelkritik etwas ändern zu müssen. War und blieb doch der Ansatz der eigenen Theologie mit dem Zentrum der Bekehrung des Einzelnen faktisch ebenso subjektivistisch wie bei Schleiermacher. Einen prinzipiellen Gegensatz musste es so nicht geben. Dass es der Geist *Gottes* ist, der im Inneren des bekehrten Christen *seine eigene Wirkung* hat, war für Pietisten so selbstverständlich gewiss wie auch, dass es das ureigene Herz und Gewissen ist, das sich für diesen Weg entschieden hat. So blieb der entscheidende Gegensatz weithin unbemerkt, der dort aufbricht, wo der Unterschied zwischen dem Ich und ›seinem‹ Gott verschwimmt, weil ein Einswerden mit Gott zum Kern und Ideal der Religion wird. Jeglicher Atheismus erschien – so oder so – als ein Ausbruch aus dem Christentum, der nicht nur zu verurteilen ist, sondern für einen Christen auch schlechterdings nicht in irgendeiner Weise als notwendig erscheinen kann. Zudem war und ist für pietistische Theologie das sittliche Tun des »wiedergeborenen« Christen von so bestimmender Wichtigkeit, dass auch darin eine Übereinstimmung mit der ethischen Grundrichtung liberaler Theologie erkannt werden kann. Ist doch das Liebesgebot Jesu für jeden Christen von zentraler Bedeutung. So war die Ethik Kants eine gemeinsame philosophische Basis in der gesamten protestantischen Theologie des 19. Jahrhunderts, zumal im Neukantianismus auch die Religion zu einem wichtigen Aspekt philosophischer Anthropologie geworden ist. Dagegen blieb die Philosophie Hegels für beide Seiten weithin wirkungslos – zumal im philosophischen Bewusstsein in der zweiten Hälfte des 19. Jahrhunderts die empirische Ausrichtung zum Prinzip des allgemeinen wissenschaftlichen Bewusstseins geworden ist. Die Theologie ließ sich aber zunächst weniger durch die Entwicklung der Naturwissenschaften betreffen als durch die historische Bestimmtheit der Geisteswissenschaften, in deren Trend sich die liberale Bibelwissenschaft samt ihrem psychologischen Gesichtspunkt voll einfügte.

5.2 Die Einbeziehung der biblischen Exegese in die Religionsgeschichte

Von hier aus ist nun aber der liberalen Theologie eine bedrängende Radikalisierung der Krise erwachsen, auf die sie eigentlich zunächst nicht gefasst war. Zur Exegese des Alten und Neuen Testaments hatte immer schon die Einbeziehung der Religion und Kultur der Umwelt Israels und des Urchristentums gehört. Seit der Mitte des Jahrhunderts aber trat dies nun in die Mitte der Forschung. Es gehörte jetzt geradezu zum Kennzeichen wissenschaftlicher Qualität, dass nicht nur die Wirkung des Christentums in die vielfältige Welt des Hellenismus hinein, sondern auch umgekehrt deren Einflüsse auf die Entstehung und Entwicklung des Urchristentums wahrgenommen und gewichtet werden. Gehörte dieses doch unter historischem Aspekt zum Ganzen der antiken Religions- und Kulturgeschichte hinzu; und je mehr Querverbindungen sich aufzeigen ließen, desto konkreter wurde das Bild der Religion und des Lebens der ersten Christen.

Es stand jetzt nicht nur die rabbinische Toralehre als Gegenpol zur Predigt Jesu vom Himmelreich vor Augen, sondern die recht andersartige Vorstellungswelt der jüdischen Apokalyptik wurde als Quelle der urchristlichen Eschatologie erkannt (A. Schweitzer). Diese war bisher als eher störender Teil im Bilde der Verkündigung und Lehre Jesu empfunden worden und entweder einfach unbeachtet geblieben oder der Verhaftung der Evangelisten in jüdischer Volkstradition zugeschrieben worden. Jetzt wurde die Apokalyptik nicht mehr als merkwürdiger Nebentrieb bizarrer Vorstellungen betrachtet, sondern als ein durchaus wichtiger Bereich des vorrabbinischen »Frühjudentums« ernst genommen. Gerade die von Jesus verkündigte »Gottesherrschaft« selbst hatte eschatologischen Charakter (J. Weiß). Diese Entdeckung veränderte das Bild Jesu wesentlich und irritierte die moderne Jesusfrömmigkeit. Wenn Christen dabei bleiben wollten, Jesus als Lehrer der Liebe Gottes zu verehren, die allen Menschen gegenwärtig nahe ist, dann mussten sie sich dessen bewusst sein, dass dieser ihr Lehrer und Erlöser nicht der historische Jesus war, sondern nur eine Auswahl aus dessen Verkündigung und Lehre, die für modernes Christentum interessant und lebenswichtig war. So sehr man behauptet hat, in dieser Auswahl bestehe immerhin »das Wesen des Christentums« (Adolf von Harnack), so sehr musste man dann aber auch zugeben, dass unter historischem Gesichtspunkt zwischen dem Jesus der eigenen Frömmigkeit und der historischen Gestalt Jesu eine durchaus wesentliche Differenz besteht. Die bisherige naive Behauptung, dass es Jesus selbst sei, an den man sich in seiner Frömmigkeit halte, war zerbrochen.

Aber es ging nicht nur um Jesus, sondern auch um elementare Inhalte des Glaubens der urchristlichen Kirche. Die Christologie war betroffen. Der Titel »Herr« (Kyrios) findet sich sehr zahlreich in heidnischen

Gottesprädikaten in Ägypten, Kleinasien und Syrien und ist von dorther zum Titel des römischen Kaisers geworden, der sich als menschlicher Herrscher als Gott verehren ließ. Dies ist das hellenistische Umfeld, aus dem der Titel Kyrios auf den auferstandenen Jesus als den Herrn der Christen übertragen worden ist – so eine seit Beginn des 20. Jahrhunderts verbreitete Hypothese (W. Bousset). Zugleich findet sich – vor allem in Mysterienkreisen – die Vorstellung von leidenden, sterbenden und auferstandenen Gottheiten, an deren Geschick ihre Anhänger teilhaben. Dieser Vorstellungskreis habe die urchristliche Rede vom gekreuzigten und auferstandenen Christus-»Herrn« nicht nur für viele Heidenchristen annehmbar gemacht, sondern sei möglicherweise auch der Ursprung dieses Zentralstücks des Glaubens und Gottesdienstes heidenchristlicher Gemeinden gewesen. Aber auch die Gottessohnschaft Jesu und seine Menschwerdung als Voraussetzung seines Erlösungswerks werden jetzt als Einfluss hellenistischer – vor allem gnostischer – Religion beurteilt. Mit all dem habe sich der Glaube der heidenchristlichen Urkirche bereits von früh an aus den jüdischen Wurzeln der judenchristlichen Urgemeinde gelöst und in der religiösen Welt und bald auch in der theologischen Denkweise des Hellenismus seine Heimat gefunden.

Mit der Einbeziehung der biblischen Zeugnisse von Gott in die Weite der antiken Religionsgeschichte mit ihrer grenzenlosen Fülle von Gottheiten war der exklusive Wahrheitsanspruch der Rede von dem *einen* Gott und dem *einen* Herrn Jesus Christus grundsätzlich relativiert. Damit erwuchs der gesamten Theologie eine überaus schwierige Problematik: Für eine wissenschaftlich verantwortete Sicht war das Christentum eine »synkretistische« Religion unter vielen. Wenn seine Inhalte von denen anderer Religionen seiner Umwelt vielfach entlehnt worden sind wie die aller anderen Religionen untereinander, dann kann es eine »Absolutheit« des Christentums im Sinne einer ihm allein zukommenden Wahrheit nicht mehr geben – jedenfalls nicht mehr unter Berufung auf die Zeugnisse der Bibel. Absolutheit kann zwar der je einzelne Christ für seinen eigenen Glauben behaupten, jedoch nur so, dass er jedem anderen Menschen, sei dieser ein Christ oder ein Angehöriger einer anderen Religion, den gleichen Wahrheitsanspruch zugesteht. Absolute religiöse Wahrheit erfordert grenzenlose Toleranz. Die allgemeine Religionsgeschichte, in der jedem religiösen Phänomen seine Eigenart zuerkannt, aber auch durch seine Einordnung in das Ganze aller anderen relativiert wird, erscheint jetzt als die Weise, wie jeder einzelnen Religion ihr Recht gegeben, dieses aber auch begrenzt wird. Absolute Wahrheit über das religiöse Innenleben jedes einzelnen Menschen hinaus kann dann nur im Ganzen des Verlaufs der Geschichte der Religionen gefunden werden, in denen etwas Gemeinsames wirkt, das zu erkennen die Aufgabe einer religionsphilosophischen Deutung dieser Geschichte ist. Religionsphilosophie tritt somit an die Stelle christlicher Theologie. Sie allein kann nach dem Wesen der Religion überhaupt fragen, muss aber auch selbst diese Frage offenlassen, bis die Geschichte der Religionen in einer letzten Verwirklichung des ihnen Gemeinsamen ihr zukünftiges Ende und Ziel finden wird. Erst dann wird sich die Absolutheit *der Religion* erweisen.

5.3 Das Christentum als Höchstform der Religion in der Geschichte der Religionen: Ernst Troeltsch

In diesem Sinn hat der systematische Theologe *Ernst Troeltsch* (1865–1923) eine Konzeption erarbeitet, in der die vielen Vertreter religionsgeschichtlicher Exegese eine gemeinsame theologische Basis finden konnten, die unter dem Namen »*Religionsgeschichtliche Schule*« in der theologischen Öffentlichkeit stark gewirkt hat. Darüber hinaus ging es Troeltsch aber vor allem darum, die neu aufbrechende Problematik einer totalen Relativierung des Christentums so rückhaltlos aufzuklären, dass alle ›faulen Kompromisse‹ mutig auszuschließen seien. Vor allem aber kam es Troeltsch darauf an, die tiefe Irritation zu überwinden, als müsse die Folge religionsgeschichtlicher Exegese eine Auflösung des ganzen Christentums und aller persönlicher Glaubensgewissheit sein.

Nein, bei einem Vergleich der geschichtlich vorhandenen Religionen lasse sich sehr wohl erkennen, dass dem Christentum ein *relativer Höchstwert* zukomme, weil in ihm die Zielrichtungen aller großen Religionen so zusammenfinden, dass Religion hier ganz und gar persönlich-individuellen, rein geistig-»humanen« Charakter gewinnt. Insofern kann auch nach wie vor daran festgehalten werden, dass Jesus unter allen Religionsstiftern derjenige ist, der die Wahrheit aller Religionen am reinsten und lebendigsten zur Wirkung gebracht habe. Christen brauchen sich daher keineswegs erschrecken und bestürzen zu lassen von der Relativierung alles biblischen Glaubens. Was Christen in ihrem Herzen glauben, ist immer noch die vollkommenste Weise von Frömmigkeit, die es in der Welt der Religionen gibt; und sie dürfen getrost annehmen, dass das Christentum in der religiösen Krise der Gegenwart nicht untergehen oder durch den weiteren Fortschritt der Religionsgeschichte durch irgendeine andere Religion abgelöst und außer Kurs gebracht werden könnte. Was sich in Zukunft verändern und immer mehr der reinen Gestalt absoluter Religion näherkommen wird, wird allein das Christentum selbst sein. Nachdem es am Anfang seine jüdischen Wurzeln habe kappen können und dann in seiner weiteren Geschichte die immer neuen katholischen Verfälschungen Zug um Zug bis in die Gegenwart zu überwinden die Kraft gehabt habe, werde es auch in der bevorstehenden Phase seiner Entwicklung immer weiter in seiner Selbstreinigung fortfahren. So bedrängend die Probleme der totalen Relativierung durch den »Historismus« zu sein scheinen

und es auch wirklich sind, dem Christentum werde die Kraft innewohnen, die dadurch gegebenen Probleme zu lösen.
Freilich: Mit dem Selbstverständnis als einer durch ein göttliches Wunder einzigartigen, allein wahren Religion inmitten einer Welt ›heidnischer‹ Religionen wird es sein Ende haben müssen. In *diesem* Sinn wird es – nach Troeltsch – mit der Behauptung der eigenen Absolutheit für immer aus und vorbei sein. Und das Gleiche gelte von jeder Selbstdarstellung als kirchlicher »Heilsanstalt« mit einem Schatz sakramental-wunderbarer Gottesdienste und hierarchischer Ordnungen. Davon sei im Protestantismus bereits jetzt Abschied zu nehmen und sich gegen jede Art von Katholizismus – auch im eigenen Bereich – abzugrenzen. Fortleben werde das protestantische Christentum nur als Pluralität ganz und gar persönlich-individueller Religion in vereinsartiger Gestalt, offen für jederlei Kontakte mit anderen Religionen und fähig und bereit, mit dem Eigenen zu einer hochstehenden allgemeinen Kultur beizutragen. Die Bibel könne zu all dem als Arsenal von Anregungen aus dem Wesen des Christentums heraus benutzt, freilich nicht mehr als exklusiver Block heiliger unantastbarer und unveränderbarer Tradition behauptet werden.
Troeltsch hat sich immer als Schüler Schleiermachers verstanden, der dessen Intention radikal ausführen, seine Schwächen und Unausgeglichenheiten zwischen kirchlicher Lehrtradition und freier neuzeitlicher Glaubensweise beseitigen und so der Zukunftsfähigkeit christlicher Theologie Bahn brechen wollte. Als solcher hat er heute – nach einer Zeit, in der er nahezu vergessen zu sein schien – seine Wertung als der eigentliche Vater neuzeitlicher Theologie neu gewonnen. Die Lektüre seiner von Gertrud von le Fort aufgezeichneten Vorlesung einer »Glaubenslehre« aus den Jahren 1911 und 1912 vermag überraschend klar zu zeigen, wie nahezu alle Motive einer heute verbreiteten Predigtweise bei Troeltsch exemplarisch zu finden sind.

6 Die Gegnerschaft gegen die Bibelkritik der liberalen Theologie und theologische Versuche, diese grundsätzlich zu überwinden

6.1 Der Gegensatz zwischen liberaler und konservativer Theologie

Bis zur Mitte des 19. Jahrhunderts wurde die liberale Theologie zur führenden Richtung akademischer Wissenschaft, und immer mehr Pfarrer waren von ihr bestimmt. Ihre Urteile historischer Bibelkritik galten als »Ergebnisse« wissenschaftlich exegetischer Arbeit, die als solche anzuerkennen waren. Immer tiefer wurde der von Lessing beklagte »Graben« zwischen der immer fremder erscheinenden Vergangenheit der biblischen Texte als Dokumente der Geschichte Jesu und des Urchristentums einerseits und ihrer Bedeutung für das christliche

Leben in der modernen Gegenwart andererseits; und immer selbstverständlicher erschien es notwendig und erlaubt, es ganz zur Aufgabe der eigenen Frömmigkeit und Vernunft zu machen, die Lehre Jesu und der Apostel so zu deuten, dass Menschen der Gegenwart darin noch etwas für sie Wichtiges finden und erfahren konnten. Die zahlreichen »Leben Jesu« und »Geschichten des Urchristentums« wurden nur noch als interessantes Bildungsgut gelesen und die mancherlei romanhaften Darstellungen, die daraus erwuchsen, befriedigten nur mehr die populäre Neugier. Die Bemühung um wissenschaftlich verantwortungsvolle Information der gebildeten Schichten wurde – besonders in den Kreisen der sogenannten »Religionsgeschichtlichen Schule« – als wichtige neue Aufgabe der Wissenschaft erkannt. Dazu wurden eigens Bücherreihen gegründet wie die »Religionsgeschichtliche Volksbücher« und Zeitschriften wie die »Christliche Welt«. Adolf von Harnack suchte in der Veröffentlichung seiner Berliner Vorlesungen über »Das Wesen des Christentums« das Bildungsbürgertum nicht nur darüber zu informieren, wie man zu Beginn des neuen Jahrhunderts das christliche Evangelium zu verstehen und seine Geschichte bis in die Gegenwart zu sehen habe; sondern er wollte sein Publikum dafür auch gewinnen und zu persönlichem Glauben anleiten. Und in diesem Sinne ist sein Buch denn auch in der Öffentlichkeit aufgenommen und entsprechend zahlreich verbreitet worden.

Andererseits jedoch hat sich der Widerstand ›positiver‹ Kreise gegen die liberale Theologie weiter verschärft. Seit langem schon war es hier üblich, deren Bibelkritik insgesamt und ganz und gar als Produkte des Abfalls vom Glauben abzulehnen. Zumal wo sich das wissenschaftliche Bild durch die religionsgeschichtliche Erklärung gerade auch zentraler Inhalte des Alten und Neuen Testaments immer tiefgreifender verfremdete, wurde es immer deutlicher, dass Christen darin nur eine völlige Verzerrung des Evangeliums sehen konnten. Es gehörte zu moderner Rechtgläubigkeit, dazu entschieden ein totales Nein zu sagen. Dazu gab es auch die Hilfe zahlreicher Universitätslehrer. In manchen theologischen Fakultäten standen sich ›positive‹ und ›liberale‹ Gelehrte in gegenseitiger Ablehnung geradezu feindselig gegenüber. Um die Neubesetzung eines Lehrstuhls gab es nicht selten heftige Kämpfe; und Nachwuchskräfte hatten es manchmal schwer, zur Anerkennung der Lehrbefähigung überhaupt zugelassen zu werden.

Allerdings: Ein bloßes totales Nein reichte natürlich nicht aus, um sich zu behaupten. Es bedurfte dazu einer wissenschaftlich respektablen Begründung; und diese war nicht zu geben, ohne sich auf die Denk- und Sprachebene des liberalen Gegners zu begeben.

Die Stärke wie zugleich auch die Schwäche ›positiver Theologie‹ lässt sich an vier untereinander sehr verschiedener Positionen zeigen, die von beispielhafter Bedeutung sind.

6.2 Heilsgeschichtliche Theologie der konfessionell-lutherischen Erlanger Schule

In der ersten Hälfte des 19. Jahrhunderts entstand in Erlangen eine theologische Schulrichtung, der es darauf ankam, die Wahrheit des Bekenntnisses der Lutherischen Kirche durch die Gewissheit einer persönlichen Bekehrung neu zu begründen. Da jede echte Bekehrung durch die Heilige Schrift ausgelöst wird und von da an der Glaube eines »wiedergeborenen« Christen in der Schrift sein Fundament und seine ständige Quelle hat, trat bei allen Vertretern dieser Erlanger Schule die Lehre von der Schrift ins Zentrum ihrer Verteidigung lutherischer Orthodoxie gegen deren liberale Gegner und ihrer zeitgemäßen Weiterentwicklung.

Zur ersten Generation dieser Schule gehört an führender Stelle der biblische Exeget *Johann Christian Konrad von Hofmann* (1810–1877). Sein Lebenswerk zielte darauf, die Wahrheit der Schrift, auf die christlicher Glaube sich gründet, in der *Geschichte Gottes mit Israel* zu erweisen. So sollte dem Schriftverständnis der liberalen Bibelkritik, nach der es durchweg nur menschliche Gedanken seien, die historische Exegese zu erkennen befähige, ein durchaus ebenso historisches Verständnis der in der Bibel bezeugten *Geschichte* als moderne Alternative entgegengesetzt werden. Dabei ging es ihm darum, die Einheit des Alten und Neuen Testaments, die durch die Bibelkritik heillos zerbrochen war, wiederherzustellen. Er suchte aufzuzeigen, dass beiden Testamenten eine gemeinsame Konzeption zugrunde liege, nach der sich in der historisch aufweisbaren menschlichen Geschichte ein von Gott selbst gewirkter Geschehenszusammenhang seines Heilshandelns mit Israel, seinem erwählten Volk, vollzogen hat. Diese »*Heilsgeschichte*« sei der eigentlich entscheidende theologische Inhalt der Schrift, auf den sich aller Glaube beziehe und an dem er selbst zu allen Zeiten teilhabe.

Sein erstes Buch »Weisung und Erfüllung« hat, obwohl inhaltlich detail-exegetisch überladen und durch ständige Fachpolemik schwer lesbar, seinen Ruhm begründet: Er hat dem traditionellen Lehrstück des Schriftbeweises durch die Fülle von Hinweisen im Neuen Testament auf die Erfüllung alttestamentlicher Weissagungen eine ganz neue Grundlage geschaffen: Weissagungen, in denen Propheten im Namen Gottes ein künftiges Geschehen voraussagen, seien nicht nur darin begründet, dass Gott sie ihnen als seinen »Knechten« eingegeben habe, sondern vielmehr grundsätzlich darin, dass sie ein Moment im Zusammenhang der Geschichte Gottes mit seinem Volk seien. Weil Gott alles, was Israel an Glück oder Unglück widerfährt, in seiner Bundesgerechtigkeit geschehen lassen will, darum lässt er Ereignisse von besonderer Bedeutung durch die von ihm berufenen und von Fall zu Fall beauftragten Propheten vorhersagen. Und weil Israel aus Erfahrung weiß, dass Gott seine Geschichte durch seinen Willen leitet, darum kann ein Prophet damit rechnen, dass dort, wo er sich in seiner Ankündigung auf Gottes Wort beruft: »So spricht der Herr«, das Volk und seine Führer von der Wahrheit dieser Ankündigung überzeugt sind – oder es doch sein können. Wo dagegen andere Propheten anderes ankündigen – zum Beispiel Heil statt Unheil –, da ist das dann eintreffende Unheilsgeschehen der Wahrheitserweis echter Prophetie, der einzige, den es gibt. So ist der Zusammenhang von Weissagung und Erfüllung ein wesenhaft *geschichtlicher*, und zwar so ganzheitlich, wie Gottes Handeln mit seinem Volk durch den zugrundeliegenden planmäßigen Willen eine einheitliche Geschichte schafft.

Diese exegetisch durchweg detailliert begründete Konzeption einer *Geschichte Gottes als Kontext aller prophetischen Weissagungen* ist für das theo-logische Verständnis des Alten Testaments von entscheidender Bedeutung: Die *Schriften* sind Zeugnisse dieser *Geschichte*, und die in ihnen bezeugte Geschichte wird durch das *Wort Gottes* geschaffen. In jedem Wort wirkt sich wiederum der *Bundeswille* Gottes aus und hat in dessen Zusammenhang seinen Sinn. Gottes Bundeswille ist darauf gerichtet, seinem erwählten Volk *Heil zu schaffen*. Das gilt freilich nur dort, wo Gottes Bundesvolk der Zusammenhang der Heilsgeschichte Gottes erkennbar werde, die also *beide Testamente* umfasst und vereint.

So hat von Hofmann eine völlig neue Begründung des wesenhaft theologischen Zusammenhangs des Alten und Neuen Testaments gefunden. Beide Testamente haben ihre sachliche Einheit als Zeugnis des heilsgeschichtlichen Handelns Gottes, das in Jesus, dem Messias Israels, seine Vollendung erfahren hat; und an dieser hat die Kirche durch alle Zeiten hindurch teil.

Diese heilsgeschichtliche Konzeption hat damals viele ›bibeltreue‹ Theologen sowohl aus der Erweckungsbewegung als auch aus der lutherischen Neuorthodoxie stark beeindruckt. Von Hofmann wurde einer der Väter der bayrisch-neulutherischen Theologie der ›Erlanger Schule‹, die ein Bündnis zwischen Lutherischer Bekenntnistradition und neupietistischer Erweckungstheologie in der ganzen Breite rechtgläubiger Dogmatik und Ethik auf biblischer Grundlage zu schaffen suchte, ein Bündnis, das weit in die zweite Hälfte des 19. Jahrhunderts hineingewirkt hat und zu einem kräftigen Gegenlager zur liberalen Theologie geworden ist.

Dieses Bündnis hatte freilich nicht nur in der Anerkennung der ganzen Schrift Alten und Neuen Testaments als des objektiven Fundaments alles christlichen Glaubens und aller Glaubenslehre eine gemeinsame Stärke; sondern auch eine gemeinsame Schwäche darin, dass nun auch die Theologen der Erlanger Schule wie die der Erweckungstheologie das Erlebnis persönlicher Bekehrung zum subjektiven Grund alles echten Glaubens und aller rechtgläubigen Theologie erklärten. Wie sich nun aber dieser subjektive Grund zu dem objektiven der in der Heiligen Schrift bezeugten Heilsgeschichte verhält, das blieb hier wie dort letztlich undeutlich. Dass aller Glaube im Erbarmen der Gnade Gottes zum Sünder und der Liebe Christi, des Erlösers von den Sünden, seinen Grund hat, und dass dieses Wirken Gottes in Christus in der Schrift bezeugt und in der persönlichen Begegnung mit Christus in der Schrift erfahren wird, ist zwar gewiss. Ebenso aber auch, dass es der Glaube des bekehrten Christen ist, der ihm das Zeugnis der Schrift allererst erschließt. Wie immer das Wirken Gottes und Christi in der Schrift seinen Ort hat, so wird es doch allein im Glauben *erfahren*; und diese Erfahrung hat ihren Ort im Herzen des Christen. So erweist sich die göttliche Wahrheit der Schrift nur im Glauben dessen, der sie als ihn persönlich treffend erfährt. Der liberale Exeget mag die Texte der Schrift historisch-kritisch erklären und sie analysieren, wie er will – worum es darin theo-logisch geht, bleibt ihm notwendigerweise verborgen.

Von Hofmann selbst kam es zwar entschieden darauf an, dass sich die Wirklichkeit der Heilsgeschichte Gottes in der Wirklichkeit der Geschichte Israels, Jesu und der Apostel vollzogen habe und deswegen historisch getreue Exegese der biblischen Texte die unabdingbare Voraussetzung ihrer Erkenntnis sei. Doch das Geheimnis des ›typologischen‹ Hinweises auf Christus in den Texten des Alten Testaments und das Geheimnis Jesu als des Christus Gottes im Zeugnis des Neuen Testaments erschließt sich nach von Hofmann nur dem Glauben. Insofern ist *diese* Erkenntnis dem Glauben vorbehalten, und zwar dem Glauben jedes einzelnen Christen. Zwar legt von Hofmann den größten Wert darauf, dass dieser Glaube in jedem von ihnen durch Gott und durch Christus bewirkt wird. Doch gerade auch dies ist ein Urteil des Glaubenden selbst über seine eigene Erfahrung. Letztlich also entscheidet die Subjektivität des Glaubens doch über die Objektivität des Heilsgeschehens. Der ganze Streit der Erlanger Schule gegen die historische Bibelkritik der liberalen Theologie in der Nachfolge Schleiermachers findet also auf der Ebene statt, die von Schleiermacher gelegt ist.

6.3 Das Wirken Gottes in der Heiligen Schrift wahrnehmen –
Adolf Schlatter

Biographisch gehört *Adolf Schlatter* (1852–1938) zur nächstfolgenden Generation der neupietistischen Theologen. Seine großen Werke sind erst im 20. Jahrhundert erschienen. Er wusste sich zwar lebenslang als Schüler der Väter der neupietistischen Bibelbewegung des beginnenden 19. Jahrhunderts. Aber es kann mit Fug und Recht gesagt werden: Mit seinem Lebenswerk hat er diese vollendet. Seine Arbeit hat eine erstaunliche Breite: von hebräisch-aramäischer Philologie und Judaistik bis zu neuzeitlicher Philosophie; und es umfasst die gesamte exegetische wie auch dogmatische Theologie. Und seine akademische Theologie hat er immer mit wacher pastoraler Arbeit im kirchlichen Leben verbunden.

Wie seine Vorgänger polemisierte er durchweg gegen alle liberale Bibelkritik und Dogmatik. Er hat dies freilich in einer Selbstständigkeit getan, in der er sich von allen anderen neupietistischen Kritikern unterscheidet, und mit einer Selbstgewissheit, in der es ihm nicht notwendig erschien, sich, wie mit der Philosophie, so auch mit der Theologie der Neuzeit ausführlich auseinanderzusetzen. Er meinte, es sich leisten zu können, die »Einreden« der mancherlei Gegner ungenannt-pauschal in bloßen Exkursen aus dem Felde zu schlagen, in einem Bewusstsein nicht nur geistlicher, sondern auch geistiger Überlegenheit, die ihm aus der Wahrheit und Kraft des Wortes Gottes in der Heiligen Schrift zuwuchs.

In der Souveränität der Darstellung seiner eigenen Sicht und Auslegung als der schlechthin wahren hat Schlatter alle seine Vorgänger übertroffen. Das gilt für sämtliche damals umstrittene Problembereiche. Er hat *erstens* der *Schrift* göttliche Autorität und Unfehlbarkeit zuerkannt. Die Verfasser des Neuen Testament sind vom Geist Gottes inspiriert und deswegen sind auch alle ihre Schriften echt. Keineswegs aber dürfen die Apostel wie Automaten angesehen werden, denn das hieße, Gott als Geber seines Wortes gänzlich zu verkennen: Ist doch Gott ein Gott des *Lebens*, der sein lebendiges Wort in die Sprache der von ihm inspirierten *Menschen* hineingibt und ihnen nicht die Freiheit ihres Willens und Denkens und ihrer Sprachweise nimmt, die ihnen als seinen Geschöpfen eigen ist! Wer darum die Schrift richtig verstehen will, der muss sie durchaus zuerst als Schriftwerke dieser Menschen ernst nehmen und genauestens hören, was *sie* sagen wollten, bevor er in *ihrem* Zeugnis *Gottes* Selbstoffenbarung im Glauben wahrnimmt. Dies wiederum ist nur dort möglich, wo man den inneren Sinnzusammenhang all ihrer Einzelaussagen zu erkennen sucht. Das erfordert außer einer geistlichen Denkfähigkeit durchaus wesentlich auch entsprechende philologische Kenntnisse bis dahin, dass man in der griechischen Sprache der Autoren die hebräisch-aramäische Sprachheimat Jesu und der Apostel hindurchzuhören versteht.

Das Neue Testament will als ein vielgestaltiges *Ganzes* verstanden werden. Es ist für Schlatter ein Kunstwerk göttlichen *Denkens* und erfordert über die Einzelexegese hinaus eine dogmatische Gesamtsicht, in deren Zusammenhang alle Einzelaussagen sowie darüber hinaus auch alle einzelnen Schriften allererst ihren Sinn haben. Das Denken Gottes hat aber einen wesenhaft anderen Charakter als das Denken menschlicher Vernunft. Gottes Denken hat seine Kraft durch Gottes Willen, den Willen seiner Liebe, und unterscheidet sich so total von dem Selbst-Bewusstsein des sich selbst wollenden modernen Menschen. Diese göttliche Kraft ist allmächtig und vermag sich gegen den

»selbstischen« Willen der menschlichen Sünde durchzusetzen und durch Vergebung den in seinem Egoismus verlorenen Sünder zu einem Leben im Gehorsam zu Gottes Liebe in Liebe zum Nächsten zu befreien. Gottes Weisheit ist durch das Denken seiner Liebe bestimmt; und in diesem Sinn sind Gottes Denken und Gottes Wille eines. Diese Einheit wird in Jesus als Gottes Sohn und Christus wirksam an allen umkehrbereiten Sündern, so dass diese als Gottes Kinder zu Menschen werden, wie der Schöpfer sie gedacht und gewollt hat.

Damit hat Schlatter zugleich – *zweitens* – das Problem auf neue Weise gelöst, wie sich *Exegese und Dogmatik* zueinander verhalten: Die Dogmatik darf nicht sozusagen ihren eigenen Willen gegen eine zu ihrer Hilfswissenschaft herabgestufte »bloß« philologisch-historische Exegese durchsetzen. Nimmt man die Inspiriertheit der Schrift ernst, so kann es nur umgekehrt sein: Die Exegese bestimmt die Arbeitsweise und das Ziel der Dogmatik. Denn deren Aufgabe ist es, das in der Bibel offenbarte Wort Gottes in seinem Sinn zu erkennen, der nur durch ein sehr genaues Hören auf die Texte wahrgenommen werden kann; und dies geschieht in einer Exegese, in der die Sprache der Bibel philologisch erschlossen und die Geschichte Jesu historisch so gesehen wird, wie sie sich in den Evangelien selbst darstellt. Schlatter spricht von dem grundlegenden »*Sehakt*« der Exegese, der dem »*Denkakt*« vorausgehen muss. In diesem gilt es, den Sinn der einzelnen Textaussagen vom Ganzen der neutestamentlichen Theologie her zu verstehen. Das aber setzt wiederum eine getreue Einzelexegese voraus. Eine der polemischen Hauptthesen Schlatters ist: Niemand kann das Neue Testament verstehen, weder im Detail noch im Ganzen, der es nicht *im Glauben* an Gott in der Verkündigung Jesu und in seinem Sterben und Auferstehen liest und erklärt. Wer dagegen statt mit gläubigem Hören und Sehen mit einem »kritischen« Ansatz die Texte zu erklären sucht, der erliegt der Gefahr, sie zu missdeuten und ein Ganzes, sei es der Geschichte des Urchristentums, sei es dessen theologischer Lehren, nur durch Anhäufung von Hypothesen und Spekulationen zu konstruieren und so zu verfehlen.

Daraus folgt – *drittens* – dass sich nach Schlatter eine *wirklich historische Exegese* des Neuen Testaments an die »Tatsachen« zu halten habe, die im Neuen Testament selbst als solche vorgegeben sind: Die Geschichte Jesu ist aus den Berichten der vier Evangelien zweifelsfrei zu ersehen und zu erkennen. Von dem Vorwurf, dies sei historisch unerlaubte Harmonisierung, fühlt Schlatter sich nicht getroffen – im Gegenteil: Nur ein Zusammensehen aller vorliegenden Berichte werde ihnen als Zeugnissen des Handelns Gottes in Jesus, seinem Christus, gerecht. Nichts von ihren Inhalten darf unterschlagen, alles Einzelne muss berücksichtigt werden, wenn das Ganze der Geschichte Jesu unverfälscht vor Augen geführt werden soll. Was zunächst unvereinbar zu sein scheint, fügt sich dann zusammen, wenn man den Geschehenszusammenhang entsprechend ausweitet und differenziert. Das gilt vor allem für die *Einbeziehung des Johannesevangeliums*, dessen Christologie das ganze Jesusbild des ersten Bandes der neutestamentlichen Theologie Schlatters maßgeblich bestimmt. Deswegen gleicht Schlatter den besonderen Verlauf der johanneischen Geschichte Jesu mit dem der synoptischen Evangelien aus. Gegenüber dem *theologischen* Verständnis der Evangelien sind für ihn alle *literarkritischen Fragen* der Einleitungswissenschaft bedeutungslos – die Geschichtlichkeit all ihrer Berichte ist ja grundsätzlich durch die theo-logische Tatsache ihrer Autorität durch Gottes Geist gesichert.

Im zweiten Band der Theologie Schlatters geht es durchweg um die dogmatischen und ethischen Folgerungen, die die Apostel aus der Offenbarung Gottes im Wirken und Geschick Jesu gezogen haben. Auch darin wirken historische Exegese und dogmatische Gesamtsicht theologisch aufs Engste zusammen: »Hier wird die Geschichte zum Grund der Religion und ihrer Lehre ... Dadurch tritt die Darstellung der Geschichte Jesu, seiner Boten und seiner Gemeinde vor die neutestamentliche Theologie und dient ihr zur Basis«. Jeder Brief des Neuen Testaments wird als je eigenes Christuszeugnis dargestellt. Am Schluss werden die verschiedenen Zeugnisse so zusammengefasst, wie sie sich in der frühen Kirche als »die in der Gemeinde wirksamen Überzeugungen« herausgebildet haben, aus denen dann die kirchliche Lehrüberlieferung hervorgegangen ist. Alle bezeugen sie übereinstimmend das Wirken Gottes als des »Schöpfers der Welt«, als des »Gottes Jesu« und des »Gebers des Geistes« und des »Schöpfers der Gemeinde«.

Legt man daneben Schlatters »Christliche Dogmatik«, so zeigt sich deutlich, dass hier die »Theologie des Neuen Testaments« der Boden bleibt, auf dem deren Inhalte nur zusammenfassend expliziert und so neu angeordnet werden, dass sie den in der Kirche bis zur Gegenwart bewährten Wirkungen Gottes in das Leben der Christen hinein entsprechen und die verschiedenen »Einreden« von Gegnern jeweils an ihrem Ort abgewehrt werden. Den gleichen Charakter hat dann auch »Die christliche Ethik«. Sie gehört – das ist Schlatters besonderes Anliegen – so wesentlich mit der Dogmatik zusammen wie bereits im Neuen Testament das Widerfahrnis der Gewissheit Gottes mit dem von ihm geschenkten christlichen Leben und Wirken.

Schließlich stellt sich – *viertens* – vor allem auch das Verhältnis zwischen Gott und Jesus als eine Einheit dar, die ganz theo-logisch begründet ist und sich gerade deswegen ganz geschichtlich verwirklicht. Denn der Gott Jesu ist ein wesenhaft handelnder, und sein Handeln konzentriert und vollendet sich im Wirken Jesu. Jesus ist einerseits als »der Christus« ganz eins mit Gott, seinem Vater und dem Herrscher seines Königreichs, das Jesus verkündigt und lehrt. Andererseits ist Jesus als Mensch von Gott unterschieden und Gott in allem untergeordnet. Er ist von Gott als Mensch zu den Menschen gesandt und den

Menschen gleich geworden bis hin zum Erleiden eines menschlichen Todes. Aber das Erste ist er nicht in ewiger Präexistenz vor seiner irdischen Sendung in einem übernatürlich-himmlischen Jenseits und das Zweite nicht bloß als ein Mensch unter vielen anderen. Vielmehr ist Jesus als dieser Mensch dadurch von allen Menschen unterschieden, dass Gott in ihm und durch ihn handelt. In allem Wirken Jesu in Wort und Tat ist Gott selbst am Werk, und besonders in seinem menschlichen Leiden und Sterben ist Gott selbst gegenwärtig. Gerade darin ist Jesus dem Willen seines Vaters total gehorsam, und darum vollendet sich sein Sterben am Kreuz in seiner Auferweckung und Erhöhung. Die Christologie in Schlatters neutestamentlicher Theologie ist, wie gesagt, ganz johanneisch orientiert. Im Glauben an Jesus gewahren seine Jünger Gott, und so geht es auch den Bibellesern aller Zeiten im Sehen und Hören Jesu in der Schrift um ein unmittelbar eigenes Wahrnehmen Gottes im tätigen Gehorsam der Nachfolge Jesu.

Daraus ergibt sich, dass die ganze Geschichte Jesu von ihrem Anfang in seiner Geburt bis zu seiner Vollendung in seiner Auferstehung *wesenhaft wunderbar* ist. Denn alles Geschehen ist bestimmt durch den schöpferischen Willen Gottes, der sich als solcher im gesamten Leben Jesu völlig einzigartig und wunderbar vollzieht. So löst sich im Denken Schlatters auch die so zentral strittige Frage der Erklärung der in den Evangelien berichteten *Wunder Jesu*: Natürlich sind sie tatsächlich geschehen, weil Jesus selbst als dieser Mensch Gottes Sohn ist. Aber ebenso klar ist für Schlatter, dass Jesu Wunder nicht in irgendeiner Weise dazu dienen, seine Gottessohnschaft oder gar die Allmacht Gottes zu beweisen. Die Wahrheit ist: Jesu Wunder sind Gottes Heilstaten. Deswegen sind sie selbstverständlich wirklich geschehen. Sie dienen der Befreiung der Menschen zum Leben. Indem Jesus Sündern vergibt, ist es Gottes Liebe, die je diesem Menschen durch den Zuspruch Jesu Rettung aus dem Bann der Sünde und Kraft zu erneuertem Leben gibt. Auch Jesu Leiden und Sterben ist zwar sicherlich ein Akt letzten Gehorsams gegen Gottes Willen, sicherlich auch ein Akt stellvertretenden Eintretens für die Sünder. Doch entscheidend ist: Darin hat sich das Handeln Gottes selbst als im letzten und höchsten Akt des Heilswillens seiner Liebe vollzogen. Nur so löst sich auch der alte Streit um die theologische Deutung des Kreuzestodes Jesu als göttlichen Heilsgeschehens.

Kann man so das Gesamtwerk Schlatters kaum anders als mit wachsender theologischer Bewunderung lesen, so freilich auch mit wachsender *Kritik* gegenüber seinem faktischen Anspruch, die seit der Aufklärung in der Theologie und in der Öffentlichkeit insgesamt aufgebrochenen Probleme ein für allemal vollgültig gelöst zu haben oder doch jedenfalls durch diese in seiner biblisch begründeten Theologie nicht betroffen zu sein. Kritische Fragen stellen sich zu allen vier Themen.

Erstens: In Schlatters Gesamtwerk steht nur das *Neue Testament* im Blick, nicht aber gleichgewichtig das Alte. Das ist sehr merkwürdig, betont er ja doch aufs Stärkste, dass es Gottes Handeln sei, in dem der biblische Gott sich selbst offenbare – eine Theo-logie, die im *Alten Testament* die Rede von Gott entscheidend bestimmt. Eben dies war doch aber der Grundgedanke des heilsgeschichtlichen Schriftverständnisses von Hofmanns, dessen Werke Schlatter gelesen hat! Statt dass Schlatter, der Jüngere, die damals allgemein geschätzte Position des Vaters einer neuen biblischen Theologie der seinigen zugrunde legte, hat er diese unbeachtet gelassen. Sein theo-logisches Interesse war so ganz auf Gottes Offenbarung in Jesus konzentriert, dass er dessen Messianität absolut als »der Christus« benannte, ohne die alttestamentlich-jüdische Erwartung des Messias Israels als Voraussetzung zu gewichten. Diese einseitige Sicht auf das Neue Testament entspricht jedoch der der liberalen Theologie.

Zweitens: Schlatter hat die ganze ›*Einleitungs*‹*-Wissenschaft* völlig missachtet, als gäbe es im Neuen Testament keinerlei literarkritische Probleme, weder hinsichtlich der Evangelien noch der Briefe. Die im Kanon vorgegebenen Verfasser hat er in argloser Selbstverständlichkeit als die tatsächlichen Autoren der neutestamentlichen Schriften anerkannt, ohne es für nötig zu erachten, dieses Urteil jeweils zu begründen. Weil einige Urteile wie die Zwei-Quellen-Theorie als Lösung des durch zwei Generationen hindurch umkämpften »synoptischen Problems« auch unter konservativen Exegeten weithin Zustimmung gefunden hatten, musste Schlatter auch bei diesen auf Unverständnis stoßen. Erst recht war (und ist) es für alle unannehmbar, dass Schlatter mit dem Anspruch »richtiger Historik« den 2. Band seiner neutestamentlichen Theologie folgendermaßen gliedert: Zuerst behandelt er als die früheste judenchristliche Stufe der Geschichte urchristlicher Theologie Schriften von »Gefährten Jesu«: das Matthäus- und Johannesevangelium sowie den Jakobus-, Judas- und 1. Petrusbrief neben- und miteinander; danach »die Lehre des Paulus« als des vom auferstandenen Christus berufenen Heidenapostels in allen Briefen einschließlich der Pastoralbriefe (1/2Tim; Tit); danach schließlich das Markusevangelium und die beiden Lukasschriften zusammen mit dem Hebräerbrief als Schriften von Apostelschülern!

Drittens: In seiner »Christlichen Dogmatik« behandelt Schlatter im ersten, umfangreichsten Teil die Lehre vom Menschen. Darauf folgt – demgegenüber auffallend kurz – die Lehre vom »Werke Jesu« (Christologie). Sodann, wesentlich ausführlicher: »Die Christenheit als die zu Gott berufene Gemeinde« als Lehre vom Heil (Soteriologie); und als Schlussteil die Lehre von der »uns verheißenen Vollendung« (Eschatologie). Auf den ersten Blick fehlt die für Schlatter doch grundlegende Lehre von Gott! Doch ist von Gott und seinem Heilswirken in allen vier Teilen die Rede, sodass die Dogmatik als ganze nichts anderes als eine zusammenhängende Theo-logie ist. Gleichwohl: Die Voranstellung der Lehre vom Menschen erweckt den Eindruck, als nähme Schlatter, der Gegner der modernen, ganz am Menschen orientierten Theologie, den von Schleiermacher vorgegebenen Weg! Natürlich ist dieser Eindruck im Sinne Schlatters ein gründliches Missverständnis. Es spricht sogar einiges dafür, dass er bewusst mit der Lehre vom Menschen begonnen hat, um gerade liberale Leser darauf zu stoßen, dass deren anthropologische Struktur verfehlt ist und zu einer theologischen Lehre vom Menschen ›bekehrt‹ werden muss. Das mag so sein. Aber Schlatter steht nun doch insofern der neupietistischen Erweckungstheologie nahe, dass es faktisch *der Glaube* des einzelnen Christen ist, der das Neue Testament in seinem eigentlichen Sinn als Wort Gottes allein zu verstehen vermag. Gewiss ist der Glaube von Gott gewirkt, aber als solcher immerhin der Schlüssel zum Verstehen der Schrift. So kompromisslos Schlatter dies immer wieder herausstellt, so teilt er doch mit von Hofmann das Problem einer letzten Undeutlichkeit, was das Verhältnis zwischen dem Glauben als Gabe Gottes und dem Glauben als Organ der Erkenntnis Gottes betrifft.

Viertens schließlich: Schlatter hat großes Gewicht darauf gelegt, dass sich die missionarische Verkündigung des Evangeliums von Anfang an nicht auf die Juden und die von ihnen gewonnenen Heiden (Proselyten) beschränkt, sondern mit ganzer Intensität in die gesamte Welt des Hellenismus hineingewirkt hat. Dazu gehörte die Aufgabe, Nichtjuden eine Verkündigung von Gott und ›dem Christus‹, die so ganz im Judentum beheimatet war, verstehbar werden zu lassen. Nach Schlatter war das eine Aufgabe der Sprachfindung, nicht aber einer sachlichen Angleichung an hellenistische Religionen. Hier befindet Schlatter sich in einem grundlegenden Gegensatz zur »Religionsgeschichtlichen Schule«, die es für ein Gebot der Wahrhaftigkeit hielt, nicht vor der Erkenntnis zurückzuschrecken, dass viele wesentliche Inhalte des Glaubens und des Gottesdienstes der hellenistisch-christlichen Gemeinden von Religionen der hellenistischen Umwelt übernommen worden seien. Statt nun jedoch in eine Auseinandersetzung mit dieser letzteren Form liberaler Bibelkritik einzutreten, hat Schlatter auch hier entschieden jede ausgeführte Antikritik vermieden. Für ihn war es allein wichtig, das zeitgenössische Judentum angemessen gründlich zu studieren, weil dies die Heimat des urchristlichen Glaubens an Gott war, zugleich aber auch der jüdischen Gegner des Evangeliums. Vor allem der Zeitgenosse des Paulus, Josephus, hat Schlatters Interesse auf sich gezogen. So war er einer der Väter theologischer Judaistik, wie er ein Feind religionsgeschichtlich-vergleichender Forschung im weiten Bereich der hellenistischen Religionen war. In dieser Richtung hat sich die religionsgeschichtliche Exegese bis weit ins 20. Jahrhundert entwickelt: Liberale arbeiten auf dem Felde der hellenistischen Umwelt, konservative auf dem des Judentums.

Aufs Ganze gesehen, ist es erstaunlich, wie klar der theo-logische Ansatz in Schlatters Werken überall hervortritt und das Ganze seiner exegetischen und dogmatischen Arbeit bestimmt und prägt. Es trifft sicherlich zu, dass er damit die tiefe Problematik aller aus der Aufklärung hervorgegangenen liberalen Theologie in ihrem Kern getroffen hat. Weil er auch schriftstellerisch begabt war, hat er mit seinen Büchern, Aufsätzen und Vorträgen viele Leser erreicht, interessiert und zum Teil auch für die von ihm vertretene Sache gewonnen. Das gilt vor allem für seine »Erläuterungen zum Neuen Testament«, die noch heute in ihrer einfachen, klaren und warmen Sprache die Frommen erreichen und zu erbauen vermögen. Aber ein Theologe, der die aus der Aufklärung hervorgegangene liberale Theologie in echter Auseinandersetzung überwunden und die konservativen Theologen auf diesem Wege hätte anführen können, ist Schlatter nie gewesen.

6.4 Der Versuch, dem christlichen Glauben eine historische Grundlage zu schaffen: Albrecht Ritschl

Albrecht Ritschl (1822–1889) hat von seinem Lehrer Baur zwar die Grundrichtung übernommen, das Christentum aus seiner Geschichte zu erklären. Doch er wandte sich von ihm ab, weil das Verständnis von Geschichte als Prozess der Verwirklichung einer ihr zugrundeliegenden Idee die geschichtliche Wirklichkeit notwendigerweise verzeichne. Weder lässt sich nach Ritschls Urteil die Geschichte des Urchristentums ganz und gar aus dem Gegensatz des paulinischen »Universalismus« gegen den judaistischen »Partikularismus« verstehen noch auch die Entstehung der katholischen Kirche des 2. und 3. Jahrhunderts als Vermittlung dieses Gegensatzes. Der echt historische Exeget muss dem faktischen Verlauf mit allen darin wirkenden Unterschiedlichkeiten folgen. Dann wird sichtbar, dass einerseits das Judenchristentum sehr bald zu einer Sekte geworden ist, weil dem rasch wachsenden Heidenchristentum schlicht das Verständnis für die Eigenart jüdischen Glaubens fehlte. Andererseits galt das Gleiche auch für die Theologie des Paulus. Durchgesetzt hat sich ein moralisch orientiertes Normalchristentum mit einer offensichtlich griechisch-philosophisch gedeuteten Christologie. Dessen Gegner waren die Gebildeten der gnostischen Schulen. Gegen sie hat die Kirche sich auf die vorhandenen Schriften der apostolischen Urzeit berufen, an denen sie als dem Maßstab des Glaubens, als »Kanon«, festhielt. Daran zeigt sich: Von Anfang an hat die Kirche ihren Glauben geschichtlich begründet, und so ist sie durch alle Zeiten ihrer Geschichte bei der Schrift als dem gemeinsamen Fundament geblieben.

Diese traditionelle Position hat Ritschl in einer modern-verantwortlichen Form für seine durch die Bibelkritik verunsicherten Schüler neu wieder zu gewinnen gesucht. Dazu gehörte vor allem auch, dass er sie

zur Gewissheit ermutigte, dass theo-logische Autorität auch historisch ihren sicheren Grund habe; zwar nicht in allen ihren Teilen – in manchen Einzelurteilen sei dem Konsens der kritischen Exegeten durchaus Recht zu geben –, wohl aber was die wesentlichen Inhalte betrifft: die Zusage der Vergebung der Sünden durch Gottes Liebe in der Verkündigung Jesu und die Aufnahme der Glaubenden in die Gemeinde des Reiches Gottes. Das Erste stimmt nach Ritschls Urteil mit der paulinischen Lehre von der Versöhnung überein, die Gott uns in Christus schenkt; das Zweite mit der der Rechtfertigung: dass die Freiheit von den Sünden mit der Freiheit zum Tun des sittlich Guten identisch sei.
Man darf aber nach Ritschl nicht an der reformatorischen Lehre vom Kreuzestod Jesu als seiner stellvertretend für uns erlittenen Strafe des göttlichen Zorns festhalten – dies sei eine schlimme Missdeutung: Jesus habe den Sündern bereits vor seinem Tod die Vergebung Gottes zugesprochen als Geschenk seiner Liebe, ohne Beziehung zu seinem späteren Kreuzestod. Dieser sei nur die Vollendung seines »Berufsgehorsams«, als Vorbild für seine Jünger aller Zeiten. Dieses ›kritische‹ Verständnis des Todes Jesu, das schon seit der Aufklärungszeit allen vernünftigen Theologen gemeinsam war, müssen nach Ritschl heute auch konservative Christen endlich als biblisch und theologisch richtig anerkennen. Gleiches gilt von der Zusammengehörigkeit der Rechtfertigung durch Glauben und der Heiligung zum Tun des sittlich Guten. Darin müsse man lutherischerseits der reformierten Theologie Recht geben – und auch der des Pietismus; doch dessen völlige Verinnerlichung des Glaubens im Herzen der einzelnen bekehrten Christen sei abzulehnen. Gewiss bedürfe es des Glaubens, um an der zugesagten Vergebung teilzuhaben, und des Glaubensgehorsams, um als Angehörige des Reiches Gottes das sittlich Gute zu tun. Insofern sei Christwerden und Christsein durchaus eine Sache der persönlich zu verantwortenden Subjektivität. Doch beides setzt das Handeln der Liebe Gottes und deren Verkündigung im Munde Jesu voraus.
Hier bleibt bei Ritschl wie bei allen Theologen seit Schleiermacher eine letzte Undeutlichkeit, was das Verhältnis zwischen Subjektivität des Glaubens und Objektivität des Glaubensinhalts betrifft. Das wird bei Ritschl daran sichtbar, dass er einerseits Kants Moralphilosophie vollauf zustimmt, diese aber so deutet, dass Moralität nicht nur einen göttlichen Gesetzgeber voraussetzt, sondern den biblischen Gott in der Verkündigung Jesu. Diese Voraussetzung dürfen Christen nie aufgeben. Sie brauchen es auch nicht; denn sie ist im biblischen Zeugnis hinreichend sicher historisch vorgegeben. Jedwede philosophisch ersonnene Metaphysik anstelle des biblischen Zeugnisses aber habe in der Theologie nichts zu suchen. Diese kritische These einer theologisch notwendigen Abkehr von jedweder Metaphysik ist bis weit ins 20. Jahrhundert ein verbreitetes Grundurteil geworden.

6.5 Das Erstarken konservativer Bibelwissenschaft und deren theologische Verteidigung gegen die radikale Bibelkritik

Die Radikalisierung der Bibelkritik hat die junge Theologengeneration des ausgehenden Jahrhunderts teilweise tief verunsichert. Die Liberalen sahen in ihr die unausweichliche Auswirkung des Geistes der Neuzeit und gaben die verwirrende Vielfalt ihrer Hypothesen als unwidersprechliche »Ergebnisse« wissenschaftlicher Exegese aus. In dieser Situation fühlte sich die konservative Bibelwissenschaft dazu herausgefordert, eine starke Alternative zu erarbeiten, die als neue Burg gelten konnte, in der man seines Glaubens gewiss werden und eine biblisch begründete Theologie gewinnen und vertreten konnte, die sich selbst als die bessere Wissenschaft behaupten oder doch wenigstens die Sorge vor den Gefahren dieser radikal-liberalen Theologie überwinden und Mut zur eigenen Sache gewinnen konnte.
Unter denen, die sich so zu Wort meldeten, sei hier als hervorragendes Beispiel *Theodor Zahn* (1838–1933) genannt. Er wurde bekannt mit einem gelehrten Werk über die »Geschichte der Entstehung des neutestamentlichen Kanons« (1888–1892), in dem er entgegen der damals üblichen Meinung vom Kanon als einem späten Machwerk kirchlicher Autoritäten zeigen konnte, dass es eine Sammlung von vier Evangelien sowie eine andere von 13 Paulusbriefen schon im frühen zweiten Jahrhundert zweifelsfrei gegeben hat, die in den rechtgläubigen Kirchen als Vermächtnis der apostolischen Urzeit im Gottesdienst verlesen und hoch geehrt worden sind. Kirchliche Autoritäten haben erst spät diese faktisch längst als apostolisch anerkannten Schriften von anderen nicht anzuerkennenden abgegrenzt und somit ihre normative Geltung in der Kirche als endgültig festgestellt. So hat Zahn mit *streng historischer Methode* durch die Geschichte der Entstehung des Kanons dessen fundamentale Autorität begründet, die in der späteren kirchlichen Lehre also zu Recht als der Kirche durch Gottes Geist gegeben bekannt, nicht jedoch durch kirchliche Instanzen selbst gesetzt worden sei. Dieses Geschichtsbild, vom frühen Harnack sogleich als schlimmes Produkt geradezu katholischer »Tendenz« verurteilt, ist in der sehr intensiv geführten Diskussion der Kanon-Forschung zwar in Einzelheiten korrigiert worden, hat sich aber im Wesentlichen durchgesetzt. Zahn hat mit diesem Werk und einer darauffolgenden »Einleitung in das Neue Testament« die konservativen Theologen nachhaltig bestärkt und zu entsprechender wissenschaftlich-historischen Arbeit im Gegensatz zur historisch-*kritischen* der liberalen Theologie ermutigt.

6.6 Die biblische Dogmatik als Hilfe zur Verteidigung biblischer Exegese: Martin Kähler

Am meisten verunsichert war die junge Generation konservativer Theologen durch die völlige Verfremdung des biblischen Jesusbildes in der Religionsgeschichtlichen Schule. Hier hat der Hallenser Dogmatiker und Neutestamentler *Martin Kähler* (1835–1912) beherzt eine Lösung vorgelegt, die gleichermaßen Konservative wie besonders auch neupietistische Theologen in ihrem Vertrauen zur Autorität der Schrift beider Testamente stärken und auch zur dogmatischen Auseinandersetzung mit der liberalen Bibelkritik ermutigen sollte. »Der sogenannte historische Jesus und der geschichtliche biblische Christus« war der Titel eines im Druck erschienenen Vortrags (1892), der rasch weite Verbreitung fand. Der »historische Jesus« sei nichts als ein Kunstgebilde von Exegeten, die den Aussagewillen der biblischen Texte von Anfang an dadurch verfehlen, dass sie *hinter* den Evangelien eine psychologisch stimmige Biographie Jesu zu konstruieren suchen, die diese gar nicht erzählen *wollten*. Eine textgetreue Exegese muss doch erkennen und der offensichtlichen »Tatsache« gerecht werden, dass die Evangelisten ihren Lesern Jesus als den mit Gott einigen Christus *verkündigen* wollen, indem sie von ihm *berichten*. In dieser »kerygmatischen« Absicht stehen die Evangelien neben der Apostelgeschichte und den Apostelbriefen. Das zu sehen, ist allerdings nur dort möglich, wo man deren Hauptsache nicht ›kritisch‹ aus den Evangelien als ›bloße Glaubensaspekte‹ wegretuschiert: das Heilsgeschehen des Todes Christi »für unsere Sünden« und seine Auferweckung durch Gott (1Kor 15,3–5). Und auch umgekehrt sei nicht zu bestreiten, dass der Apostel Paulus in seinem theologischen Denken die göttliche Autorität der Verkündigung und Lehre Jesu voraussetze. Das »*Evangelium*« als die sachliche Mitte aller neutestamentlichen Schriften werde durch solche ›Sachkritik‹ bewusst zerstört und sei zu einer zusammenhanglosen Vielheit von menschlichen Vorstellungen und Gedanken zerronnen. Wenn man nun aber die angeblich historisch-kritische Exegese ihrerseits als unhistorisch und unkritisch entlarvt und damit ernst macht wiederzugeben, was die Bibeltexte selbst sagen wollen und zu sagen haben, dann kann man gar nicht um die Erkenntnis herumkommen: Der zentrale Inhalt ihrer Verkündigung ist Jesus Christus als sehr wohl geschichtliche Gestalt. Doch um dessen göttliche Heilsbedeutung geht es in den Evangelien. Diese sind nicht historische Urkunden, die Jesu Biographie beschreiben wollen; um die Kraft des Geistes Gottes in Jesus geht es, nicht aber um dessen seelische Entwicklung. Das erschließt sich freilich nur dem, der bereit ist, in der Exegese der Evangelientexte der Absicht der biblischen Zeugen, von Gottes Heilshandeln im Wirken und Geschick Jesu zu verkündigen, ohne eigene menschliche Vorurteile zu entsprechen. Bei solcher textgetreuen Exegese ergibt sich nach Kähler, dass die biblischen Zeugen von Jesus genau so sprechen, wie es das Grundbekenntnis der Kirche von der Menschwerdung Gottes in Jesus und vom Geheimnis der Trinität als für alle Zeiten wahr und gültig meint. Darum muss und kann die Bibel als geschichtlich-wahres Zeugnis des göttlichen Handelns im Men-

schen Jesus als Gottes Sohn im Glauben anerkannt und geehrt werden
– im Glauben, der aus diesem Zeugnis hervorgerufen wird, nicht aber
in einem Glauben, der sich als Stimme der Vernunft zum Zensor des
biblischen Zeugnisses macht.
So klar der – methodische wie sachliche – Gegensatz dieser biblischen
Theo-logie Kählers zur Bibelkritik liberaler Theologie hervortritt, so
wichtig ist es ihm andererseits, nicht minder deutlich jeden rechthaberischen Biblizismus zurückzuweisen: mit einer wörtlichen Inspiriertheit jedes Satzes der Bibel und von einer Irrtumlosigkeit bis ins letzte
Detail kann deshalb nicht die Rede sein, weil sich so der notwendige
Blick nicht auf das Ganze des Evangeliums in der Schrift richten kann.
Wo die zentrale Hauptsache des Evangeliums erkannt und anerkannt
wird, da gibt es durchaus freien Raum für mancherlei Einzelerkenntnisse kritischer Bibelforschung; ja, da kann dieser ihr (relatives) Recht
und vor allem die Forschungsfreiheit zugestanden werden. Verbissene
Feindschaft ist nicht gerade das Wesen der im biblischen Evangelium
selbst enthaltenen Freiheit von jeder Gesetzlichkeit. Kähler wollte die
gegenwärtige Zuspitzung eines Krieges zweier feindlicher Lager entkrampfen, damit auf beiden Seiten deutlich wird, worum es im notwendigen Streit eigentlich und entscheidend geht.
Eine wirkliche Liberalität hat dort ihren Ort und ihren weiten Raum,
wo man sieht, dass die Kirche durch alle Jahrhunderte hindurch mit
der Schrift gelebt und aus der Schrift immer wieder neue Antriebe bekommen hat. Wer jetzt diese Kraft lebendiger Verkündigung in der
Bibel ›kritisch‹ zerstören zu müssen meint, der benimmt sich selbst
und der Kirche als ganzer die Quellen der Wahrheit, ja, der arbeitet
einem allgemeinen Atheismus zu.
Darin konnte Kähler mit viel Zustimmung aus der Schar der Schüler
Ritschls rechnen. *Adolf von Harnack* (1851–1930) hat in seiner rasch
berühmt gewordenen Vorlesungsreihe über »Das Wesen des Christentums« (1900) ebenfalls einen mittleren Weg vertreten zwischen der
religiös-sittlichen Lehre Jesu und dem Erlösungsglauben der urchristlichen Kirche sowie zwischen der Subjektivität persönlichen Glaubens
in der Gegenwart und dessen Eingebundenheit in die ihm vorgegebene
objektive Lebens- und Lehrtradition der Kirche. Und *Wilhelm Hermann* (1846–1922) hat bei allem Leitinteresse am »inneren Leben«
Jesu als dem Ur- und Vorbild des *eigenen* persönlichen Glaubens im
eigenen Innern des Christen der Gegenwart auch seinerseits auf der
Geschichtlichkeit Jesu bestanden, weil sonst das eigene religiöse Leben sein Ur- und Vorbild verliere.
Allerdings: Harnacks und bereits Ritschls Verständnis des Reiches
Gottes bloß als sittlicher Wirklichkeit in der Kirche hat Kähler energisch widersprochen und auf der geschichtlichen Wirklichkeit der Versöhnung im Kreuzestod und in der Auferstehung Christi hat er unnachgiebig bestanden. Auch Hermanns Konzentration allein auf das

»innere Leben« Jesu fand seinen Widerspruch. Aber dass er in seiner Auseinandersetzung mit diesem – neben Troetsch – wichtigsten Vertreter liberaler Theologie gleichwohl ein hohes Maß an Übereinstimmung hervorhob, zeigt an, wie nah sich pietistische und liberale Theologie wissen konnten, wenn es um die notwendige Verbindung des eigenen Glaubens mit der *Person* des »geschichtlichen biblischen Christus« geht. »Der *wirkliche* Christus ist der *gepredigte* Christus« hat Kähler einmal zugespitzt formuliert. Aus dieser Predigt entstand der Glaube, nicht aus der vergangenen Geschichte des »historischen Jesus«.

Das gilt übrigens auch für Kählers Eintreten für die Einheit von Altem und Neuem Testament. So sehr er von Hofmann schätzte, so galt doch sein theologisches Interesse nicht der Heilsgeschichte Gottes im Alten Testament als solcher, sondern ganz allein der Beziehung aller alttestamentlichen Zeugnisse auf Christus, der uns durch die Kraft der Liebe Gottes von den Sünden erlöst hat und uns die Freiheit schenkt, an ihn zu glauben und aus diesem Glauben zu leben. Nur so, so aber theologisch notwendig, gehört das Alte Testament mit dem Neuen zusammen als dem Kanon Heiliger Schrift der Kirche aller Zeiten.

6.7 Die Annährung konservativer und liberaler Exegese auf dem Feld neutestamentlicher Theologie

Die Gesamtdarstellung der Theologie des Neuen Testaments galt von Anfang historischer Bibelkritik an als deren Krondisziplin, in der aus der Fülle aller Detailarbeit die Summe zu ziehen ist. Dabei war das Grundmotiv der Emanzipation von aller kirchlich vorgegebenen Autorität bestimmend: Im Gegensatz zur Kirchenlehre und deren Schriftgebrauch sollte hier die Bibel selbst ihr eigenes Wort ergreifen, und zwar die Bibel nicht als Kanon der Kirche, sondern als Sammlung von historischen Dokumenten aus der Ursprungsgeschichte des Christentums.

Mit diesem Motiv hängt es zusammen, dass im 19. Jahrhundert sehr bald aus der *Theologie* des neuen Testaments eine *Geschichte* des Urchristentums wurde, in deren Zusammenhang die theologischen Gedanken der verschiedenen Autoren zu beschreiben sind. Und im Gegensatz zu Baurs geschichtsphilosophischer Konstruktion wollte man seit der Mitte des Jahrhunderts unter dem Einfluss des allgemeinen Empirismus dezidiert nur noch *rein historische Beschreibungen* pluraler Vorgänge und theologischer Gedanken geben ohne den Willen, in diesen eine Einheit zu suchen. Sinnvoll nachzuvollziehen waren diese einzig unter dem Gesichtspunkt *psychologischer* Erklärung.

Eine letzte Radikalisierung dieser rein historischen Darstellung ist in der ›Religionsgeschichtlichen Schule‹ geschehen: Hier erklärte man das Urchristentum insgesamt im Rahmen einer allgemeinen Geschichte der Religionen der Menschheit, und zwar so, dass alle Inhalte christlichen Glaubens und Lebens als Sonderformen von entsprechenden Befunden seiner religiösen Umwelt erscheinen. Unter diesem Aspekt konnte es nunmehr weder eine »Theologie des Neuen Testaments« noch auch eine »Geschichte des Urchristentums« rein für sich mehr geben, sondern nur noch eine »Darstellung der Religion des älteren Christentums«, wie ein Vertreter dieser religionsgeschichtlichen Exegese, *H. Weinel*, sein Buch unter dem traditionellen Titel »Biblische Theologie des Neuen Testaments« charakterisiert (1913). Die Kontinuität mit der liberalen Theologie seit der Aufklärung lässt sich aber darin erkennen, dass auch in diesem radikal religionsgeschichtlich angelegten Werk Jesus sich mit seiner Botschaft einer »sittlichen Erlösungsreligion« aus der religiösen Umwelt wesentlich heraushebt. Weil mit ihm die Darstellung der urchristlichen Religion beginnt, bedarf es keines zusammenfassenden Abschlusses.

Die Kombination von literarkritischer Analyse und religionsgeschichtlicher Erklärung der neutestamentlichen Schriften hat auch die konservativen Exegeten so stark beeindruckt, dass sie in ihren Büchern über neutestamentliche Theologie ihr gegensätzliches Urteil nicht ohne ausführliche Auseinandersetzung mit ihren Gegnern darlegen konnten. Eine bloße durchgehende Ablehnung wie bei Schlatter erschien ihnen als wissenschaftlich unmöglich. Das ehrt sie – und unterscheidet sie von vielen ihrer liberalen Kontrahenten, die ihr Bemühen um eine konservative Gegenposition oft von vornherein als ein unmögliches Unterfangen verurteilten.

Viel Respekt hat sich zunächst der Berliner Neutestamentler *Bernhard Weiß* (1827–1918) erworben mit seinem »Lehrbuch der Biblischen Theologie des Neuen Testaments« (1868; 2. Aufl. 1888), das für viele konservative Theologen zu einer wissenschaftlichen Fluchtburg geworden ist.

Schon darin freilich, dass er das Neue Testament ganz abgesondert vom Alten Testament behandelt und so von vornherein dem gesamtbiblischen Anspruch des Titels nicht gerecht wird, schließt er sich dem allgemein gewordenen kritischen Konsens an. Auch mutet er seinen Lesern zu, dass sie in seinem Buch lediglich eine rein historische Darstellung der untereinander verschiedenen »Lehrbegriffe« der je einzelnen Autoren finden, nicht »*die* Theologie des Neuen Testaments«. Diese sei Sache einer biblischen Dogmatik. Die habe zwar ihr gutes Recht, das Weiß *als Theologe* auch anerkenne. *Als Exeget* jedoch habe er den Weg strikter Beschreibung dessen einzuhalten, was in den Texten steht. Nur auf diesem Felde philologisch-historisch exakter Auslegung ist der liberale Gegner zu stellen und eine Auseinandersetzung mit ihm möglich. Nur so nämlich lässt sich vieles bloß Hypothetische von dem historisch Diskutablen scheiden. Und nur so könne der gegenwärtige Trend zu immer extremeren Entgegensetzungen überwun-

6 Die Gegnerschaft gegen die Bibelkritik der liberalen Theologie

den und eine verantwortliche Klärung der wirklich bestehenden Gegensätze vorbereitet werden.
Von mancher extrem konservativer Lehrtradition muss der für die Forschung aufgeschlossene ›positive‹ Exeget sich verabschieden, vor allem von der alten Lehre wörtlicher Inspiriertheit jedes Satzes in der Bibel, die historische Exegese von vornherein blockiert. Auch manche Einsichten der Kritik gilt es ernst zu nehmen – wie zum Beispiel die Verschiedenheit der judenchristlichen (»urapostolischen«) Theologie und der paulinischen Heidenmission. Bei ersterer ist zwischen der Theologie der »Urapostel« selbst und der radikal gesetzestreuen Gegner des Paulus zu unterscheiden. Dessen Position wiederum stellt sich anders dar, wenn man wie Baur nur die vier großen Hauptbriefe als allein echte Zeugnisse zugrunde legt oder alle paulinischen Briefe. Deren Echtheit erweist sich unvoreingenommen-besonnenem Blick dann, wenn man sie verschiedenen Phasen der Geschichte des Apostels zurechnet. Unterscheidet man auch im Blick auf das Urchristentum insgesamt die Zeit des Ursprungs von der nachapostolischen, so wird man auch Schriften wie den Hebräerbrief als das Werk eines judenchristlichen Theologen aus der 2. Generation ernst nehmen, der das theologische Erbe in eigener Weise vertieft weiterdenkt, während demgegenüber der Jakobus- und der 1. Petrusbrief sowie die Johannesapokalypse aus der Frühphase judenchristlicher Glaubenstradition heraus zu erklären sind. Die Apostelgeschichte des Lukas wiederum ist ein für das Verständnis beider Phasen wichtiges Zeugnis, weil darin der geschichtliche Verlauf von den Anfängen bis zum Ende der ersten Generation aus der Sicht der darauffolgenden berichtet wird.
In einer ›Biblischen Theologie‹, wie Weiß sie vorlegt, sind die Evangelien nicht allein unter dem Aspekt zu behandeln, daraus kritisch die Geschichte des historischen Jesus zu rekonstruieren, sondern so, wie die vier Evangelisten zu ihrer Zeit – in der zweiten Hälfte es 1. Jahrhunderts – das Wirken Jesu und seinen Tod und seine Auferstehung jeweils berichten und verstanden wissen wollten. Weiß setzt dabei voraus, dass jeder von ihnen Quellen benutzt habe: Markus mündlich gehörte Predigten des Petrus; Matthäus und Lukas das Markusevangelium sowie eine Quelle, in der Worte Jesu überliefert waren; Johannes ausgewählte Stoffe, die er in einer von den synoptischen Evangelien völlig verschiedenen, theologisch hochreflektierten Weise in sein Werk eingebaut hat. Deshalb behandelt Weiß »die johanneische Theologie« des Evangeliums und der Briefe am Schluss seines Buches gesondert. Historisch unanfechtbare Zeugnisse aber seien alle vier Evangelien. Dagegen können weder die literarischen Abhängigkeiten noch die relativ späte Abfassungszeit noch schließlich auch die verschiedene Art zu erzählen als wissenschaftlich ernst zu nehmende Gründe geltend gemacht werden. Dies ist wohl der wichtigste Schlag, den Weiß der Urteilsweise der ›kritischen‹ Evangelienforschung versetzt. Aller-

dings: Auf die Widersprüche, auf die die Kritik beim Vergleich der vorliegenden Texte gestoßen ist, geht Weiß nicht ein. Er braucht es nicht, weil ja zu Anlage und Ziel einer neutestamentlichen Theologie in seinem Sinn historisch-kritische *Hinterfragungen* der Texte nicht gehören. Unter ihrem Aspekt handelt es sich nicht um Widersprüche in der Sache, sondern lediglich um Verschiedenheiten dessen, was die menschlichen Zeugen vom Reichtum der Lehre und Geschichte Jesu jeweils haben herausstellen wollen.

Dennoch handelt der umfangreiche 1. Teil seines Buches von *Jesus*, zwar nicht von seinem »Leben«, wohl aber von seiner »Lehre nach der ältesten Überlieferung«, die in den drei Evangelien als gemeinsame Basis enthalten sei. Die Evangelien selbst als theologische Werke ihrer Verfasser werden erst am Ende des Buches behandelt, eben weil sie in die Endphase der Entwicklungsgeschichte urchristlicher Theologiegeschichte gehören.

Diese muss deswegen bei der Lehre Jesu nach der Auffassung der ältesten Überlieferung beginnen, weil diese nicht nur der Ausgangspunkt der urchristlichen Theologiegeschichte ist, sondern weil das darin bezeugte Geschehen göttlicher Offenbarung der entscheidende Inhalt ist, der aller christlichen Theologie zugrunde liegt. Die Offenbarung der Königsherrschaft Gottes, die Jesus in der einzigartigen Würde und Kraft des Christus als des Sohnes Gottes zur Wirkung gebracht hat, ist so reich, dass die Bezeugung dieses vielfältigen Reichtums theologischer Deutung und Durchdringung bedarf, die in allen Schriften des Neuen Testaments enthalten ist.

Als konservative Alternative zur damaligen liberalen Bibelkritik ist das Werk von Weiß sicherlich bemerkenswert. Man kann verstehen, dass er vielen konservativen Theologen ein Beispiel gegeben hat, wie man sich auf die Auseinandersetzung mit ihr sehr wohl einlassen könne, ohne dass die eigene Grundposition erschüttert würde. Deren Grund: die Wirklichkeit der Offenbarung der vergebenden Liebe Gottes in der Person und im Wirken Jesu und die erlösende und befreiende Wirkung des Glaubens im Innern des Christen, sei überall in den Schriften des Neuen Testaments zu finden, von der ältesten »urapostolisch«-judenchristlichen Überlieferung bis zur spätesten theologischen Verdichtung in den johanneischen Schriften. Unter dem methodischen Gesichtspunkt »rein historischer« Beschreibung des theologischen Gehalts jedes Textes ist klar zu erkennen: Die ganze Theologiegeschichte des Urchristentums besteht in einer reichen Fülle verschiedener Deutungen des *einen* Evangeliums Jesu Christi. Die historische Sicht moderner exegetischer Wissenschaft ist vollauf zu übernehmen, wenn sich die »Kritik« auf die getreue Wiedergabe des Zeugnisses der biblischen Texte konzentriert und sich von der sie verfremdenden Zensur durch moderne Vernunft löst.

In der Durchführung dieses Ziels zeigen sich nun aber auch die Probleme konservativer Vereinnahmung der liberalen Exegese. Einerseits verschiebt Weiß die fundamental-theologische Auseinandersetzung mit deren Wurzeln in der Aufklärung auf eine neue Disziplin »biblischer Dogmatik«, die er selbst nicht vorgelegt hat. Erst eine Generation später hat Martin Kähler dies nachgeholt – und wir haben gesehen, wie viel Undeutlichkeit auch im Wesentlichen darin geblieben ist. Andererseits haben die »Einleitung« und das »Leben Jesu« von Weiß als Voraussetzung seiner neutestamentlichen Theologie ganz apologetischen Charakter ohne zureichende Begründung. So gab es für die liberalen Gegner allzu viele Anhaltspunkte zur Kritik, die es ihnen leicht machte, sein Werk als Alternative nicht sehr ernst zu nehmen.

Der Breslauer Neutestamentler *Paul Feine* hat eine Generation später mit seiner »Theologie des Neuen Testaments« (1910) den Weg von Bernhard Weiß im Grunde nur wiederholt. Auch er will eine Alternative zur liberalen Bibelkritik für Leser bieten, die das Neue Testament als gläubige Christen lesen wollen und die gerade von einer historischen Untersuchung der urchristlichen Theologiegeschichte erwarten, dass sie überall die Offenbarung Gottes in der Lehre und im Wirken Jesu als Mitte des Glaubens und der Theologie aufzeigt, die auch die Mitte des Christseins der eigenen Gegenwart ist. Über Weiß hinaus ist es besonders die neue religionsgeschichtliche Exegese, mit der Feine sich auseinanderzusetzen hatte, um sein Buch auf die Höhe des Problembewusstseins der gegenwärtigen Bibelwissenschaft zu bringen. Er sieht darin eine Erweiterung des Blickfeldes, die auch für konservative Exegese ein großer Gewinn sein kann, allerdings auch die Gefahr, dass das Christentum als eine Variante menschlicher Religion erscheint und seine Identität verliert.

Eine Stärke seines Werkes ist, dass er nicht nur einzelne besonders radikale Hypothesen der ›Religionsgeschichtlichen Schule‹ als verfehlt zurückweist, sondern sich auch mit deren dogmatischem Haupt, Ernst Troeltsch, auseinandersetzt. Eine große Schwäche besteht allerdings darin, dass ihn der psychologische Aspekt im damaligen Verständnis von Religion, zu einem entsprechend subjektivistischen Verständnis des christlichen Glaubens verleitet, das in seiner Beschreibung der Theologiegeschichte des Urchristentums überall dominant wird. Zwar ist es *Gott*, der sich in Christus offenbart, und entsprechend ist der Glaube der Christen der Glaube *an* Gott, zu dem Christus seine Jünger bewegt. Deswegen bedarf christlicher Glaube zu allen Zeiten der *Person Jesu* als seines geschichtlichen Gründers. Aber *das Wesen des Glaubens* ist die überwältigende *Erfahrung* von Befreiung von Sünde und das beseligende *Gefühl* des Friedens, der Erhebung der Seele zu Gott, die Christus durch die Zeugnisse der biblischen Texte in uns wie ein Licht entzündet. Und dies ist es, was beim Vergleich mit allen anderen Religionen die Einzigartigkeit christlicher Religiosität ist: Hier wird die Wahrheit des Anspruchs Jesu erlebt, »dass er uns ›erquicken‹ kann« (S. 187). Das ist die Summe des ausführlichen ersten Teils über »die bleibende Bedeutung der Person Jesu«: »Das recht verstandene Christentum läuft auf ein persönliches und individuelles Verhältnis zu Jesus hinaus ..., ein Verhältnis, in dem sein Friede und seine Gotteskraft auf uns überströmt.« (S. 189). Feine hat offenbar gar nicht bemerkt, dass dies der Nerv liberaler Jesusfrömmigkeit ist, die gerade auch deren religionsgeschichtliche Exegese beflügelt hat. Weil er sich diesem zentralen Motiv ganz nah fühlte, konnte er Troeltsch sogar attestieren, dass dessen »dogmatische Begründung der religionsgeschichtlichen Betrachtung zu den Grundvoraussetzungen zurücklenkt, von denen keine christliche Theologie abstehen kann. Es wird doch schließlich die subjektiv-persönliche innere Überführung, also das religiöse Urteil, als der entscheidende Maßstab der in der Religionsgeschichte und speziell im Christentum vorliegenden Offenbarung anerkannt. ... Das innere Erleben der Wahrheit, die uns in Christus geschichtlich und persönlich entgegentritt, ist ein psychologisches Geheimnis« (S 9f.). Deutlicher kann die theologische Undeutlichkeit, in der die meisten konservativen Theologen mit den liberalen letztlich übereinstimmten, nicht ausgesprochen werden als in diesem Satz Feines, der in der Zeit des Jahrhundertbeginns als führender Vertreter konservativer exegetischer Wissenschaft gegolten hat!

7 Die Stellung der römisch-katholischen Kirche zur Bibelkritik seit der Aufklärung

7.1 Die katholische Schriftexegese vor der Aufklärung

Zwei gegensätzliche Grundentscheide prägen im 16. und 17. Jahrhundert die wissenschaftliche Schriftauslegung in der katholischen und in der evangelischen Theologie. Hier gilt die Bibel als alleinige Quelle, aus der die Kirche die ganze Wahrheit des Evangeliums zu vernehmen hat. Dort ist es die lebendige Glaubenstradition der Kirche, in der dies allein möglich und legitim ist. Denn nach katholischer Lehre ist die Kirche der Ort, wo der Heilige Geist wirkt und die geistlichen Geheimnisse der Schrift dem Glauben der Kirche erschließt. Deswegen kann die Schrift nur im Zusammenhang des Reichtums der Tradition ihrer Auslegung in der Kirche aller Jahrhunderte angemessen verstanden werden. Umgekehrt nach reformatorischer Lehre: Der Heilige Geist Gottes spricht Gottes Wort original in der Schrift, und in der Kirche nur durch die Schrift. Deswegen kann und darf »allein die Schrift« (»sola scriptura«) die Quelle alles rechten Glaubens sein. Sie ist selbst ihre eigene Auslegerin; der Sinn einer jeden Aussage der Schrift ist daher aus dem Gesamtzusammenhang all ihrer Aussagen zu verstehen.

Nicht kontrovers war, dass für alle theologische Auslegung der Schrift eine exakte Erkenntnis und Erklärung ihres Wortlauts grundsätzlich geboten ist. Zwar gilt in der römisch-katholischen Kirche des Westens die lateinische Übersetzung der »Vulgata« als der für Liturgie und Lehre normative Wortlaut der Heiligen Schrift. Dazu hat jedoch der *Humanismus* neue Aspekte beigetragen, vor allem, was die Kenntnis der Ursprachen betrifft, der hebräischen des Alten Testaments und der griechischen des Neuen. Diese sind auch zum Verständnis der Vulgata nicht nur hilfreich, sondern die wissenschaftliche Voraussetzung. Damit zugleich erschloss sich die reiche Literatur des griechischen Altertums zur Erklärung der neutestamentlichen Schriften sowie der des Judentums und des Alten Orients für die Erklärung der Schriften des Alten Testaments. Daraus sollte sich wiederum die Möglichkeit ergeben, die biblischen Schriften so zu erklären, wie sie mit den Ohren und Herzen ihrer griechischen und jüdischen Adressaten gehört und verstanden worden sind. So entstanden in humanistischen Kreisen Anfänge einer philologisch-historischen Exegese in vernünftiger »Kritik« – wobei mit »Kritik« zunächst eben diese Kunst gemeint war. Mit dem so ermittelten wörtlichen Sinn der biblischen Schriften ließ sich dann in den Hochburgen katholischer Bibelauslegung einerseits problemlos die mittelalterliche Tradition der Ermittlung des »geistlich«-theologischen Sinns in allegorischer Tiefendeutung verbinden. Andererseits konnte man so zugleich auch den protestantischen Gegner bekämpfen, der jede allegorische Auslegung ablehnte und auch kein sonderliches Interesse an einem kulturgeschichtlich erweiterten Auslegungshorizont hatte, weil sich nach dem protestantischen Prinzip alle Auslegung des Evangeliums auf das Hören des Evangeliums im irrtumsfreien Wortlaut der Heiligen Schrift konzentrierte. Insofern war es für Luther selbstverständlich, seiner deutschen Bibelübersetzung den hebräischen und griechischen Urtext zugrunde zu legen. So wurde in der reformatorischen Theologie der humanistische Grundsatz, es sei notwendig, zu den Quellen zurückzugehen, wenn es gilt, in jeglicher Tradition die zugrundeliegende Wahrheit zu erkennen, im Blick auf die Heilige Schrift theologisch vertieft. Deswegen wurde für deren Exegese in reformatorischen Universitäten die Kenntnis der Ursprachen obligatorisch; und auch in den höheren Schulen lernten die Schüler die altgriechische Sprache (und teilweise auch die hebräische). Andererseits lag es für katholische Theologen nahe, gegenüber der Enge des protestantischen Schriftprinzips die größere Weite katholischer Exegese herauszustellen und deren Integration in die Glaubenstradition der Kirche dafür polemisch zu nutzen, dass Widersprüche zwischen Schriftstellen nicht – wie dort – künstlich ausgeglichen werden müssen, sondern getrost stehengelassen und teilweise mit Verschiedenheiten der Sprache und Denkweise der menschlichen Autoren erklärt werden können.

Doch für beide Seiten gab es Grenzen der humanistischen Gelehrsamkeit, die nicht überschritten werden durften. Die Kunst philologischer Exegese war aller Ehre wert – aber deren ›Kritik‹ durfte am ›Urtext‹ nichts ändern. Das aber war dort der Fall, wo bei einem kritischen Vergleich der Bibelhandschriften theologisch wichtige Aussagen als zum Originaltext nicht hinzugehörig getilgt wurden – wie zum Beispiel in 1Joh 5,7f. die Nennung von Vater, Sohn (Logos) und Geist. Damit entfiel aber ein für die Trinitätslehre zentraler biblischer Beleg! Solche Fälle mehrten sich, und die Kritik blieb nicht bei der reinen Textkritik stehen, sondern griff auch auf die Geschichte des biblischen Kanons über. Darauf reagierten beide Kirchen mit aller Härte. Katholische Gelehrte wurden durch den zuständigen Bischof ihres Amtes enthoben und durch die Inquisitionsbehörden verfolgt. So ist es namhaften Jesuiten in Spanien widerfahren. Dort wie auch in Paris und an anderen Orten Westeuropas wurden ›kritische‹ Bücher verboten und sogar öffentlich als häretisch verbrannt. Doch solches Schicksal wurde auch protestantischen Kritikern zuteil. Die Folge war: Die kritische Gelehrsamkeit zog sich aus der Öffentlichkeit von Lehrämtern in die Stuben von Privatgelehrten zurück. Ohne Furcht vor Verbot und Verfolgung konnten die Ergebnisse ihrer Arbeit nur in den Niederlanden gedruckt und publiziert werden.

Der hervorragende katholische bibelwissenschaftliche Gelehrte *Richard Simon* (1638–1712) bestand zwar darauf, das textkritische Urteile die geistlich-theologische Wahrheit der Schrift nicht außer Kraft setzen könnten. Vernünftige Entscheidungen dürften darum durch das kirchliche Lehramt weder behindert noch gar verboten werden. Selbstverständlich ist die Wahrheit Gottes der Vernunft unendlich überlegen, und diese wird, wenn sie das Ihrige tut, den Heiligen Geist Gottes in der Glaubenslehre der Kirche mit dankbarer Verehrung anerkennen. Simon bleibt mit dieser Verhältnisbestimmung von Vernunft und Offenbarung völlig konform mit der Lehrtradition seiner Kirche. Er hat in seinen Veröffentlichungen das ganze Terrain der Textkritik und vernünftiger Urteile der Exegese abgeschritten und alle Ergebnisse so umsichtig begründet, dass die Wahrheit katholischer Lehre nicht verletzt, dafür jedoch die Schwäche und Irrtümlichkeit der Protestanten aufgedeckt werde.

Es ist eine echte Tragik, dass katholische Gelehrte, die wie Simon bei aller Reichweite und Fülle ihres Wissens und bei aller Ausbildung ihres klaren Verstandes sich in völliger Selbstverständlichkeit der Wahrheit der Glaubenslehre ihrer Kirche lebenslang bewusst blieben, bei ihren Bischöfen und Ordensoberen auf erbitterten Widerspruch stießen. Diese sahen bereits in jedem kritischen Urteil über den Wortlaut der Schrift und bei vernünftigen Erklärungen schwieriger Textstellen einen Verstoß gegen die Wahrheit der der Kirche anvertrauten Offenbarung Gottes und witterten darin den Anfang einer Entwicklung zum

Abfall in Gottlosigkeit. So haben diese ersten ›kritischen‹ Exegeten das Gegenteil von dem bewirkt, was sie in ihrer Verantwortung für die Kirche wollten: Weil sie durch ihre Kirchenleitungen gemaßregelt wurden, entstand in intellektuell wachen Kreisen der Eindruck einer prinzipiellen Unduldsamkeit der Kirche, deren Verfolgungsmacht man zu fürchten hat und von der man sich am besten ganz befreien sollte.

Diese Tragik hat aber auch einen ökumenischen Aspekt. Auch auf evangelischer Seite nämlich ist es Vertretern humanistischer Kritik ganz ähnlich ergangen. Die Universitätstheologie verschloss sich ihnen in entschiedener Gegenwehr, und nur bei protestantischen Sektierern in Holland fanden sie Aufnahme und Wirkungsmöglichkeit. Auch unter ihnen entstand von der Mitte des 18. Jahrhunderts an ein Bild von der Kirche als vernunftfeindlicher Zwangsanstalt, von der sich vernünftige Fromme nur konsequent zu emanzipieren hätten. So vermischte sich dieses Bild von der eigenen protestantischen Kirche mit dem traditionellen Bilde der katholischen ›Papstkirche‹, die im Wahn, die Erkenntnis der Wahrheit zu besitzen und für sie verantwortlich zu sein, die evangelischen Gläubigen als Ketzer unnachsichtig verfolge: nur dass jetzt aus dem Unglauben Aberglaube und aus der Verfolgung von Unglauben Vernunftfeindlichkeit wurde. In der Aufklärungstheologie blieb das traditionelle polemische Bild der katholischen Zwangsanstalt durchaus bestehen und verfestigte sich zum Hintergrund der neuen polemischen Verachtung entsprechend unduldsamer protestantischer Kirchenlehre.

Hätten vorher zurzeit humanistischer Kritik protestantische und katholische Theologen zueinandergefunden, so hätte darin eine Chance zu neuer ökumenischer Verständigung bestanden. Weil jedoch auf beiden Seiten, gerade was die Lehre von der Schrift betrifft, die alten Gegensätze polemischer Tradition in unverminderter Ausschließlichkeit fortwirkten, konnte es zu einer solchen Chance leider nicht kommen. Stattdessen hat die Aufklärungsmentalität den konfessionellen Gegensatz nur noch verstärkt, ja geradezu versteinert.

7.2 Die katholische Schriftexegese seit der Aufklärung

Tatsächlich hat die katholische Theologie und Kirche von Anfang an auf die Bibelkritik der protestantischen Aufklärungstheologie ablehnend reagiert. Man sah darin eine typisch protestantische Verirrung. Und als es offensichtlich wurde, dass sie im Bildungsbürgertum großes Interesse und rasch wachsende Verbreitung fand, taten die katholischen Verantwortlichen alles, um dem Übergriff dieser neuen gottlosen Bewegung auf katholische Christen zu wehren. Katholische Exegeten nahmen entweder von der Literatur wissenschaftlicher Bibelkritik schlicht keine Kenntnis oder benutzten die Tradition humanistischer Kritik selbst wesentlich vorsichtiger. Umso heftiger wurde die Polemik gegen die protestantische Theologie betrieben.

In dieser Situation erschien das Werk des Tübinger katholischen Theologen *Johann Adam Möhler* (1796–1838) als etwas überraschend Neues: »Symbolik oder Darstellung der dogmatischen Gegensätze der Katholiken und Protestanten nach ihren öffentlichen Bekenntnisschriften« (1832). Damit wollte er, dem Anspruch der Zeit entsprechend, der üblichen konfessionellen Polemik eine wissenschaftliche Beschreibung der Lehre der einen wie der anderen Kirche entgegensetzen. Die Gegensätze sollten keineswegs verharmlost werden, als seien sie für das vernünftige Urteil anachronistisch-belanglos geworden. Im Gegenteil: Sie sollten klar in ihrem Wesen erkannt und durch die Grundthemen der je eigenen Lehre hindurch herausgestellt werden – jedoch ohne die übliche Gehässigkeit und deren Fehlurteile. Der Autor gibt auch durchweg seine persönliche Zugehörigkeit, ja innige Liebe zu seiner katholischen Mutterkirche zu erkennen und so auch sein eigenes Einverständnis mit deren Lehrtradition in ihrer tiefgreifenden Gegensätzlichkeit zur protestantischen Lehre vom Anfang bei Luther bis zur endgültigen Trennung und seither bis in die Gegenwart. Gänzlich ohne herabsetzend-verletzende Urteile bleibt seine Darstellung leider nicht. Aber die Absicht ist doch nicht zu verkennen, die Gegensätze von ihrem Wesensgrund aus zu verstehen und sie durch Zitate reichlich zu belegen; und das war für Katholiken wie Protestanten etwas in der Tat Neues. Die Ersten nahmen das Buch begeistert auf. In rascher Folge erschienen in den sechs Jahren bis zum frühen Tode Möhlers fünf »Ausgaben« und danach blieb es bis ins 20. Jahrhundert hinein durch immer neue Auflagen präsent. Bei den Protestanten stieß das Werk weithin auf mehr oder weniger heftige Ablehnung. Für wie bedeutend es gehalten wurde, zeigt jedoch die sofortige Beantwortung durch seinen protestantischen Tübinger Kollegen *Baur* in einem Buch gleichen Umfangs (1833; 2. Aufl. 1836).

Möhler sieht den Gegensatz, kurz zusammengefasst, so: In der katholischen Kirche wirkt der Geist Gottes, der in der Schrift die Offenbarungswahrheit Gottes in seinem Mensch gewordenen Sohn bezeugt. In Leben und Lehre der Kirche als dem lebendigen Leib Christi ist er beständig gegenwärtig. In den Sakramenten gibt er allen rechtmäßigen Gliedern der Kirche am Heil Christi teil und befähigt dazu die ordinierten Bischöfe und Priester. *Die Kirche ist so eine geistliche Gemeinschaft*, die in Christus ihre Einheit und Katholizität hat und deren Wesen dem Christi entsprach: Wie er Gott und Mensch in Einheit ist, so ist auch in seiner Kirche das Göttliche und Menschliche eins. Sie ist unsichtbar und sichtbar zugleich. Und so bedarf sie zu ihrer Leitung des Papstes, der Christus in der sichtbaren Kirche von Rom aus als Nachfolger Petri repräsentiert. Nur Katholiken, die im Glauben an Christus an den Sakramenten teilnehmen und die Lehre der Kirche und den Papst als höchste Autorität anerkennen, können Glieder der Kirche sein. Alle, die die römische Kirche verlassen, indem sie deren Lehre widersprechen und die Autorität des Papstes bestreiten, können nicht als Kirche neben der *einen* Kirche anerkannt werden. So groß die Verschiedenheiten sind, die in der Geschichte der Kirche immer neu erwachsen, sie haben alle nebeneinander in der einen Kirche Platz, *wenn* sie im Sinne von 1Kor 12 als Glieder des einen Leibes Christi leben. Der Leib Christi ist aber nicht unsichtbar über ihnen, sondern die Katholiken der ganzen Welt *sind* der eine Leib Christi; und Christus *ist* das Haupt seines Leibes in Gestalt des Papstes als seines einen Stellvertreters.

Die lutherischen und reformierten Gemeinden sieht er nicht als *Kirchen*, sondern als häretische Sekten. Entstanden ist diese ganze Bewegung des Abfalls von der Kirche durch die persönliche Entscheidung Martin Luthers. Dieser habe die biblische Lehre der Rechtfertigung durch den Glauben an Christus so gedeutet, dass dieser Glaube exklusiv die ganz persönliche Antwort des *einzelnen* Christen auf das Evangelium und als solche die Gabe der Gnade Gottes sei. Den Wahrheitsanspruch der Glaubenslehre der Kirche lehnte er ab, weil diese seinem eigenen Rechtfertigungsverständnis widerspreche. Ja, seine eigene Lehre trat als die allein rechtgläubige an die Stelle der Lehre der Kirche. Den Papst als deren oberste Autorität verurteilte er als den Antichrist, den er, Martin Luther, im Namen Christi zu bekämpfen den Auftrag erhalten habe. Und er ließ es gern zu, dass alle, die wie er das Evangeliums im Glauben gehört und als bestimmende Macht ihres Lebens persönlich angenommen haben, sich nach seinem, Luthers Namen nannten. Diesen prinzipiell subjektivistisch-personbezogenen Charakter sah Möhler als die eigentliche Wurzel des ganzen Protestantismus. Von daher sei aus dem Anfang bei Luther und Melanchthon alsbald eine Pluralität einander eher verurteilender als anerkennender Gemeinschaften geworden. Von Anfang an und je länger je mehr spalteten sich Gruppen und Sekten im Namen anderer ›Propheten‹ ab. So fiel der Protestantismus bereits im Verlauf einer Generation wie ein Kaleidoskop verschiedenster Geister auseinander. Dies sei schlicht die notwendige Folge des subjektivistischen Ansatzes. Dass der Protestantismus in seiner Lehre »die eine katholische Kirche«, zu der sich auch alle protestantischen Christen bekannten, nur als ganz und gar unsichtbar verstehen konnte und die Identifikation der römisch-katholischen Kirche mit der Kirche Christi als deren Grund-Irrlehre verurteilte, sei von diesem absolut egozentrischen Ansatz im Selbstverständnis her völlig verständlich.

In diesem so grundsätzlichen Gegensatz liegt jedoch nach Möhlers Urteil eine reale Chance zugrunde, die Einheit der Kirche wieder zu verwirklichen: Nicht nur musste die katholische Seite manche mit Recht kritisierten Fehlentwicklungen reformieren, sondern die Protestanten werden eines Tages erfahren und einsehen, dass der Glaube immer mehr zersplittern und seine Kraft verlieren wird, wenn er nicht in der

Kirche zusammengehalten wird. So werden die Protestanten eines Tages bereit werden, in den Schoß der Mutter Kirche zurückzukehren, *wenn* diese ihre Arme deutlich und weit genug zu ihnen allen ausbreite.

Baur antwortete mit einem nicht weniger grundsätzlich-verurteilenden Gegenangriff. Er sah wohl den Willen zu einer wissenschaftlichen Darstellung der konfessionellen Gegensätze und anerkannte auch die persönlich-bekenntnishafte Weise, in der sein katholischer Kollege seine Sicht vortrug. Doch er stellte die mancherlei verletzenden Züge als Zeichen einer eigentlich auf Verurteilung abzielenden Werbeschrift heraus und suchte seinerseits die tiefgreifenden Widersprüche aufzudecken, in die sich Möhler mehr und mehr verwickle. Inhaltlich jedoch verteidigt er die Grundlehren der Reformatoren und der aus ihrer Initiative entstandenen Kirchenlehre – als gäbe es keinerlei Differenzen zur neuzeitlich-liberalen Theologie.

Das gilt sogar von der Lehre von der Heiligen Schrift! Nur den traditionell-dogmatischen Gegensatz stellt Baur heraus zwischen dem reformatorischen Prinzip »allein die Schrift« und dem damit angegriffenen katholischen Prinzip der Einbettung der Schrift in die Kirche und darum der Tradition der Kirche als ihrer allein rechtmäßigen Auslegerin. Dass es in der aufgeklärten Gegenwart neue Weisen »rein historischer« Schriftauslegung gibt, die er selbst wesentlich vertieft hat; und dass sich von daher ein neuer Gegensatz innerhalb der protestantischen Theologie ergeben und so auch der Gegensatz zwischen protestantischer und katholischer Exegese sich noch einmal verändert und vertieft hatte – darin ist in Baur's Buch keine Rede! Der traditionelle kontroverstheologische Gegensatz alles Protestantischen gegen alles Katholische war Baur offenbar so völlig selbstverständlich, dass er mit seinem Tübinger Kollegen in einen aktuellen Disput über die Differenzen und Gegensätze im eigenen protestantischen Bereich einzutreten für ganz unangebracht hielt – zumal ja auch dieser darauf gar nicht einging.

So hinterlässt die Lektüre dieser beiden Bücher einen geradezu bewegend tragischen Eindruck: Sowohl der Katholik wie auch sein protestantischer Kritiker haben die neue Grundproblematik der historisch-kritischen Bibelwissenschaft aus ihrer Gegenüberstellung katholischer und protestantischer Kirchenlehre ganz ausgeklammert. Der eine, weil er diese als Sache allein protestantischer Theologie sah, die mit deren katholischer Verurteilung zugleich mit verurteilt war, wozu es besonderer Ausführungen mitnichten bedurfte. Der andere, weil er umgekehrt die Subjektivität der Religion, ihre Adressierung allein an das ureigene Selbstbewusstsein und Gewissen des je einzelnen Christen, ohnehin für das Grundprinzip Luthers und des Protestantismus sowie bereits der Lehre Jesu und der Theologie des Paulus hielt und darin den Grundgegensatz gegen den Katholizismus sah – wie sollte es darüber eine Diskussion mit diesem geben, geschweige denn eine Chance zu echter Übereinstimmung? Wenn es aber damals überhaupt einen Partner aufseiten katholischer Theologie gab, mit dem die tiefgreifenden theologischen Probleme der historischen Bibelkritik hätten ernsthaft verhandelt werden können, dann war dies Johann Adam Möhler, dessen geistliches Kirchenverständnis sich von dem üblichen katholischen unterschied. Und wenn es umgekehrt einen katholischen Partner gab, der das bildungsmäßige und theologische Niveau zu einer echten Auseinandersetzung mit dem Schriftverständnis der protestantischen Bibelkritik hatte, dann wäre dies Christian Ferdinand Baur gewesen, der die Geschichte der Kirche(n) theologisch fundamental ernst nahm. Aber seitdem beide auf höchstem wissenschaftlichen Niveau aneinander vorbeigeredet haben, war es mit einer solchen Chance für mehr als ein Jahrhundert vorbei. Der innerprotestantischen Diskussion war die ererbte Entgegensetzung gegen den Katholizismus gemeinsam; und die liberalen Theologen sahen in ihren konservativen Gegnern schlicht eine protestantische Spielart katholischen Schriftverständnisses. Auf der anderen Seite hielten es die katholischen Exegeten in ihrer überwiegenden Mehrheit für ihre selbstverständliche Pflicht, sich von dem protestantischen Irrweg radikal-historischer Bibelkritik fernzuhalten und höchstens die humanistischen Elemente philologisch-kulturgeschichtlicher Exegese in Maßen fortzuführen.

Man muss dies freilich im Zusammenhang der damaligen Opposition der katholischen Kirche gegen die wachsende Macht protestantischen antikatholischen Geistes im preußischen Staat und sodann des preußisch beherrschten Deutschen Reiches sehen, mit dem ein politischer Kulturkampf auszufechten war, um der katholischen Kirche ihre vom Staat unabhängige Stellung zu erhalten. Das I. Vatikanische Konzil stärkte die weltkirchliche Autorität des Papstes. Eine der Folgen im innerkatholischen Bereich seit dem Beginn des neuen Jahrhunderts war der entschiedene Kampf gegen jegliche ›modernistischen‹ Züge in der eigenen katholischen Theologie und besonders in der Exegese. Aus dem Vatikan kam eine Weisung an die Exegeten nach der anderen; bis ins Detail hinein gingen die Verbote und Entscheidungen, auf die jeder Priester und vor allem jeder theologische Lehrer durch Amtseid festgelegt wurden. So war für zwei Generationen jede Teilnahme katholischer Bibelwissenschaftler an der aufblühenden Fortentwicklung historischer Exegese schlicht ausgeschlossen.

Es waren nur zwei katholische Theologen, die sich allen Verboten zum Trotz am Weg protestantischer historischer Bibelkritik durch eigene Veröffentlichungen beteiligten. Der Erste, der französische Privatgelehrte *Ernest Renan* (1823–1892), gehört in die Zeit der 2. Hälfte des 19. Jahrhunderts, als in Deutschland nach dem Vorbild von Strauß zahlreiche zumeist romanhafte Bücher über »das Leben Jesu« erschienen und viele Leser fanden. Durch Strauß zu einem historischen Skeptiker geworden, schrieb Renan ganz nach französischem Geschmack die Biographie eines von der Sonne Galiläas und dem durch sie hervorgetriebenen Farbenreichtum der Blumen und Bäume religiös begeisterten »sanften« jungen Mannes, der alle tief beeindruckte, weil er ihnen Gottes Liebe so strahlend predigte, wie sie die Sonne scheinen sahen. Dann aber verdüsterte sich sein Geist. Wider Willen wurde er zu einem Wundertäter, den die Massen bestaunten. Wider Willen ließ er sich in Jerusalem als Messias feiern und zog so die Verfolgung der Religionsbehörde auf sich, wurde zum Tode verurteilt und starb, von all seinen Anhängern beweint, aber weiter geliebt bis auf den heutigen Tag. Dass Renan sich zur Zeichnung seines Bildes auf willkürliche Weise des Stoffes der Evangelien bediente und alles einfach fortließ, was dazu nicht passte, bemerkten nur die wissenschaftlich Gebildeten. Trotz seiner Inanspruchnahme historischer Vernunft war es nicht die Geschichte Jesu, sondern ein Drama des charmantesten Mannes und sympathischsten religiösen Menschen, der je gelebt hat. So schlug dieses Buch ein wie kein anderes in seiner Zeit. Ganz Frankreich – Katholiken wie säkular Denkende – ließen sich hinreißen von diesem so ganz französisch empfundenen Galiläa und der rein humanen idealistischen Botschaft dieses galiläischen Propheten. Und auch deutsche Übersetzungen florierten. In Frankreich wie in Deutschland erschien eine Flut katholischer Streitschriften, die vor allem das Fehlen des Gottessohnes leidenschaftlich kritisierten.

Wesentlich bedeutender, sowohl als Theologe als auch in seiner Wirkung, war *Alfred Loisy* (1857–1940). Sein Jesus ist – im völligen Gegensatz zu Renan – der des Johannesevangeliums, zu dem er 1903 einen großartigen Kommentar veröffentlicht hat, der unter protestantischen Exegeten hohe Anerkennung fand, während Loisy durch das Urteil des Vatikans exkommuniziert und zum Vorbild »modernistischen« Abfalls und zum Vater der Lüge erklärt wurde. Schlimmer noch nämlich als die pure Vermenschlichung Jesu in Renans Roman erschien es, dass der Theologe Loisy zwischen dem Gottessohn des vierten Evangeliums und dem Jesus der synoptischen Evangelien einen unausgleichbaren Gegensatz postulierte und statt des historischen Jesus den Jesus einer »mystischen Allegorie« in die Mitte einer für die Gegenwart bedeutsamen Theologie stellte. Dabei wollte Loisy mit dem Gottessohn des Johannesevangeliums der modernen Welt den katholischen Glauben in seiner gedankenreichen Tiefe nahebringen und der protestantischen rein historischen Exegese, deren Recht er vollauf anerkannte, ihre theologisch-geistliche Leere attestieren.

Renan und Loisy sind in verschiedener Weise zu Exponenten katholischer Aufnahme protestantisch-liberaler Bibelkritik geworden. Beide erfuhren vonseiten des katholischen Lehramts und des gut katholischen Publikums radikale Ablehnung, der eine zu Recht, der andere, aus heutiger Sicht, zu Unrecht. Beider Verurteilung hat wesentlich zur Verfestigung des Widerspruchs und Widerstandes der katholischen

Kirche und Theologie beigetragen – eines Widerstandes ohne Argumente zum Erweis der tieferen Wahrheit katholischer Lehre und insofern der Weigerung, Recht und Unrecht zu unterscheiden und die wahre Problematik dieserart Bibelkritik zu erkennen.

8 Der große Um- und Aufbruch in Theologie und Kirche zwischen den beiden Weltkriegen

8.1 Die Entstehung einer Bewegung zur gründlichen Neuorientierung in der Krise nach dem Ersten Weltkrieg

Der Erste Weltkrieg ist in allen beteiligten Völkern als tiefe Krise erlebt und verstanden worden; vor allem in Deutschland, auf das wir uns hier beschränken. Schon in dem Jahrhundert zuvor war in der jüngeren Generation eine Verachtung normalbürgerlicher Lebensweise entstanden und ein Wille, daraus auszubrechen (»Jugendbewegung«). Dann aber bewirkte das Fronterleben mit der massenweisen Tötung wehrloser Soldaten durch den Einsatz technischer Waffensysteme ein Gefühl der Sinnlosigkeit des persönlichen Einsatzes für das Vaterland, mit dem man 1914 ausgezogen war. Und das Ende dieses mörderischen Krieges wurde nicht so sehr als ein Aufhören dieser Schrecken erfahren denn als vielmehr kollektive Demütigung durch das »Diktat« von Versailles, dessen Bestimmungen den militärischen Krieg durch einen wirtschaftlichen fortsetzten mit der Folge massenhafter sozialer Verelendung.
Die Revolution von 1919 blieb erfolglos. Die Gründung einer demokratischen Republik wurde zwar von den Liberalen als Realisierung ihres lang ersehnten Zieles begrüßt, aber von der Mehrheit lediglich hingenommen und von Extrembewegungen der Linken und Rechten abgelehnt, die in Straßenkämpfen gegeneinander je länger je mehr in der Bevölkerung immerwährende Unruhe und Angst erregten. Die zuvor von einigen als Chance zu einer Erneuerung gesehene Krise der bürgerlichen Welt war nun zu einer allgemeinen Krise geworden, die viel mehr als bedrückender Niedergang denn als Aufbruch zu neuen Ufern empfunden wurde.
Merkwürdigerweise hat sich der Lehrbetrieb an den Universitäten während des Krieges und der Nachkriegszeit in unbeirrter Kontinuität weiter vollzogen, scheinbar unberührt von den Zeitläuften. Das gilt auch für die Theologie. Mehrheitlich liberal gesonnen, setzte man seine Arbeit fort, als ginge diese die Krise ihrer Umwelt nichts an. Und dadurch, dass die konservative Theologie sich der liberalen womöglich anzunähern suchte, erschien auch die die vorangehende Generation so stark bewegende, durch die ›Religionsgeschichtliche Schule‹ ausgelöste Krise der Theologie als nicht mehr aktuell. Die einen wie die ande-

ren trafen sich darin, dass es einen Kern des Glaubens im innersten Herzen eines jeden Christen gebe, der von keiner noch so radikalen historischen Bibelkritik ernsthaft irritiert werden könne.

8.2 Der Anfang der ›dialektischen Theologie‹: Karl Barth

In dieser Lage wirkte 1919 der Vortrag eines jungen, ganz unbekannten Schweizer Pfarrers, *Karl Barth* (1886–1968), auf einer Tagung in Tambach/Thüringen wie ein greller Blitz mit lang anhaltendem Donnerschlag. Es waren sehr verschiedene junge Menschen zusammengekommen, denen das Bewusstsein der tiefen Krise der Zeit gemeinsam war, und die nach einer politisch-kulturellen Neuorientierung suchten. Dazu wollten sie Anregungen aus der Schweizer ›religiös-sozialen‹ Bewegung hören. Doch was dieser Pfarrer sie hören ließ, war nichts Politisches – es war eine höchst lebendige Bekehrungspredigt, die allerdings nichts Pietistisches an sich hatte. In bisher unerhörter Radikalität wurde hier die ›weltanschaulich-politische‹ Krise zu einer religiösen des Menschseins überhaupt gesteigert, die allein *durch Gott* widerfährt. Nicht der Gott, dem Menschen sich in ihrem eigenen Innern nahe wähnen; nicht der Gott, den Menschen zum Prinzip sittlichen, kulturellen oder auch politischen Handelns machen. Auch nicht ein Gott, der aus kirchlicher Tradition bekannt und nur wieder ins rechte Licht zu stellen wäre; und erst recht nicht ein Gottesbewusstsein irgendeiner liberalen oder konservativen Theologie – vielmehr *Gott selbst*, der sich allein von sich aus offenbart, der sich Menschen kundtut, indem er sie sein ureigenes Wort widerfahren lässt, total verschieden von allen Menschenworten, und gerade so sich ihnen verständlich macht. Dieser Gott – »das *ganz andere*« – ist selbst *die* Krise, in der alles Menschlich-Eigene zu Tode kommt, zugleich aber ein ganz neuer Mensch entsteht. In Jesus Christus, der am Kreuz gestorben und durch Gottes Schöpfermacht zum Leben auferweckt ist, macht Gott sich dem Menschen so offenbar, dass sie in seinem Kreuzestod ihren eigenen totalen Tod erfahren und in seiner Auferstehung das totale Neuerstehen ihrer selbst. »Es ist die Revolution des Lebens gegen die es umklammernden Mächte des Todes, in der wir begriffen sind ... Das Leben hat sich gegen den Tod im Leben aufgemacht« [S. 15]. In diesem Sinn ist das Wort Gottes die einzige Hoffnung in der heutigen Krisensituation, die »gegenüber der Not das entscheidende, das überlegene Moment« ist [S. 18].

Mit dieser Hoffnung entließ Barth seine Hörer. Und die nahmen sie mit einer Begeisterung an, als wäre es diese Botschaft, auf die sie eigentlich gewartet hatten. Dieser Vortrag machte Barth mit einem Schlage zu einem berühmten Mann, von dem theologisch ganz Neues, Revolutionäres zu erwarten war. Und siehe da: Das theologische Buch war schon da – in Gestalt einer aufrüttelnden predigtartigen Auslegung

8 Der große Um- und Aufbruch in Theologie und Kirche

des Römerbriefs, die in der Schweiz soeben (1919) erschienen war, aber bislang nur den engsten Freundeskreis erreicht hatte. Jetzt in Deutschland wurde es im Nu zum theologischen Bestseller, emphatisch begrüßt von vielen Jüngeren, ernst genommen sogar auch von einigen namhaften liberalen Theologen, entsetzt abgelehnt von anderen wie z.B. von Harnack.

Zu den Kritikern des Buches gehörte der Neutestamentler *Rudolf Bultmann*, mit dem zusammen Barth zuvor als Studenten die Vorlesungen des Marburger liberalen Theologen Wilhelm Herrmann begeistert gehört hatte, weil dieser seinen Studenten so persönlich überzeugt eine lebendige Gotteserfahrung durch die Herzensbegegnung mit dem »inneren Leben« Jesu vermittelt hatte.

Bultmann hatte sich dann wie Barth von der liberalen Begründung der subjektiven Frömmigkeit in derjenigen des ›historischen Jesus‹ gelöst und diese als das Widerfahrnis des Wortes Gottes radikalisiert, das in der Verkündigung, dem »Kerygma«, den Menschen in seiner ganzen Existenz verändert. Darin stimmte er Barth vollauf zu. Seine Kritik betraf jedoch einerseits das Fehlen präziser historisch-kritischer Exegese des Römerbriefs, andererseits aber auch eine Begründung der Veränderungswirkung des Wortes Gottes durch eine entsprechende Struktur der menschlichen »Existenz«. Barth ließ sich zwar in manchem exegetischen Detail gern von Fachleuten wie Jülicher und Bultmann belehren. Sollte es doch sehr wohl die Stimme des Apostels Paulus in dessen Brief sein, deren einzigartige prophetische Kraft er in die gegenwärtig erfahrene politisch-kulturelle Krise hinein, als die urkritische Wirkung des Wortes Gottes aktualisieren wollte. *Darin* wollte er jedoch die übliche Fach-Exegese grundsätzlich kritisieren: Diese beschäftige sich nur mit der philologisch-historischen Außenseite der Schrift, während es doch entscheidend darum gehe, »*hindurch* zu sehen in den Geist der Bibel, der der ewige Geist ist« (Vorwort der 1. Auflage 1919). In diesem Sinn gilt: »*Kritischer* müssten mir die Historisch-Kritischen sein!« (Vorwort der 2. Auflage). Diese Kritik kann und darf sich aber nicht »sachkritisch« gegen manche Irrtümer des Paulus richten, was Bultmann bei Barth vermisst (S. 141f.). Dessen Vorwurf, Barth übertreibe das Wunder des Glaubens als »unmögliche Möglichkeit« zu reiner Paradoxie (S. 130) und wolle so »ein modernes Inspirationsdogma aufrichten« (S. 141), nimmt Barth gern an (S. 150): Es ist tatsächlich allein der »Geist Christi«, der im Brief des Paulus zu hören ist – und das ist auch von dessen menschlichem Ausleger nicht anders denn als radikal passives Widerfahrnis möglich.

Die weitere Diskussion zwischen diesen beiden führenden Theologen der neuen »dialektischen Theologie« zeigte dann sehr rasch bei aller Übereinstimmung im theo-logischen Ansatz eine tiefe Gegensätzlichkeit. Barth blieb dabei: Der Inhalt des christlichen Glaubens kann und darf nichts anderes sein als Gott selbst, und auch alles Hören und aller

Gehorsam des Glaubens ist ein von Gottes Geist gewirktes Wunder. Seit seiner Berufung nach Göttingen wirkte er ganz nur noch als dogmatischer Theologe. Seit 1932 begann er seine »Kirchliche Dogmatik« zu publizieren, die in vier Teilen und mit zwölf Teilbänden sein (unvollendetes) Lebenswerk geworden ist. Mit ihr hat er die dogmatische Theologie zweier Generationen maßgeblich bestimmt.
Bultmann hob auch weiterhin seine Differenz zur liberalen Theologie hervor. Er schrieb sein Jesusbuch (1926) als Alternative zur liberalen Tradition der Leben-Jesu-Forschung: Darin legt er nur die Verkündigung Jesu aus in ihrem Charakter als Ruf zur Entscheidung – und zwar nicht als die Stimme des ›historischen Jesus‹, sondern als älteste Schicht der Jesusüberlieferung der nachösterlichen judenchristlichen Gemeinde. So kommt in diesem Buch von der Geschichte Jesu, vor allem von Tod und Auferstehung Jesu, nichts vor – das sind zentrale Themen der Christusverkündigung des Urchristentums, die in den Apostelbriefen das Feld bestimmen. Sie gehören in den Zusammenhang der »Theologie des Neuen Testaments«, die Bultmann dann 1948–1953 als sein Hauptwerk veröffentlicht hat. Und wie Barth die dogmatische Theologie bestimmt hat, so Bultmann die exegetische.
Diese Teilung ist auch auf die Personen durchgeschlagen: Exegeten waren ›Bultmannianer‹, Dogmatiker ›Barthianer‹. Dazwischen gab es – in beiden Disziplinen – nur noch konservative Lutheraner.

8.3 Die Auslegung des Neuen Testaments unter dem Einfluss Rudolf Bultmanns

In den 30er und 40er Jahren zeigte sich der Einfluss Bultmanns in einem Umschlag des exegetischen Interesses: Nicht mehr Jesus steht in der Mitte der Forschung – und entsprechend nicht die synoptischen Evangelien –, sondern Paulus und Johannes. Und auch hier sind es überwiegend nicht historische Probleme, sondern theologische Themen.
Das gilt allerdings mit zwei gewichtigen Ausnahmen: *Erstens* gehört Bultmann zu den Begründern der form- und traditionsgeschichtlichen Analyse. Bei dieser geht es darum, in den vorliegenden Texten Traditionsstücke aus mündlicher Überlieferung und deren Bedeutung im Leben der urchristlichen Gemeinden zu erkennen. In den Evangelien sind es Sprüche Jesu, die einzeln oder in kleinen Gruppen auswendig gelernt worden sind, oder Berichte seiner Heilungstaten. In den Briefen lassen sich Kurzformulierungen, in denen die Missionspredigt zusammengefasst war, sowie Bekenntnisse und Texte aus der Liturgie oder auch Traditionen über den christlichen Lebenswandel, die die Verfasser in ihren Briefen aufgenommen haben, erkennen. Auf diese Weise werden sowohl Zeugnisse aus der Frühgeschichte des Urchristentums sichtbar als auch verschiedenartige Ausformungen urchristlichen Glaubens. Das ist für das theologische Verständnis der Texte

wichtig, weil sich so einerseits die Gemeinsamkeit urchristlicher Traditionen zeigt, andererseits aber auch die theologischen Besonderheiten des Paulus und anderer Briefautoren deutlicher hervortreten.
Zweitens hat Bultmann aus der *religionsgeschichtlichen Forschungsarbeit* der vorangehenden Generation (W. Bousset) die Aufgabe übernommen, die Eigenart der *Gnosis* genauer zu erkennen. Er hielt sie für eine Religion, die aus dem Osten in die Welt des Hellenismus eingedrungen sei, sich den dortigen Religionen – auch der urchristlichen – angeglichen und sie mit ihrem radikal dualistischen Geist durchdrungen habe. So habe sie unter den gebildeten Christen dadurch eine Welle von Sympathie ausgelöst, dass die gnostischen Lehrer ihnen Christus als Erlösergottheit angepriesen hätten, der aus der transzendenten Welt reiner Geister herabgekommen sei, um diejenigen, die von dort durch ein böses Urgeschick einst herausgefallen seien, in ihre Ursprungsheimat wieder zurückzuführen. Wir wissen heute, dass dies ein Produkt moderner Phantasie war. Als eigenständige Religion hat es die Gnosis nicht gegeben, doch ein geistliches ›Adelsbewusstsein‹ von Christen, die sich selbst, durch den Geist Christi ihres pneumatischen Selbst bewusst geworden, als fähig erfuhren, kraft ihrer Einung mit ihrem Erlöser dieser bösen Welt entkommen zu können. Einige Christen in Paulus' Gemeinde in Korinth dachten so.
Warum dieses Gnosisbild in den dreißiger und vierziger Jahren so allgemein attraktiv war, dass nahezu alle Schüler Bultmanns ihre Erstlingsarbeiten über gnostische Themen geschrieben haben, erklärt sich im kritischen Rückblick so: Diese Gnosis erschien als das religionsgeschichtliche Urbild der ›mystischen‹ Religion liberaler Theologie. Die paulinische Rechtfertigungslehre bekam dadurch, dass Bultmann sie unter dem Leitaspekt des antignostischen Kampfes des Apostels interpretierte, eben den Sinn, der nach Bultmanns Theologie dem Glauben als »Entscheidung« des Christen zur totalen Preisgabe seines egozentrischen Selbstverständnisses eignet.
Beide Zentren historisch-kritischer Exegese ließen sich also mit dialektisch-theologischer ›Rechtgläubigkeit‹ wie selbstverständlich verbinden. Radikale ›Sachkritik‹ erschien theologisch gerechtfertigt, ja geradezu notwendig:
– Jesu Predigt des eschatologisch nahen Gottesreichs hat ihren alleinigen Sinn als Ruf zu einer entsprechend radikal-eschatologischen Umkehr. Weil dieser Ruf in der urchristlichen Verkündigung als Ruf zum Glauben an den gekreuzigten und auferstandenen Christus eine ungleich tiefere ›Entscheidung‹ forderte, konnte Paulus in seiner kerygmatischen Theologie die judenchristliche Überlieferung der Predigt Jesu außer Acht lassen – war doch der »Jesus nach dem Fleisch« (2Kor 5,16) für den Glauben an den »Christus nach dem Geist« bedeutungslos geworden! Deswegen hat Bultmann in seiner »Theologie des Neuen Testamtens« die Predigt Jesu lediglich als deren »Vorausset-

zung« behandelt. Nur die Theologie des Paulus und Johannes stehen hier in der Mitte, die Gemeindetraditionen der apostolischen und nachapostolischen Zeit erscheinen als deren Hintergründe.

– Jesu Tod am Kreuz und seine Auferweckung sind nicht als Schlussgeschehen seiner Geschichte theologisch bedeutsam, sondern nur in der Verkündigung als Entscheidung der Glaubenden, »sich mit Christus kreuzigen zu lassen« und dadurch ein neues »Selbstverständnis« zu gewinnen. Die traditionellen Deutungen des Todes Jesu als seine Selbsthingabe für die Sünder zur Sühnung ihrer Sünden sind lediglich Bilder, die, für sich betrachtet, bedeutungslos, ja für den modernen Christen abstoßend sind.

– Die Erniedrigung und Erhöhung des Gottessohnes (Phil 2,6ff.) sind mythische Bilder, die aus der Gnosis stammen, und christlich-theologischen Sinn nur haben, wenn sie als Vorbild für den Existenzvollzug in den Glaubenden dienen.

– Gleiches gilt erst recht von den Geburtsgeschichten Jesu. Nur wie Johannes sie interpretiert: als Menschwerdung des Wortes (Joh 1,14), bekommen sie theologische Bedeutung.

Bultmann hat dieses Verfahren »entmythologisierender« Interpretation in einem vielbeachteten Vortrag 1941 in schonungsloser Offenheit als theologisch notwendig herausgestellt. Er wollte die Exegese des Neuen Testaments vor Anstößen für Menschen der Moderne schützen und zugleich zeigen, dass und wie eine theologische Exegese der neutestamentlichen Texte der historischen Kritik nach wie vor durchaus bedarf, dass diese also keineswegs als theologisch schädlich abzulehnen sei.

Doch als dieser Vortrag in den Nachkriegsjahren bekannt wurde, löste er einen Sturm der Entrüstung in konservativen Kreisen aus – mit der Wirkung, dass von nun an wieder der traditionelle Gegensatz für oder gegen historische Bibelkritik aufs Neue ausbrach.

Damit aber begann zugleich auch innerhalb der Bultmannschule ein Auflösungsprozess, der sich ziemlich rasch vollzogen hat:

– Der Ausgliederung der Jesustradition aus der neutestamentlichen Theologie widersetzten sich nahezu alle Schüler Bultmanns. Nicht nur bildete in ihren Theologien die Verkündigung Jesu den ersten Hauptteil, sondern es wurde geradezu zur Pflicht, ein Jesusbuch zu schreiben. Ja, bald trat die Jesusforschung – wie zu früheren Zeiten – wieder in die Mitte der exegetischen und auch dogmatischen Debatte, zumal seit der Entdeckung des gnostischen Thomasevangeliums, das als reine Sammlung von Sprüchen Jesu der Form nach dem entspricht, wie man sich die vermutete synoptische Spruchquelle Q vorzustellen hat. Heute ist das Verhältnis dieser beiden Spruchsammlungen zueinander von entscheidender Wichtigkeit für die international zentral gewordenen Rekonstruktionen des ›historischen Jesus‹.

– Überhaupt hat die Exegese weithin wieder rein historisch-beschreibenden Charakter. Dabei findet die alttestamentlich-jüdische Tradition als Heimat des gesamten Urchristentums eine immer stärkere Beachtung, vor allem seit der reichen Funde bisher unbekannter Schriften einer essenischen Gruppe in Qumran. Andererseits spielt auch die hellenistische Umwelt als Gesichtspunkt der historischen Exegese wieder eine wichtige Rolle. Dabei weitet sich der früher rein religionsgeschichtliche Horizont in die gesamte Kulturgeschichte aus. Bei alldem verzweigt sich das Interesse auf immer mehr Spezialgebiete. Die Frage nach der Bedeutung dieser altertumswissenschaftlichen Gelehrsamkeit für eine theologische Interpretation der neutestamentlichen Texte wird immer mehr zu einem schwer zu bewältigenden Problem.

– Theologisch hat sich die Szene der nachbultmannschen Zeit völlig verändert. Der dialektisch-theologische Ansatz ist seit den 60er Jahren zerronnen und weithin der Motivvielfalt neuliberaler Theologie gewichen. Im Vordergrund stehen wieder verschiedene Versuche von Deutungen für subjektive Religiosität. Da eine theologische Gesamtsicht fehlt, sind Tür und Tor offen für eine große Vielfalt und ein entsprechendes Maß an Willkür. So sehr es in evangelischer und katholischer Exegese eine völlige Übereinstimmung in der Arbeit historischer Erklärung gibt, so wenig Versuche gibt es zu einer theologischen Deutung mit ökumenischer Wirkung. Gesamtdarstellungen neutestamentlicher Theologie kommen bisher nur aus evangelisch-konservativer Sicht. Dabei spielt das Interesse, die alt- und neutestamentlichen Zeugnisse biblisch-theologisch zusammenzusehen, eine wichtige Rolle.

8.4 Gründe für den Aufstieg und das Ende der dialektischen Theologie

Wie es zeitgeschichtliche Gründe gewesen sind, dass die dialektische Theologie bereits bei ihrer Entstehung sofort eine breite Beachtung gefunden hat, so gibt es solche auch dafür, dass die Theologie Barths und Bultmanns von den 30er Jahren bis in die 60er hinein die theologische Gesamtlage in Deutschland weithin beherrscht hat: Ihre gemeinsame grundsätzliche Kritik an jederlei Indienstnahme des Evangeliums für ›weltliche‹ Interessen führte sie beide in der Ablehnung der nationalsozialistischen Ideologie zusammen. Barths zahlreiche Gefolgschaft – vor allem aus dem reformierten ›Lager‹ – organisierte sich zuerst im »Pfarrernotbund« und sodann in der »Bekennenden Kirche« zu einer Bewegung des Widerstands, der Bultmann zusammen mit seinem Marburger Kollegen Hans von Soden sogleich beigetreten ist. Sowohl in der Kritik gegen die Ausgrenzung politischer Gegner als auch besonders der Juden als »rassischer« Feinde stimmten Bultmann und Barth überein und fanden so auch zu persönlicher Achtung und Freundschaft zusammen über die längst deutlich gewordene theologische Gegnerschaft hinweg. Auch nach Barths Entlassung in Bonn und Heimkehr in die Schweiz wurden die »Barthianer« zum Kern der »Bekennenden Kirche«, zu der aber auch sämtliche Schüler Bultmanns gehörten. Diese Verbundenheit in der kirchenpolitischen Gegnerschaft gegen eine große Mehrheit in den Landeskirchen, die den »Deutschen Christen« zugehörte, hat die Bedeutung der ›dialektischen‹ Theologie als gemeinsame theologische Basis des Widerstandes sehr gestärkt und ihr nach dem Ende des Krieges zunächst eine Autorität verschafft, die sich sowohl in der kirchlichen Neuordnung als auch in der akademischen Theologie auswirkte. Es war nun selbstverständlich, dass die Predigt über biblische Texte das in ihnen bezeugte Evangelium von Jesus Christus zu verkündigen hatte, und dass die exegetische Wissenschaft mit ihrer theologischen Auslegung der kirchlichen Predigt zuarbeitete. Ebenso selbstverständlich aber auch, dass Dogmatik und Ethik biblisch fundiert und an den Bekenntnissen der Reformation orientiert sein müssen. In der Exegese herrschte die Schule Bultmanns, in der Dogmatik die Barths.

Alsbald wirkten sich allerdings die Unterschiede zwischen diesen beiden Schulrichtungen aus. Der erste Ausbruch geschah, wie wir gesehen haben, in der Nachkriegszeit im Streit um das »*Entmythologisierungs*«-*Programm* Bultmanns. Um zu verhindern, dass aus der allgemeinen ›Rechtgläubigkeit‹ in Kirche und Theologie eine sterile Selbstabschottung gegenüber den Problemen ihrer Umwelt würde, hatte er den »sachkritischen« Aspekt historischer Exegese bewusst provokativ als Voraussetzung theologischer Auslegung herausgestellt: Religionsgeschichtlich gesehen, sei das zentrale Heilsgeschehen in Tod und Auferstehung Jesu, ja die ganze Heilsgeschichte vom Alten Testament ins Neue in mythischen Vorstellungen ausgedrückt; und überhaupt die Rede von Jesus als Gottes Sohn, der von Gott im Himmel zu den Menschen auf die Erde herabgesandt und dann wieder dorthin erhöht worden sei und dessen baldige »Parusie« in der nahen Endzeit bevorstehe, sei ein einziges mythisches Gebilde. Statt freilich – wie früher üblich – all dies Mythische vom historischen »Kern« abzuziehen, gelte es heute, es in seiner Bedeutung als Ausdruck dessen zu deuten und zu verstehen, wie die Erfahrung der Gnade Gottes die *Existenz* des glaubenden Menschen verändert. Auf viele wirkte dieses Programm als plötzlich in die allgemeine Harmonie einbrechende »Gottlosigkeit« von noch tiefgreifenderer Zerstörungskraft als die gerade erst überwundene Irrlehre der »Deutschen Christen«. Und Barth unterstützte diese Kritik: Nun zeige sich doch wieder die Tendenz liberaler Theologie bei Bultmann: letztlich die Theo-logie des Evangeliums in Anthropologie aufgehen und so eine Philosophie sich auswirken zu lassen, die das göttliche »Kerygma«, um das es Bultmann doch gehen solle, in Vorgängen im Innern des Menschen ersticke.

Damit war mit einem Mal die alte Differenz wieder da zwischen liberaler Theologie mitsamt ihrer historisch-kritischen Exegese einerseits und konservativer Gegnerschaft mit ihrer apologetischen Kritik an der zerstörerischen Tendenz der Bibelkritik andererseits. Gewiss hatten beide Vorkämpfer Gründe, solche Polemik an sich als irrig und als boshafte Verzerrung abzuweisen. Aber dass die allgemeine Entwicklung in die Richtung auf diesen Gegensatz des 19. Jahrhunderts zurückführte, das haben weder Barth noch Bultmann verhindern können. Warum? Was Barth betrifft, so hat er sein radikales Nein gegen jede Subjektivierung der Theo-logie als unumgänglich notwendige Bedingung für die Reinheit der Verkündigung des *einen* Wortes Gottes durch alle Bände seiner »Kirchlichen Dogmatik« hindurch aufrechterhalten und bis in alle Einzelheiten kirchlicher Lehre ausgeführt. Aber *begründet* hat Barth diesen theologischen Ansatz nur aus dessen Sinnzusammenhang selbst: Gott *hat* sein ureigenes *Wort* gesprochen und *in Jesus Christus* als seinem Wort sich selbst in der Macht seiner Gnade *offenbart*. Die Kirche ist als Adressat dieses Wortes zu dessen Hören im Glauben und zu dessen Verkündigung in von Gott gegebener Vollmacht befähigt, einer ganz menschlichen, also auch persönlichen, geschichtlich bedingten Rede, in der aber Gott selbst *sein* schöpferisch-mächtiges Wort spricht als das geistliche Geheimnis seiner Selbstoffenbarung. All diese Elemente gehören in eins zusammen, bedingen einander, und sind als Einheit wirksam. So entsteht durchweg ein Zirkel: Worin besteht Gottes Offenbarung? In der Wirklichkeit seines Wortes. Worin besteht diese Wirklichkeit? Darin dass Gott es spricht. Wo und wie spricht Gott? In Jesus Christus, seinem Sohn, und im Wunder seiner Worte und Taten. Worin ist diese Einheit von Vater und Sohn zu erkennen? Objektiv in der Auferweckung des gekreuzigten Jesus durch Gottes Machthandeln; subjektiv im Glauben an Gott, der zugleich Glaube an Jesus Christus ist und umgekehrt. Alles zielt auf Gott. Aber wer ist Gott? Das absolute Ur-Wunder seiner selbst, seines Ich. Die Objektivität seines Handelns in Christus ist von aller Objektivität, die die menschliche Vernunft erkennt, radikal unterschieden. Wie kann dann aber der Mensch wissen, dass und wie, ja, ob der Inhalt seines Glaubens tatsächlich wirklich ist? Nur indem er sich auf das Zeugnis des Geistes Gottes einlässt und seiner Wahrheit vertraut. Hängt dann nicht doch die objektive Wirklichkeit Gottes vom subjektiven Glauben des Menschen ab? Nein und Ja! Nicht so, dass das Menschliche im Glauben die Voraussetzung wäre, weder in der Vernunft noch auch in der Frömmigkeit seines Herzens oder gar in mystischer Religiosität. Aber doch so, dass sich Gott vom Glauben der Menschen sowohl vernünftig wie auch religiös erkennen lässt – nämlich im Menschen Jesus als Gottes Sohn. Das Subjekt ist und bleibt Gott; aber der Mensch muss sich im Glauben, den Gott ihm schenkt, auf Gottes Wort im Hören und Gehorchen einlassen.

Das Zusammenfallen von Göttlichem und Menschlichem ist so auch der Grundgedanke der *Schriftlehre* Barths. Gewiss besteht die Bibel aus lauter menschlichen Schriften. Nur darum kann man sie verstehen und erklären; und dazu gehört auch das nötige philologische und historische Wissen. Doch diese menschlichen Fähigkeiten müssen sich ganz auf die Texte der kanonisch vorgegebenen zweiteiligen Bibel konzentrieren, wenn man sie so verstehen will, wie ihre Autoren sie verstanden haben. Denn diese sind als Propheten des Alten Bundes und als Apostel des Neuen allesamt von Gott selbst dazu berufen, *sein* Wort zu bezeugen, und von Gottes Geist dazu qualifiziert, in ihrem menschlichen Wort Gottes Wort zu verkündigen. Darum bedarf es auch des von Gott gewirkten Glaubens und der Befähigung zur Verkündigung durch Gottes Geist, wenn man die Bibel als Heilige Schrift verstehen und ihr Zeugnis theo-logisch sachgerecht weiterverkündigen will.

So gilt auch hier – und gerade hier: Alles historische Fragen, Suchen und Rekonstruieren einer Geschichte *hinter* der, die in den Schriften bezeugt ist, ist nach Barth eine von vornherein falsche Zielrichtung der Schriftexegese. Und erst recht ist jede ›Sachkritik‹ fehl am Platze – als ob die Vernunft eines Exegeten beurteilen könnte, was von dem Geschriebenen heute annehmbar und wahr wäre und was nicht, und als ob es etwas anderes als Selbstüberheblichkeit wäre, das vorliegende Zeugnis von Gott zu kritisieren und umzudeuten! Nein, für Barth kann echt historische Exegese in der Kirche nur im strengen Nachsprechen und Nach-Denken dessen, was die von Gott inspirierten biblischen Autoren geschrieben haben, bestehen. Und der Dogmatik kommt es zu, den Gesamtzusammenhang des biblischen Zeugnisses zu verstehen und von da aus zu prüfen, ob und inwieweit der Exeget oder der Prediger seinen Text zutreffend ausgelegt hat – zutreffend im Sinn der Übereinstimmung mit der Wahrheit der göttlichen Offenbarung.

Wenn man diese »Theologie des Wortes Gottes« in ihrer Gesamtheit überschaut, so wird man sich des Eindrucks einer großartig bis ins kleinste Detail in sich geschlossenen theo-logischen Konzeption nicht entziehen können. Aber gerade wenn man deren Wahrheitsanspruch ernst nimmt wird offenkundig: Man muss in diesen Zirkel hineinspringen, um die Offenbarungswahrheit im Ganzen zu verstehen und sie im Glauben zu akzeptieren und sich anzueignen. Als solcher *begründet* wird dieser Zirkel nicht. Es fehlt eine argumentative Auseinandersetzung mit der liberalen Bibelkritik, durch die deren Vertretern ein Zugang eröffnet würde. Barth hat zwar eine Geschichte der protestantischen Theologie vom 18. Jahrhundert veröffentlicht. Doch schließt sie mit Ritschl. Aber sie findet nicht mit wenigstens einer Hinführung zu Barths eigener Theologie ihren Abschluss.

Mit Bultmanns Theologie steht es im Grunde ebenso. Er hat sich zwar im Gegensatz zu Barth als Vertreter und Anwalt der liberalen Bibelkritik gewusst, zugleich jedoch auch selbst als entschiedener Gegner liberaler Theologie. Doch warum er als solcher von deren Tradition historisch-kritischer Exegese selbst reichlich Gebrauch machen konnte, hat er nicht begründet. Es war ihm offenbar selbstverständlich. Nach den

8 Der große Um- und Aufbruch in Theologie und Kirche

geistigen Wurzeln dieser Tradition zu fragen, erschien ihm nicht nötig. So hat er sie in seinem Entmythologisierungsprogramm ostentativ bekräftigt und sehr bewusst zentrale christologische Aussagen im Neuen Testament als mythisch benannt, mit derselben schonungslosen Radikalität wie vor ihm seine Lehrer Wrede und Bousset. Er hat dies einfach für ein Gebot wissenschaftlicher Wahrhaftigkeit gehalten, und für töricht, hinter den Stand dieser Methode und ihrer Ergebnisse ›zurückzufallen‹. Aber für ebenso selbstverständlich erachtete er es, den theologischen Sinn der Aufnahme dieser Mythen in die urchristliche Christologie mit der Methode »existenzialer Interpretation« zu erklären – als wären die dabei leitenden Motive der philosophischen Anthropologie Martin Heideggers, derer er sich bediente, diejenigen, derer sich auch bereits Paulus und Johannes bedient hätten. Trete doch dabei nur zu Tage, dass *Heils*aussagen wie die des Kerygmas auf eben diese Struktur menschlicher Existenz bezogen seien, ohne die es eine Antwort in der Entscheidung des Glaubens nicht geben könne. Bultmanns spätere hermeneutische Ausführungen führen das nur im Blick darauf aus, dass grundsätzlich alle historischen Interpretationen ein Vorverständnis voraussetzen und dessen bedürfen.

Dennoch *zielt* Bultmann bei seiner Methode »existenzialer Interpretation« nicht auf die religiöse Subjektivität von christlicher Religion, sondern auf das durch das Kerygma bewirkte Widerfahrnis jener tiefgreifenden Krise, in der die Existenz durch die Anrede Gottes von Grund auf verändert werde. In diesem entscheidenden Gedanken christlicher Hermeneutik wirkt deutlich der mit Barth gemeinsame Ansatz dialektischer Theologie. Und auf ihn trifft auch die gleiche Nichthinterfragbarkeit zu: Im Kerygma spricht Gott zum Menschen. Wer dieser Gott ist, worin seine Wirklichkeit besteht, lässt sich ›objektiv‹ nicht erklären, sondern eben nur im Hören des Kerygmas subjektiv erfahren, je und je neu, aber immer gleichartig als wunderbares Widerfahrnis – das einzige Wunder, das es gibt. Das zeigt sich daran, dass gerade für den historisch-kritischen Exegeten Bultmann nichts theologisch unerträglicher war als auch nur die Möglichkeit, dass Gott anders als in seinem immer aktuell personal-anredenden Wort handelte: Eine *geschichtliche* Wirklichkeit des Handelns Gottes war für Bultmann ganz und gar ausgeschlossen!

Die sich seit den 60er Jahren rasch und gründlich verändernde Lebenswelt und der sich gleichzeitig vollziehende Prozess ihrer Säkularisierung lässt jedoch je länger je mehr die Notwendigkeit wachsen, die Rede von Gott argumentativ zu begründen – und dies von der Schrift zu lernen. Spätestens seit dieser Zeit bedarf es einer Theologie, die die biblische Rede von Gott ganz ernst nimmt, aber zugleich auch die Problematik der Auslegung der Schrift durch ihre Geschichte seit der Aufklärung hindurch. Völlig zu Recht hat die dialektische Theologie darauf bestanden, Gott Gott sein zu lassen. Aber dies zu tun im kritischen Verstehen der Gründe, aus denen die Auslegung des Gotteszeugnisses der Schrift seit der Aufklärung so tief problematisch geworden ist, ist ebenso notwendig. Dazu hat sich die dialektische Theologie sowohl Barth'scher wie Bultmannscher Prägung als unfähig erwiesen, sodass der allgemeine Rückgang der Theologie in die Situation der liberalen Theologie des 19. Jahrhunderts durchaus zu verstehen ist. Was die dialektische Theologie im Gegensatz gegen diese *wollte*, ist gewiss nicht zu verwerfen. Es bedarf aber eines neuen, anderen Denkwegs, dies aufs Neue zu versuchen.

9 Zusammenfassender Rückblick

»Kritik der Bibelkritik« – das soll heißen: Es ist zu entscheiden, ob die historisch-kritische Auslegung der Bibel dem Anspruch gerecht wird, den ursprünglichen Sinn der biblischen Schriften zu erfassen, und zu prüfen, ob ihre Zeugnisse von der Wirklichkeit Gottes als wahr anzuerkennen sind – nämlich der Wirklichkeit seines Handelns in der Geschichte Israels und im Wirken und Geschick Jesu als Heilgeschehens für alle Menschen aller Zeiten. Eine solche Prüfung erfordert, beides ernst zu nehmen: die Aussagen der Zeugen in den biblischen Texten und die kritische Absicht der Ausleger.

Was die Prüfung der Letzteren betrifft, so gilt es nicht nur, die behaupteten »Ergebnisse« der modernen Bibelwissenschaft nachzuprüfen, sondern vor allem auch die darin angewandten Methoden auf ihre Voraussetzungen hin zu hinterfragen. Ihrem historisch-kritischen Anspruch entspricht es, dass auch ihre Überprüfung historisch-kritisch verfährt. Und das heißt: Die Geschichte der modernen Bibelforschung ist selbst historisch-kritisch zu verfolgen. Darum bedurfte es des ausführlichen 1. Teils dieses Buches.

Wir haben gesehen: Die moderne Bibelkritik ist entstanden im Zeitalter der Aufklärung. Diese wiederum ist aus dem Entsetzen über die generationenlangen Wirkungen der Kirchenspaltung entstanden, wie sie besonders in Deutschland während des 30-jährigen Krieges zu massenweisem brutalen Unrecht geführt hatte. Dass dies im Namen und auf Betreiben der einander hassenden, einander bis aufs Blut bekämpfenden *Kirchen* im Namen der jeweils alleinigen Wahrheit der Glaubenslehre geschehen war; und dass dieses unselige Gegeneinander auch nach dem politischen Friedensschluss weiterging und die ganze Gesellschaft spaltete, das erregte unter den Gebildeten moralische Entrüstung gegen die Kirchen, nicht nur gegen die katholische, sondern auch gegen die lutherische und reformierte. Man begann, sich aus ihnen als aus versklavenden Unrechtsmächten zurückzuziehen und im eigenen Privatbereich ein von Dogmen freies, moralisch-gutes Christenleben zu führen, das allein von der Vernunft bestimmt war – der einzigen Autorität, die für *alle* Menschen verbindliche Geltung hat.

9 Zusammenfassender Rückblick

Um anstelle des kirchlich geordneten und von Strukturen des geistigen Zwangs beherrschten Lebens ein vernünftig-freies, moralisch selbstverantwortetes Leben zu führen, brach man, im Bewusstsein des Menschenrechts auf seiner Seite, mit dem gesamten Lehrgebäude der Kirchen. Alles, was darin widervernünftig schien, wurde verworfen: die Idee eines göttlichen Herrschers und Richters, der in die Natur ebenso willkürlich mit seinen Wundern hineinwirken könne wie durch seine Gesetze und Gebote in das menschliche Leben und Zusammenleben; vor allem die Aussagen in der Bibel über Gottes Zorngerichte und erst recht über eine Erlösung von Sünden durch das stellvertretende Leiden und Sterben des Sohnes Gottes, durch das er seinen himmlischen Vater zur Versöhnung mit den Menschen umgestimmt habe; aber natürlich auch das Wunder der Auferstehung Christi sowie alle von Jesus erzählten Wundertaten; schließlich und nicht zuletzt die Kirche als Anstalt göttlichen Rechts und autoritäre Lehrerin darin, was und wie man zu glauben habe, sowie alle sakramentalen Riten wunderhaften Charakters. Alles dieses wurde von der Vernunft als Aberglaube entlarvt. Übrig blieb ein natürliches Urvertrauen auf Gott, der allen seinen Menschenkindern ein gleich liebender, allgütiger Vater und Erzieher zu selbstverantwortlichem Tun des Guten sei; die Bindung seines Handelns an die Gesetze der Natur und seiner Gebote an die Gesetze vernünftiger Moral; der Mensch Jesus als Lehrer und Vorbild vernünftiger Religion und Moral, der für deren Geltung gegen autoritäre Gesetze und gegen die Herrschaft von Priestern sogar bereit war zu sterben, dessen Lehre sich aber trotz seines Todes in ihrer ewigen Wahrheit im Glauben seiner Jünger durchgesetzt habe, wie sie sich auch in der Gegenwart im moralisch-religiösen Verhalten der Christen gegen alle Widerstände der Kirchen durchsetzen werde.

Es war zugleich klar, dass es zu solchem vernünftigen Denken und Verhalten einer gründlichen *Kritik der Bibel* bedurfte. Dazu musste man sich zu allererst von der kirchlichen Lehre befreien, dass die Bibel ein Buch göttlicher Inspiration ihrer Autoren und göttlicher Inspiriertheit aller von ihnen bezeugten Inhalte sei. Diese Lehre sprach der Bibel absolut irrtumsfreie Wahrheit zu und umgab sie mit einer Mauer der Unanfechtbarkeit. Diese Mauer musste endlich und endgültig fallen. Um aber die Bibel einer modernen Christenheit als Lehr- und Erbauungsbuch zu erhalten, war es nötig, sie von allem Widervernünftigen zu reinigen und entsprechend umzudeuten. Damit dies aber nicht als Gewaltakt geschah, durch den erneut Gegensätze und Spaltungen entstehen konnten, kam die Idee zu Hilfe, dass man die Bibel nur mit den Instrumenten historischer Kritik auszulegen brauche, die sich in der humanistischen Tradition der Auslegung antiker Texte längst bewährt hatte: Galt dort der Grundsatz, dass sich die Wahrheit im Ursprünglichen finden lasse, so musste auch jetzt die Auslegung der Bibel in gleicher Weise historisch-kritisch verfahren, um der echten Lehre Jesu in ihrer Wahrheit ansichtig zu werden. Seine Jünger waren ja einfältige Menschen aus dem Volk gewesen, die natürlicherweise vieles missverstanden haben, was sie an ihrem verehrten Lehrer sahen oder von ihm hörten; und entsprechend muss man in den später von ihnen verfassten Evangelien vieles Widervernünftige, das damals glaubhaft erschien, als Zusatz oder Einkleidung abziehen, um der wahren Geschichte Jesu ansichtig zu werden. Historische Kritik erweist sich so als das Mittel, um das, was man selbst vernünftigerweise von *dem* Lehrer der Menschheit zu lernen bereit war, auch als die historisch ursprüngliche Wahrheit der biblischen Texte herauszustellen.

All diese Kritikpunkte haben sich durch die ganze Geschichte der Bibelkritik bis heute erhalten. Es gilt als selbstverständlich, dass es *nur der Glaube* der ersten Christenheit sein kann, der in seiner Geprägtheit durch die Vorstellungen der damaligen religiösen Welt aus den Texten der biblischen Schriften zu entnehmen ist, *nicht aber eine geschichtliche Wirklichkeit* dessen, wovon dieser Glaube der ersten Christen spricht. Dass es ein Problem ist, historisch zu begründen, wie dieser Glaube entstanden sein kann, wie es vor allem zu erklären ist, dass eben jene einfachen Menschen, die in der ländlichen Lebenswelt Galiläas aufgewachsen waren, nach dem Tode Jesu am Schandpfahl des Kreuzes die Botschaft seiner Auferstehung schlichtweg erfunden haben könnten, das ist den Exegeten nie ernstlich bewusst geworden. Völlig eindeutig war (und ist) es ihnen, dass es die Auferstehung Jesu gar nicht gegeben haben könne, weil die Naturgesetze eben ausschließen, dass ein wirklich Gestorbener je in sein Leben zurückkehre. Und auch als man später durch religionsgeschichtliche Erkundigung erkannte, dass die Auferstehung Jesu in den Zeugnissen des Neuen Testaments nicht als Rückkehr des Toten in sein Leben, sondern als Eingang in eine ganz andere Wirklichkeit ewigen Lebens gemeint war, erschien es nun erst recht eindeutig zu sein, dass es sich um nichts anderes handle als um phantastische Vorstellungen des Glaubens der ersten Christen.

Die Geschichte der historisch-kritischen Exegese von diesem Ursprung an kritisch zu verfolgen, heißt aber auch zu sehen, wie sich aus diesem Ansatz *Probleme* ergeben haben, die sich schon bald als schwer zu lösen erwiesen. Zunächst: Je mehr sich das Interesse am historisch Ursprünglichen durchsetzte, umso *fremder* wurde die Welt dieser Texte: als eine Welt antiker Religion eben, deren Bedeutung für die Gegenwart immer fragwürdiger werden musste. Nicht nur eine Kluft tat sich auf zwischen Einst und Jetzt, sondern vor allem die Frage, ob denn überhaupt ewige Wahrheit in Tatsachen der Vergangenheit zu finden seien (Lessing).

Sodann: Je mehr die Vernunft zur alleinigen Autorität modernen Christentums überhaupt wurde und das Recht für sich beanspruchen durfte, die Autorität kirchlicher Lehre schlicht zu ersetzen, desto stärker trat im Bewusstsein der Gebildeten die Philosophie als Repräsentantin der Vernunft an die Stelle der Theologie. Von deren kritischer Exegese machte man gern Gebrauch, aber ihren bisherigen Thron im Reich der Wissenschaften hatte die Theologie zu räumen. Und in der Tat: Je mehr sich die historische Bibelkritik als das Fundament moderner Theologie darstellte, desto stärker wurde ihre Aufgabe, die Ursprungswahrheit des Christentums herauszustellen, abhängig von dem Wahrheitsanspruch moderner Philosophie. Diese aber setzte jedweder biblischen Rede von Gott ihre Grenze (Kant) oder bezog diese ganz in ihr System einer Geistesgeschichte ein (Hegel) und begründete schließlich einen Atheismus grundsätzlicher Art (Nietzsche). Theologisch gesehen, zeigt sich in dieser Entwicklungsgeschichte des Themas »Gott« außerhalb der Theologie, dass dieses Thema nur im Gesamtzusammenhang der kirchlichen Lehre seinen Ort und nur darin seinen Sinn hat.

Beides hat *Schleiermacher* gesehen: einerseits die drohende Gefahr, dass nach dem Auszug der Aufklärung aus der Kirche der Glaube an Gott auch aus dem Bereich privater Christlichkeit ausziehen und im Bewusstsein der Gesellschaft atheistisch entleert werden könnte; andererseits aber auch die bereits akute Gefahr, dass die Rede von Gott in der wieder erstarkenden konfessionellen Welt der Kirche gänzlich erstarren werde, und auch im Pietismus so sehr an die Bedingung persönlicher Bekehrung gebunden sei, dass er so seine öffentliche Bedeutung für alle Menschen werde verlieren müssen. Deswegen gab er dem christlichen Glauben zwar seinen allein legitimen Ort in der Frömmigkeit des einzelnen Christen, band ihn jedoch zugleich ein in eine vernünftig ›gereinigte‹ Form kirchlicher Tradition. So sollte der Glaube sowohl zeitgemäß-modern und für seine »Verächter« wieder ernst zu nehmen sein, als aber auch für konservativ-kirchliche sowie für pietistische Christen der »Erweckungs«-Bewegung erhalten bleiben.

Die volle Anerkennung der historisch-kritischen Schriftauslegung war Schleiermacher selbstverständlich – freilich als eine Spezialwissenschaft, die für den Glauben der Christen keine notwendige Bedeutung hat. Er hat viel dafür getan, dass sich deren Anerkennung in der protestantischen Theologie und Pfarrerschaft immer mehr durchgesetzt hat. Alle oben genannten Kritikpunkte der Aufklärung hat er in seiner Glaubenslehre aufgenommen, ohne eine Begründung dafür für notwendig zu erachten. Doch hat er die Inhalte jener biblischen Aussagen nicht ausgeschieden, sondern in einer dem Geist der Neuzeit entsprechenden Weise neu
(um)gedeutet: Sünde ist eine in jedem Menschen wirkende Hemmung, dem in ihm schlummernden Gottesbewusstsein im inneren Leben wie im Zusammenleben Raum zu geben. Erlösung von der Sünde geschieht durch Christus, allerdings nicht kraft seines Sühnetodes, sondern dadurch, dass wir im Glauben in sein vollkommenes Gottesbe-

wusstsein und so in seine Nähe zu Gott einbezogen werden. Exegetisch begründet hat Schleiermacher diese Lehre vom Erlöser-Christus nicht. Erst recht in seinen Predigten fehlt bewusst eine exegetische Textauslegung; denn ihr Thema ist dem Leben der Predighörer entnommen, der Bibeltext hat nur beispielhafte Bedeutung.

Diese Anerkennung historisch-kritischer Exegese sowie zugleich deren Parzellierung als Spezialwissenschaft kam dem Interesse der Exegeten durchaus gelegen. Ihre Arbeit war als Teilbereich historischer Theologie akzeptiert und wichtig, aber von der Aufgabe entlastet, für ihre Bedeutung in der Glaubenslehre und Glaubenspraxis der Kirche zuständig zu sein. Man konnte sozusagen ungestört seinen Textuntersuchungen nachgehen, die sich mehr und mehr spezialisierten. Dabei verlor sich allerdings die revolutionäre Bedeutung der Exegese als Impulsgeberin für die gesamte Theologie.

Dies zeigt sich in der Hauptdisziplin der »Einleitungswissenschaft«. In deren Mitte stand im 18. Jahrhundert die Kritik des biblischen Kanons. Sie war von grundstürzender Aktualität. Mit der Bestreitung der Inspiration verlor die Bibel ihren Charakter als Heilige Schrift. Zugleich jedoch gewann man Einblick in die Entstehungsgeschichte des Kanons, die wiederum eine Fülle von neuen kritischen Aspekten eröffnete.

Zunächst wurde *das Alte Testament* vom Neuen abgetrennt und seine Bearbeitung zur Sache einer eigenen Disziplin, die ihre rein historische Aufgabe in der Integration der alttestamentlichen Schriften in die Religions- und Kulturgeschichte des Alten Orients wahrnahm wie auch zugleich ihre kritische Aufgabe in der Analyse der verschiedenen literarischen Quellen des Pentateuchs (der 5 Bücher Moses). Dadurch wurde das Alte Testament für die Gegenwart noch wesentlich fremder als das Neue, zumal der Weissagungsbeweis auf Christus als christliche Erfindung entlarvt wurde. Das Alte Testament erschien ganz nur als jüdische Schriftensammlung, von der im Neuen Testament nur das Mosesgesetz als von Jesus und Paulus kritisiert von polemischem Interesse war. So wirkte die Ablehnung des Alten Testaments und der Gegensatz zwischen Juden- und Christentum als Erbe der Aufklärungstheologie in die exegetische Forschung des 19. Jahrhunderts hinein.

In der Entstehungsgeschichte des *neutestamentlichen Kanons* wurde sichtbar, dass einzelne Schriften in der frühkatholischen Kirche lange Zeit umstritten gewesen sind – wie besonders die Johannesapokalypse. Deren jüdischer Charakter wurde auch gegenwärtig kritisch gesehen; und der Unterschied zum Johannesevangelium und den Johannesbriefen rührte die Frage auf, ob der Verfasser der Apokalypse nicht ein anderer sein müsse als der der anderen johanneischen Schriften. So stellte sich hier sowie im Blick auf die nichtpaulinischen Briefe das Problem ihrer »Unechtheit«, das heißt: Weder der Bruder Jesu, Jakobus, noch die Jünger Petrus und Judas konnten die Verfasser sein. Und

9 Zusammenfassender Rückblick

so griff die »Echtheits«-Frage auf andere Schriften über: Sie betraf auch einige Paulus zugeschriebene Briefe; und lange und leidenschaftlich umstritten war, ob das Johannesevangelium wirklich vom Jünger Johannes verfasst sei und dann unter den vier Evangelien historisch den ersten Rang habe oder umgekehrt als das jüngste zu beurteilen sei.
Doch die auffallende Ähnlichkeit der drei ersten Evangelien bei zugleich gravierenden Unterschieden löste einen heftigen Streit über das »synoptische Problem« aus, wie dieses merkwürdige Verhältnis zwischen ihnen zu erklären sei. Erst in der Mitte des Jahrhunderts begründete Heinrich Julius Holtzmann die Zwei-Quellen-Theorie, die als die plausibelste von der Mehrheit der Exegeten angenommen wurde und sich bis heute durchgesetzt hat: Markus sei das älteste Evangelium, das Matthäus und Lukas in je verschiedener Weise als Quelle benutzt und durch weitere Stoffe erweitert haben. Unter diesen Stoffen wiederum stimmt ein so beachtlich großer Teil partiell sogar wörtlich überein, dass die Annahme ebenso plausibel ist, die beiden Evangelisten hätten diese Stoffe gleichfalls einer Quelle entnommen, die eine Sammlung von Aussprüchen Jesu enthalten habe.
Dies war nicht nur ein rein literarkritisches Problem, sondern bildete die Grundlage, von der aus die *Geschichte des ›historischen Jesus‹* genauer zu rekonstruieren war als bei einem Vergleich der Evangelien. Dass jedoch dabei der johanneische Jesus ausscheiden musste und als das theologisch reflektierte Bild eines späteren Autors zu beurteilen sei, irritierte zunächst viele Theologen über die Zunft der Exegeten hinaus: Konnte man sich doch mit der tiefen Weisheit dieses Jesus am ehesten identifizieren! Hier wurde die Kluft zwischen historischer Exegese und gegenwärtigem theologischen Denken oft geradezu schmerzlich erfahren.
Aber gerade die Unterschiedenheit des Jesusbildes historisch-exegetischer Wissenschaft von dem der kirchlichen Tradition weckte auch unter vielen kirchenentfernt lebenden und denkenden Zeitgenossen großes Interesse daran, wie denn das »Leben Jesu« in Wirklichkeit gewesen sei. Neben einer Reihe von exegetisch-historischen Darstellungen entstand so alsbald auch eine Flut von populär-romanhaften Büchern, deren Autoren sich freilich weniger von den wissenschaftlichen Werken als von ihrer pseudohistorischen Fantasie leiten ließen.
Gleichwohl: Auch der historische Jesus der fachexegetischen »Leben Jesu« – und gerade dieser – war ganz und gar ein Mensch, dem die historische Kritik jeden Glanz von übermenschlicher Göttlichkeit entzogen hat. Für David Friedrich Strauß war dies alles Mythus. Deswegen stieß sein »Leben Jesu« auf nahezu allgemeine entrüstete Ablehnung. Aber im Grunde war das Ziel aller historisch-kritischen Darstellungen das gleiche: Man wollte hinter den Evangelien die wahre Gestalt des Menschen Jesus sehen lassen und seine wahre Geschichte in Gestalt einer Biographie vor Augen führen. Das war bereits von Anfang an die

Aufgabe, die die Aufklärungstheologie sich gestellt hatte. Nur hatte sich inzwischen die Methode geklärt, und durch die Literarkritik waren die Voraussetzungen präzisiert worden. Umso besser schien die Chance, die ›Persönlichkeit Jesu‹ zu erkennen. Es war aber der gleiche Lehrer wahrhaft humaner Religion und Moral, den man suchte – nur dass man sich jetzt auch psychologisch für diesen außerordentlichen Menschen interessierte und für die näheren Umstände seines Wirkens und Geschicks in der damaligen jüdischen Umwelt. Aber war solches historische Wissen von religiöser Bedeutung für Christen der Gegenwart? Nur für die war das der Fall, die in Jesus ohnehin nur einen vorbildlichen Menschen verehrten, als das Urbild vollkommenen Menschseins überhaupt. Für die jedoch, die an ihn als ihren Erlöser glaubten, der ihnen Vergebung der Sünden und göttliches Heil erwirkt hat, konnte es ganz gleichgültig sein, ob Jesus damals zum Beispiel mit der jüdischen Sekte der Essener heimliche Verbindungen hatte. Und so kam es nicht von ungefähr, dass zu Beginn des 20. Jahrhunderts einige Gelehrte bestritten, dass es den Jesus der Bibel in der Wirklichkeit der Geschichte je gegeben habe. Der Sinn dieser provozierenden Botschaft sollte sein: Also sei das ganze auf Jesus sich begründende Christentum nichts anderes als ein einziger Unsinn.

Einen wesentlichen Schritt über die »Leben Jesu« hinaus haben die Exegeten getan, die aus den Schriften des Neuen Testaments die *Geschichte des Urchristentums* als ganze historisch-kritisch zu erkennen suchten. Als Erster wollte Ferdinand Christian Baur diese im Sinne Hegels als die Ursprungsgeschichte der dem Christentum zugrunde liegenden *Idee* einer universalen Menschheitsreligion begreifbar machen. Diese habe sich durch den Gegensatz zwischen den noch im Judentum befangenen Christen der Jerusalemer Urgemeinde und den durch Paulus gewonnenen Heidenchristen hindurch schließlich in der katholischen Kirche universal verwirklicht. Baurs Nachfolger sahen in dieser ideengeschichtlichen Sicht ein allzu philosophisches Geschichtsverständnis und im Streit zwischen lediglich zwei christlichen Parteien ein Zerrbild der wirklichen hochdifferenzierten Geschichte. Ihnen als reinen Historikern ging es schlicht nur um die Erkenntnis des Verlaufs der vielen verschiedenen Ereignisse der Entstehungsgeschichte des Christentums und der dabei wirkenden Personen. So entstanden große und zum Teil großartige Beschreibungen. Aber je historisch detaillierter diese wurden, umso größer wurde auch das Problem, welche Bedeutung denn dieses Geschichtsbild des urchristlichen Altertums für den Glauben und die Theologie der Gegenwart haben könne. Trat doch darin die *Geschichte des Urchristentums* an die Stelle der *Theologie des Neuen Testaments*! Aus der Heiligen Schrift der Kirche wurde eine Sammlung historischer Quellen für die Wissenschaft.

Nochmals verstärkte sich diese Historisierung des Christentums dadurch, dass das Urchristentum nun auch noch der Welt der antiken Religionen zu- und eingeordnet wurde. Theologisch zentrale Inhalte des Glaubens sollten aus heidnischen Mythen, sakramentale Handlungen des christlichen Gottesdienstes aus Riten heidnischer Kulte entstanden sein. Dadurch erschien das Christentum bereits in seinem es doch prägenden Ursprung als total relativiert in der Weite der Religionsgeschichte der Menschheit. Für den Aspekt dieser »Religionsgeschichtlichen Schule« war das ganze Christentum nur noch eine Religion unter vielen Religionen, christlicher Glaube eine Variante religiöser Vorstellungen und Riten. Mit seiner »Absolutheit« war es ein für alle Mal schlicht vorbei, wenn denn sein wunderbarer Anfang im Heilswirken des Gottessohnes und im Heilsgeschehen seines Todes und seiner Auferstehung nichts anderes sein sollte als ein Komplex mythischer Vorstellungen aus der Fülle von Vorstellungen der damaligen Welt der Religionen. Jedoch: So fremd wie diese Welt der religionsgeschichtlichen Antike, so fremd war auch das Christentum des Neuen Testaments für das Denken der Moderne geworden. Man müsse diese Relativierung des Christentums als Ergebnis der historischen Wissenschaft schlichtweg akzeptieren, urteilte Ernst Troeltsch. Aber zu einer Totalresignation, meinte er, bestehe dann für Christen der »Neuzeit« keine Notwendigkeit, wenn man einerseits darin eine ungeheure Bereicherung für die eigene Religiosität und andererseits im Christentum die geistig höchste Stufe der Menschheitsreligion sehe. Aber das Erste ist eine Sache von Bildung; und keine noch so reiche religionsgeschichtliche Bildung kann Religion ersetzen. Das Zweite ist ein Urteil, dessen Kriterium nur die subjektive Gewissheit des eigenen christlichen Glaubens sein kann, die aber aus der reinen Religionswissenschaft ausscheren muss.

Diese drei Stufen der Entwicklung historischer Bibelkritik im 19. Jahrhundert: Literarkritische Analyse der Evangelien, Suche nach dem ›historischen Jesus‹ und Geschichte des Urchristentums im Zusammenhang der Welt der antiken Religionen, zeigen, problemgeschichtlich gesehen, einen Prozess der Ersetzung der Wahrheit christlichen Glaubens durch eine Rekonstruktion der Geschichte dieses Glaubens. In Konsequenz daraus ist dieser dem christlichen Bewusstsein immer tiefer und weitgehender entfremdet worden. Er hatte sich nun ganz als Religion unter vielen Religionen zu verstehen, und sein Subjekt psychologisch als religiöses Selbstbewusstsein. Auch dieser Prozess hat in der Aufklärung seinen Ursprung. Aber er machte die Problematik ihres Ansatzes zusehends deutlicher.

Von Anfang an richtete sich die Aufklärungstheologie gegen die Tradition kirchlich ›verordneter‹ Glaubenstradition und fand in deren Vertretern auch von Anfang an ihre entschiedenen Gegner. Zu diesen zählten sich dann zusehends mehr auch die Pietisten. Beiden gemeinsam war das personale Gegenüber von Gott und Mensch, von Jesus Christus und dem Christen, von Gottes Geist und menschlicher Vernunft –

ein Gegenüber freilich, das seinen Ort ganz in der Subjektivität des je eigenen Herzens hat. Der aktuell gemeinsame Feind (nicht nur Gegner) wurde die historische Bibelkritik. Zerstörte diese doch die Heilige Schrift als die Grundlage und Quelle alles christlichen Glaubens und Lebens. Durch das ganze 19. Jahrhundert hindurch währte dieser Streit um die Bibel. Weil zur Wahrheit des Evangeliums die geschichtliche Wirklichkeit des biblisch bezeugten Jesus gehört, war die historische Aufgabe der Schriftauslegung als solche nicht strittig, wohl aber die Verbindung dieser Aufgabe mit der Kritik autonomer Vernunft: zuerst die Zerstörung des Kanons durch die Geschichte seiner Entstehung und die damit verbundenen Urteile der ›Unechtheit‹ von immer mehr Schriften des Neuen Testaments; sodann die daraus folgenden kritischen Darstellungen der ›wahren‹ Geschichte Jesu. Auch die Erweiterung durch Geschichten des Urchristentums stieß auf Kritik – wurde hier doch das Geschichtsbild der neutestamentlichen Schriften, besonders der Apostelgeschichte, durch kritische Rekonstruktionen ersetzt. Auf empörte Ablehnung schließlich stieß die religionsgeschichtliche Exegese: Hier schien vollends offensichtlich, dass der Grundzug der ganzen Bibelkritik atheistischen Charakter habe (A. Schlatter).

Allerdings gab es auch Lernprozesse auf beiden Seiten. Die immer radikalere Subjektivierung des Glaubens führte in der liberalen Theologie dazu, dass die persönliche Frömmigkeit zusehends schutzlos sich selbst überlassen war. Da hat so mancher Theologe im stillen Anleihen bei der Jesusbezogenheit pietistischen Glaubens gemacht. Umgekehrt sind auch in beiden konservativen Gruppen manche Urteile historischer Bibelkritik übernommen worden, weil sie auch ›gläubige‹ Christen überzeugten. Dass es im Ganzen bei deren grundsätzlicher Ablehnung geblieben ist, verdankt die konservative Theologie vor allem zwei Gelehrten: Der Erlanger von Hofmann hat mit seinem Konzept einer »heilsgeschichtlichen« Theologie die alttestamentliche Exegese in neuer Weise mit der neutestamentlichen zu einer theo-logischen Einheit verbunden. Und der Tübinger Adolf Schlatter hat in so lebendiger Weise das Handeln Gottes in Jesu Wirken und in der missionarischen Verkündigung der Apostel als die Mitte des neutestamentlichen Evangeliums in seinen wissenschaftlichen Kommentaren und in seinen »Erläuterungen« für die Gemeinde herausgestellt, dass sein umfangreiches Lebenswerk auch bei liberalen Theologen Hochachtung fand.

Überdies hat Schlatter in seinen Arbeiten zur Theologie des Judentums im 1. Jahrhundert die alttestamentlich-jüdische Verwurzelung der Verkündigung Jesu und der Theologie des Paulus als Alternative zur überwiegend hellenistisch orientierten »Religionsgeschichtlichen Schule« herausgestellt. Auf seinen Spuren ist dann die Erforschung des – vor allem rabbinischen – Judentums zum kennzeichnenden Anliegen konservativer Exegese geworden, im Gegensatz zum vorwie-

9 Zusammenfassender Rückblick

genden Interesse der ›kritischen‹ Exegese an hellenistischer Religion und Kultur.

Die exegetische Wissenschaft des 20. Jahrhunderts ist aufs Stärkste durch den Umbruch bestimmt, den die ›dialektische Theologie‹ im Gesamtbereich von Theologie und Kirche bewirkt hat. In der politisch-gesellschaftlichen Krise der Nachkriegsjahre und der drauffolgenden Zeit der Herrschaft des Nationalsozialismus wurde von mehreren jungen Theologen gleichzeitig ein neuer Zugang zur Eigenwirklichkeit Gottes im radikalen Gegenüber zum Menschen entdeckt und die absolute Souveränität des »Wortes Gottes« im Gegensatz zum Subjektivismus aller gegenwärtigen Theologie, sowohl der liberalen wie der pietistischen und konservativen, mit einer Leidenschaft und Durchschlagskraft vertreten, die viele beeindruckte. Die Devise lautete: Nicht der Wille autonomer Vernunft hat die Auslegung der Bibel zu bestimmen, sondern Gottes Wort ist die Krise aller menschlichen Bemächtigung bei der Auslegung der Schrift.

Für Karl Barth fiel so die ganze Tradition der Bibelkritik in sich zusammen: Theologen, die sich im Glaubensgehorsam der souveränen Autorität Gottes stellen, haben in den Aussagen der menschlichen Zeugen nichts anderes zu hören als Gottes Wort, das wie ein Blitz »senkrecht von oben« in die Menschenwelt hineinfährt. Unter diesem Leitgesichtspunkt ist die Schrift wesenhaft menschlich und göttlich zugleich. Sind es doch Menschen gewesen, die Gott zu Zeugen seines Wortes gemacht hat! So bedarf es sehr wohl der Kunst historischgetreuer Auslegung ihrer Schriften, um ihr Zeugnis in je ihrer Sprache und Denkart zu verstehen. Aber sie alle hatten nichts anderes im Sinn, als Jesus Christus als das eine Wort Gottes, so wie er es sie hat hören lassen, in seiner Wahrheit der Selbstoffenbarung Gottes weiterzuverkündigen. So geschieht aber das gleiche Wunder des Redens Gottes durch den Mund seiner menschlichen Verkündiger immer wieder und immer neu in der Kirche bis in die Gegenwart. Darum hat die Exegese heute nichts anderes zu tun als zu allen Zeiten zuvor. Ihre ›Kritik‹ kann nur darin bestehen, im menschlich-vielfältigen Wort der biblischen Schriften dieses *eine* Wort Gottes uns zusprechen zu lassen, um es in gehorsamem Glauben weiterzuverkündigen. So muss die Kritik echter Exegese vor allem *selbstkritisch* sein. Die historische Bibelkritik lässt es an dieser entscheidenden Kritik fehlen, weil sie ihre Aufgabe allein darin sieht und darauf konzentriert, Jesus und die Apostel lediglich als Menschen in der menschlichen Welt ihrer vergangenen Zeit zu erkennen. Dass bei solcher Exegese die Bibel samt aller ihrer Inhalte der gegenwärtigen Generation fremd und immer fremder wurde, hat nicht nur einen hermeneutischen Grund, sondern entscheidend einen theologischen.

Barth selbst hat seine Theologie in einer »Kirchlichen Dogmatik« ausgeführt. Die meisten seiner Schüler sind ebenfalls Dogmatiker gewor-

den. In der exegetischen Zunft waren es überwiegend Alttestamentler, die sich in ihrer Arbeit theologisch von ihm haben anregen lassen.
In der neutestamentlichen Exegese ist der andere dialektische Theologe führend und weithin bestimmend geworden: Rudolf Bultmann. Er ist einen anderen Weg gegangen als Barth. Die »Krisis« des Wortes Gottes hat er in den Zusammenhang eines philosophischen Menschenverständnisses eingefügt, das er von seinem Marburger Kollegen Martin Heidegger übernommen hat, weil er darin genau das Verständnis menschlicher »Existenz« sah, das er im Neuen Testament bei Paulus und Johannes fand. Der Mensch als Sünder lebt so, dass er sich der »Eigentlichkeit« seines Lebens verschließt. Nur wenn er sich dem kritischen Geschehen der Selbstoffenbarung Gottes im Glauben öffnet und sich sein Kreisen um sich selbst von ihm gleichsam aufsprengen lässt, existiert er wirklich (indem er »aus sich heraustritt«). Das geschieht freilich grundsätzlich nur je in einem Augenblick, in dem mich die Verkündigung, das »Kerygma«, anruft und ich es im Glauben als Gottes Wort höre. Auf diesen Augenblick kommt immer neu alles an: Er hat den Charakter der »Entscheidung« und wird daher nie zu einer geschichtlichen Kontinuität. Entsprechend muss auch das Neue Testament »existenzial interpretiert« werden. Das gilt für die Verkündigung Jesu; man versteht sie nur, wenn man darin den göttlichen Ruf zur Entscheidung hört. Es gilt aber vor allem für die Verkündigung des Kreuzes und der Auferstehung Christi: *Ich* soll mich mit Christus kreuzigen lassen, *ich* mit ihm leben, statt für mich selbst.
Es ist m.E. nicht falsch, darin eine dialektisch-theologische Radikalisierung der pietistischen Bekehrung zu sehen. Die subjektivistische Struktur hat die Bultmannsche Theologie mit dem Pietismus gemeinsam – freilich auch mit der persönlichen Frömmigkeit liberaler Theologen, die diese mit der radikal-kritischen Exegese zu verbinden wussten. So erklärt sich, dass Bultmann sich mitsamt seiner dialektisch-theologischen Ernstnahme des Gegenübers von Gott und Mensch als Exeget der Religionsgeschichtlichen Schule zugehörig wusste. Er und seine Schüler haben die Erforschung der Religion der hellenistisch-orientalischen Gnosis wesentlich gefördert. Es war für Bultmann kein theologisches Problem, in der neutestamentlichen Christologie und Heilslehre gnostische Einflüsse zu sehen. Bei deren Interpretation zeigte sich dann freilich der dialektische Ansatz Bultmanns: Die im hellenistischen Urchristentum eindringende Gnosis erscheint als *der* gefährliche *Gegner* christlichen Glaubens. Paulus wie Johannes haben sie *bekämpft*. Gnostische Christen wussten sich Christus wesensmäßig verwandt; als ihr Erlöser wecke er in ihnen die Erinnerung daran, dass sie einmal der transzendenten himmlischen Welt zugehört hätten, in die Christus nun, vom Himmel zu ihnen herabkommend, sie wieder zurückführe. So ist die Gnosis eine Jenseits-Religion, die das Irdische abzustreifen und das himmlische Wesen wiederzuerlangen lehrt. Der

9 Zusammenfassender Rückblick

Glaube dagegen hat nach Bultmann seinen Ort im Diesseits und entscheidet sich zum Gehorsam zu Gott, in dem er sich selbst mit Christus kreuzigen lässt.
In gewisser Weise spiegelt sich in dem so interpretierten damaligen Kampf gegen die Gnosis die heutige Kritik der dialektischen Theologie an der liberalen: Nicht Religion ist das Thema im Neuen Testament, sondern Glaube: Glaube an Gott im Glauben an Christus, nicht Christus als Lehrer der Selbstfindung im Gottesbewusstsein. Doch so sehr Bultmann sich auch in dieser Kritik mit Barth einig erklärt hat, letztlich bleibt die Grenze zwischen seiner Theologie und der religionsphilosophischen – oder psychologischen – der Religionsgeschichtlichen Schule undeutlich, ebenso auch das Verhältnis zwischen dem religionsgeschichtlichen Teil seiner exegetischen Arbeit und seiner theologischen Textauslegung. Das liegt daran, dass die Wirklichkeit Gottes auf das je augenblickhafte Krisisgeschehen beschränkt ist und dieses seinen Ort im »Existenzverständnis« des Menschen hat. Eine hermeneutische Theorie kann diese *theologische* Problematik weder wirklich klären noch erst recht lösen.
So lässt es sich verstehen, dass und warum sich die Dominanz der Bultmannschule in der exegetischen Arbeit im Verlauf der zweiten Hälfte des vorigen Jahrhunderts ziemlich rasch aufgelöst hat. Bereits darin, dass das Interesse am ›historischen Jesus‹ allgemein wieder in die Mitte trat, ist eine Wiederkehr der Tradition liberaler Theologie zu erkennen. Ebenso darin, dass die Exegese der paulinischen und johanneischen Theologie, die bei Bultmann die alleinige Mitte seiner »Theologie des Neuen Testaments« war, gegenwärtig wieder beschreibenden Charakter ohne ›kerygmatischen‹ Anspruch hat. Überhaupt ist theologische Exegese wieder eine rein historische Aufgabe geworden. Die dadurch neu aufbrechende Kluft zwischen der urchristlichen Vergangenheit und der Frage nach dem Sinn der Texte für ihre ›Rezeption‹ bzw. ›Applikation‹ in der Gegenwart wird nur noch mit Hilfe von Theorien nichttheologischer Wissenschaft überbrückt. Von einem Gegenüber von Gott und Mensch, Christus und Christen, Glauben und Unglauben ist nicht mehr die Rede. Das ist kein Thema wissenschaftlicher Theologie.
Die Folge dieser Entwicklung ist, dass sich im Gegensatz dazu theologisch orientierte exegetische Arbeit eigene Wege sucht. Dabei wird Schlatter wieder zu einem beispielgebenden Lehrer, und ein Schulterschluss mit der alttestamentlichen Exegese wird gesucht. Ein Zeichen für das hier – über Bultmann hinaus – aufbrechende *theo*-logische Interesse ist das etwa gleichzeitige Erscheinen dreier Werke über die Theologie des Neuen Testaments, in denen energische Versuche gemacht werden, die historische Darstellung der verschiedenen ›Theologien‹ in eine theologische Zusammenfassung *der* Theologie des ganzen Neuen Testaments mitsamt ihrem alttestamentlichen Wurzelwerk

ausmünden zu lassen (Peter Stuhlmacher, Ferdinand Hahn, Ulrich Wilckens).
Es bedarf noch eines kurzen Blicks auf die Entwicklung der Dogmatik nach Karl Barth. Etwa zeitgleich mit der der neutestamentlichen Exegese verringerte sich in Deutschland auch die Wirkung seiner Theologie. Einerseits haben Gerhard Ebeling und seine Schüler die Theologie Barths mit der Bultmanns in einer hermeneutischen Fundamentaltheologie zu verbinden und so zu bleibender Wirkung zu bringen gesucht. Andererseits hat weit über die dialektische Theologie hinaus Wolfhart Pannenberg in seinem vielfältigen Lebenswerk eine ganzheitlich theologische Position vorgelegt, in der er auf dem Fundament der heilsgeschichtlichen Theo-logie des Alten und Neuen Testament die universale Wirklichkeit Gottes in ihrer Bedeutung für das Ganze der modernen Wissenschaft theologisch wie philosophisch denkbar werden zu lassen gesucht hat. Doch weder Ebeling noch auch Pannenberg haben die Wiederkehr liberaler Theologie verhindern können. Gegenwärtig ist der Theologe der Religionsgeschichtlichen Schule, Ernst Troeltsch, weithin zum Leitstern einer neu erwachenden Wiederholung der liberalen Theologie des 19. Jahrhunderts im 21. geworden. Während der Einfluss Ebelings und Pannenbergs auf die exegetische Theologie durchaus kräftig war, liegen nunmehr Exegese und Dogmatik wieder weit auseinander, wie es in der Zeit vor dem Ersten Weltkrieg gewesen war.
Man kann den Sinn dieses Rückgangs vielleicht darin verstehen, dass die Wende in der dialektischen Theologie nicht tiefgreifend genug gewirkt hat, um der Problemgeschichte der ganzen Neuzeit von der Aufklärung an gerecht zu werden und dadurch die Kraft zu gewinnen, sie als ganze zu überwinden. Weil bei der Entstehung der Aufklärung die Abkehr von den einander befehdenden und sich gegenseitig von der Wahrheit Gottes ausschließenden Konfessionskirchen das leitende Motiv für den Aufbau einer vernunftbestimmten Antiwelt gewesen ist, darum wird es zu deren Überwindung einer gemeinsamen ökumenischen Anstrengung bedürfen. Davon sind wir aber anscheinend weit entfernt. Denn einerseits hatte die katholische Kirche bis deutlich ins 20. Jahrhundert hinein die historische Bibelkritik als eine neuerliche »modernistische« Verirrung protestantischer Theologie pauschal abgelehnt und in ihrem eigenen Bereich allen katholischen Exegeten aufs Strikteste verboten, daran teilzunehmen, und sie durch einen Eid verpflichtet, in ihrer Arbeit alle Wahrheiten der Lehre ihrer Kirche einzuhalten. Als dann das II. Vatikanische Konzil die Anwendung wichtiger Methoden historischer Auslegung als mit der katholischen Lehre von der Heiligen Schrift vereinbar erklärte, begrüßten die katholischen Exegeten dies mit allseitiger Erleichterung als eine Wende und haben diese mit Entschlossenheit so wahrgenommen, dass alsbald eine Gemeinsamkeit mit ihren protestantischen Kollegen entstand, in der es

konfessionell bedingte Unterschiede nicht mehr gibt: Historisch-kritische Exegese erscheint heute als ein wichtiger Anfang ökumenischer Einheit: und katholische Dogmatiker nehmen *die* Ergebnisse der exegetischen Wissenschaft geradezu pflichtmäßig auf. Da jene Wende seit den 60er Jahren zusammenfiel mit der breiten Tendenz zu historisch-deskriptiver Exegese und zur ›Anschlussfähigkeit‹ zu den anderen Literatur- und Sprachwissenschaften auf protestantischer Seite, besteht auch beiderseits faktisch kein Anlass, diese Gemeinsamkeit zu hinterfragen. Ein Ruf zu ökumenisch gemeinsamer Anstrengung, um das Erbe der Aufklärung in der gesamten Tradition historischer Bibelkritik gründlich zu überwinden, würde wohl zunächst eher auf Unverständnis und Abwehr stoßen als auf eine Bereitschaft zur Mitarbeit.

Teil II
Wie kann die historisch ausgelegte Bibel wieder zur Heiligen Schrift werden?

Nachdem die »Kritik der Bibelkritik« durch einen historisch-kritischen Durchgang durch ihre Geschichte vollzogen ist, soll nun in einem zweiten Teil die Frage: »Wie kann die Bibel wieder zur Heiligen Schrift werden?« nicht durch eine alternative Hermeneutik beantwortet werden, sondern in einem intensiven Durchgang durch die Theologie, die der Bibel selbst zugrunde liegt. Darin wird sich die ihr angemessene exegetische Methode en passant mit erweisen; und es wird dann nur eines Schlusskapitels bedürfen, um diese Weise einer »theologisch-kritischen« Hermeneutik zusammenfassend zu begründen. Der Grund für dieses Vorgehen liegt einfach darin, dass der in den biblischen Schriften bezeugte Gott in seiner eigenen Wirklichkeit die Mitte ihrer Theo-logie ist. Dies muss daher das Thema des ersten Kapitels sein. Und dies kann nicht hinter den biblischen Texten gefunden und vor deren Behandlung vorausgeschickt werden, sondern auf einem Weg in die Texte hinein. Dafür ist nur *eine* Voraussetzung maßgebend: Weil Gott *einer* ist, muss auch das sehr vielfältige Zeugnis des Neuen Testaments von Gott eine *einheitliche Mitte* haben, auf die zugehend der Durchgang zu beginnen hat und von der ausgehend alle weiteren Themen zu behandeln sind.

Die Auseinandersetzung mit der exegetischen Forschung – vor allem mit den gewiss zahlreichen Antipoden – ist auch in diesem zweiten Teil wie im ersten ganz ausgespart. Ich muss dazu vorerst auf meine »Theologie des Neuen Testaments« verweisen. Ich hoffe, eine wissenschaftliche Explikation dieses Buches zu späterer Zeit nachliefern zu können.

1 Die Gottesfrage

Goethe hat in seiner ›Sturm- und Drang‹-Zeit 1774 das Selbstgefühl der vom biblisch-kirchlichen Christentum sich emanzipierenden Aufklärung in der Protest-Hymne »Prometheus« repräsentativ zum Ausdruck gebracht:

1 Die Gottesfrage

Bedecke deinen Himmel, Zeus
Mit Wolkendunst! ...
Mußt mir meine Erde
Doch lassen stehn,
Und meine Hütte,
Die du nicht gebaut,
Und meinen Herd,
Um dessen Glut
Du mich beneidest.

Ich kenne nichts Ärmers'
Unter der Sonn als euch Götter.
Ihr nähret kümmerlich
Von Opfersteuern
Und Gebetshauch
Eure Majestät
Und darbtet, wären
Nicht Kinder und Bettler
Hoffnungsvolle Toren ...

Wer rettete vom Tode mich,
Von Sklaverei?
Hast du's nicht alles selbst vollendet,
Heilig glühend Herz? ...

Ich dich ehren? Wofür?
Hast du die Schmerzen gelindert
Je des Beladenen?
Hast du die Tränen gestillt
Je des Geängstigten?
Hat nicht mich zum Manne geschmiedet
Die allmächtige Zeit
Und das ewige Schicksal,
Meine Herrn und deine? ...

Hier sitz' ich, forme Menschen
Nach meinen Bilde,
Ein Geschlecht, das mir gleich sei,
Zu leiden, weinen,
Genießen und zu freuen sich,
Und dein nicht zu achten,
Wie ich.

Der Aufruhr des Titanen gegen den Göttervater Zeus ist natürlich der des aufgeklärten ›Genies‹ der eigenen Gegenwart, mit dessen »ich« die

Hymne eindrucksvoll schließt. Statt des Tempels, in dem nur »Kinder und Bettler« als »hoffnungsvolle Toren« zu Gott beten, ist die selbst gebaute »Hütte« und der eigene »Herd« der Ort dieses Protestes. Die Kirche ist nicht mehr die Heimatstätte der Religion. Mit Kirchensteuern und mit kirchlich verordneten Gebeten ist es vorbei. Die Rettung von Tod und Sklaverei, die der biblische Gott Israel hat widerfahren lassen, hat dem Aufrührer nicht Gott, sondern er selbst geschaffen; sein »Herz« ist es, das ihn frei macht. Ja, es ist sogar der geniale Künstler selbst, nicht der Schöpfergott (Gen 2,7), der »Menschen formt« als »ein Geschlecht, das *ihm* gleiche« und nicht mehr »Bild Gottes« (Gen 1,26f.) ist. Was die Bibel als Adams *Sünde* beschreibt (Gen 2,17) wird positiv umgekehrt: Dem Verbot Gottes zuwiderzuhandeln, ist Heldentat der Emanzipation, die zum Leben führt, statt mit dem Tod bestraft zu werden. So beginnt die Geschichte des Menschen der Aufklärung mit seinem eigenen Exodus aus dem Paradies Gottes, mit der Freiheit, sich selbst das eigene Paradies zu schaffen. Wo es keine Sünde gibt, da ist auch keine Vergebung nötig, erst recht keine Erlösung. Eine Figur, die Christus entspricht, gibt es in der griechischen Mythologie nicht, die bei den Gebildeten des 18. Jahrhunderts an die Stelle der biblischen Geschichten getreten ist. Goethe stand dem spezifisch christlichen Erlösungsglauben zeitlebens fern. Wenn für ihn überhaupt von Erlösung die Rede sein kann, dann ist es »das ewig Weibliche«, das »uns hinanzieht«.

Diese Hymne zeigt wie kaum ein anderes Dichtwerk jener Zeit den Geist der Aufklärung, der die Jugend des ›Sturm und Drang‹ begeisterte. Und als 15 Jahre nach der Entstehung des »Prometheus« dessen Aufruhr in Paris als politische Wirklichkeit der Revolution gefeiert wurde: die Einsetzung der Vernunft als Göttin der Franzosen, da hat das deutsche Publikum weithin applaudiert und zeigte sich nur über das Unrecht der Ermordung der Königsfamilie empört, nicht über die Entthronung des Gottes der Christenheit. Gewiss musste man in Deutschland zwischen dem Geist des Protests gegen Zeus in Goethes Gedicht und einem wirklich gelebten Atheismus unterscheiden. Deswegen war es in gebildeten Kreisen üblich geworden, in die Sprache der griechischen Mythologie auszuweichen, um seiner Reserve gegen den christlichen Glauben Ausdruck zu geben. Als 1799 der Philosoph Fichte wider Willen einen heftigen öffentlichen Atheismusstreit auslöste, wurde deutlich: Direkt gottlos wollte man in Deutschland keineswegs sein. Ja, die bald darauf entstandene Bewegung der Romantik ließ eine Rückwendung zur Religion, sogar teilweise zum katholischen Mittelalter für kurze Zeit wieder modern werden und führte zur Erstarkung einer neupietistischen Reaktion gegen den Rationalismus und Moralismus der Aufklärung. Dennoch bestimmte deren Emanzipationswille das allgemeine Bewusstsein nachhaltig und hat zumindest eine eigene Reserve gegenüber verordnetem Kirchenglauben zur Kon-

1 Die Gottesfrage

tinuität werden lassen. Glaube solle eine Sache individuell-persönlicher Frömmigkeit sein, eine Sache des je eigenen Herzens und nicht kirchlich-sakramentalen Charakters. Man war innerlich einverstanden, wenn Theologen den »Aberglauben« früherer Zeiten kritisierten.
Sieht man genau zu, so liegt dieser verbreiteten Tendenz zur Reserve gegen kirchliche Tradition eine tief greifende Krise im Verhältnis der Menschen zu Gott zugrunde. Nicht nur die allmählich wachsende Majorität der wissenschaftlich Gebildeten, für die Frömmigkeit sich jedenfalls dem empirischen Wissen anzupassen hatte, sondern auch viele Herzensfromme, für die das Christsein kein Problem war, haben Gott so ganz in ihrem eigenen Innern seinen Ort gegeben, dass er mit dem Gefühl ihres Glaubens nahezu identisch war. Dem hat Schleiermacher in der Anlage seiner Glaubenslehre entsprochen und der Theologie als ganzer eine subjektive Struktur gegeben. Nur so meinte er den ererbten Glauben zwischen den Polen nicht mehr zumutbarer Traditionalität und einem hereindrohenden atheistischen Abbruch für eine Christenheit der Neuzeit bewahren zu können, die noch fromm sein, sich aber nicht auf alle Inhalte biblischen Glaubens festlegen wollte. So sehr er aber zwischen Gott und dem Gottesbewusstsein des Menschen zu unterscheiden lehrte, und so sehr er den Glauben an Gott auf den »Erlöser« Jesus bezogen sehen wollte, so sehr war doch das letzte Ziel der Erziehung zu einem religiösen Menschen eine völlige Einung der Seele mit Gott.
Wie anders gegenüber dieser ganzen Entwicklung des Geistes der Aufklärung ist die Rede von Gott in der Bibel! Hier ist Gott völlig selbstverständlich ein objektives Gegenüber zum Menschen, ist das Verhältnis zu Gott ein ganz personales: Glauben *an* Gott, nicht Gläubigkeit mit Gott. Gott ist hier sein ureigenes Ich und die Glaubenden sind die von ihm als Du und Ihr Angesprochenen. Nur so kommt es zur Gemeinschaft mit Gott, in der auch in der größten Nähe die Unterschiedenheit zwischen seinem »Ich« und dem »Ihr« seiner Gemeinde nicht in einem »Wir« – oder gar in einem um Göttliches erweiterten bzw. göttlich vertieften Ich – verschwimmt. Und so kann es in biblischer Theologie auch ein Verhältnis des Einzelnen mit Gott nur geben in der von Gott zusammengerufenen Gemeinde *seines* Volkes. So oft und vielfältig sich in den Psalmen das Ich eines Betenden in Angst und Not an ›seinen‹ Gott wendet, um Trost und Hilfe von ihm zu erlangen, so klar ist der Ort alles individuellen Betens die Gemeinde, und aller persönliche Dank mündet ein in den Lobpreis der ganzen Gemeinde.
Dieser Lobpreis gilt überall dem *Namen* Gottes; und darin ist am deutlichsten zu erkennen, *wer* dieser biblische Gott ist. Denn in seinem Namen gibt Gott sich so zu erkennen, dass die Seinen ihn anrufen können. Im Alten Testament ist es das Buch Exodus, in dem diese Selbstoffenbarung Gottes in drei Stufen geschieht. Zuvor konnte von ihm nur als von dem Gott Abrahams, Isaaks und Jakob-Israels, als dem

»Gott der Väter« die Rede sein, der sie seine Wege führt und ihnen in Verheißungen das Ziel dieser Wege im Voraus benennt. Dort nun, wo Gott sein in Ägypten gefangenes Volk aus der Sklaverei zu erretten anhebt, sendet er Mose als seinen von ihm bevollmächtigten Repräsentanten zu ihnen, der sie herausführen soll. Deswegen offenbart er Mose seinen Namen, kraft dessen dieses Exoduswunder geschehen soll: »Ich bin, der Ich bin«, was zugleich auch heißt: »Ich werde immer und unter allen Umständen sein, der Ich bin.« (Ex 3,14). Das sprachlich allein Deutliche dieses rätselhaft formulierten Namens ist: Der Gott, der die Väter geführt hat und sein ganzes Volk aus seinem Gefängnis heraus- und in das ihm geschenkte Land hineinführen wird, ist ein *absoluter ICH*, neben dem es keinen ihm gleichen Gott gibt. Allmächtig ist er, unbesiegbar und unabhängig von allen. Das Wort seiner Zusage gilt unter allen Umständen. Er *tut*, was er sagt, weil er *ist*, was er tut. Das heißt jetzt konkret: Wie er der Gott der Väter war und sie nach seinem Willen geführt hat, so wird er nun der Gott des Volkes sein, das, aus Israel erwachsen, den Namen Israel trägt; und er wird das erweisen durch das Wunder des Exodus. Nachdem dieses Rettungswunder geschehen ist, schließt er mit seinem Volk einen »Bund« gegenseitiger verbindlicher Gemeinschaft (das meint der biblische Zentralbegriff »Gerechtigkeit«). Und als Überschrift der »zehn Worte« als des Dokuments dieses Bundes offenbart Gott ein zweites Mal seinen ICH-Namen: »Ich bin ICH, *dein Gott*« (Ex 20,2). *Er selbst* ist er und wird er sein als Gott *für sein Volk*. Der absolute *ICH* ist er und will er sein ganz und gar *für* die Seinen, die er erwählt hat.

Das ist das Urgeheimnis des biblischen Gottes. In höchst kritischer Situation erweitert er die Offenbarung seines Namens nochmals, nachdem der Bund, in dem er sein ›autonomes‹ ICH so total an Israel gebunden hat, alsbald durch Israel gebrochen worden ist. Noch bevor Mose die beiden Tafeln des Bundesdokuments vom Berg Sinai dem Volk herabgebracht hat, haben sie sich selbst eigene Götter gemacht und feiern diese im Rausch rasender Begeisterung (Ex 32). So zerbricht Mose die Tafeln und klagt die betroffene Volksmenge an, dass sie den Bund gebrochen haben, den ihr Gott ihnen geschenkt hat. Damit hat auch der Name Gottes seine Geltung verloren: Das »für dich Israel« weicht nun dem Zorn des ICH-Gottes gegen sein Volk, das seinen Namen geschändet, seiner Zusage zuwidergehandelt hat. Mose bittet Gott, seinen Zorn zurückzunehmen – und o Wunder: Gott entschließt sich dazu, sein ICH in einer Begnadigung des so elementar verschuldeten Volks wirken zu lassen: »Wem ich gnädig bin, dem bin ich gnädig; und wessen ich mich erbarme, dessen erbarme ich mich« (Ex 33,19). Dies nun ist die volle und endgültige Wahrheit des ICH-Namens Gottes: »Als der, der ICH bin, bin ICH *Gott (als) barmherzig und gnädig, langmütig und reich an Liebe und Treue,* der Liebe bewahrt Tausenden, der Schuld, Vergehen und Sünde vergibt, aber nicht

1 Die Gottesfrage

ungestraft lässt« (Ex 34,6f.). Gottes Für-Sein radikalisiert sich, indem er in seiner Liebe sogar auch die Sünden der Seinen vergibt. Das heißt zwar nicht, dass er seinen Zorn gegen Sünder sozusagen durchstreicht und überhaupt nicht wirksam werden lässt. Sünde wird er bestrafen, indem er die Sünder dem Unheil, das sie sich durch ihre Sünde erwirkt haben, überlässt. Aber weil die Liebe seiner Gnade zu seinem Wesen gehört, wird ihr Wirken über das seines Zorns hinausreichen.

Von hier aus gesehen, ist die gesamte Geschichte Gottes mit seinem Volk, wie sie dann in den Geschichtsbüchern des Alten Testaments erzählt wird, eine ständige Steigerung der Problematik des Verhältnisses zwischen Gottes Gnade und Gottes Zorn.

Immer wieder ist es die Selbstsucht, die Israel und seine Könige dazu treibt, das Gebot der alleinigen Liebe zu dem einzig-einen Gott (Dtn 6,4f.) zu missachten und sich von der Versuchung hinreißen zu lassen, den Göttern seiner Nachbarvölker zu dienen, sei es um politischer Vorteile willen oder aus Faszination für weibliche Gottheiten. Immer wieder auch sind es massenweise Verstöße gegen die Gebote sozialer Solidarität zwischen Reichen und Armen, die im Volk Gottes von entscheidender Wichtigkeit sind, weil Gottes Für-Sein das Maß allen Verhaltens der Seinen auch zueinander ist. Immer wieder muss Gott mit seinem Zorn auf Sünden reagieren und seine schützende Hand eine Zeit lang von ihnen abziehen und sie den Unheilsfolgen ihres Ungehorsams überlassen. Immer wieder beruft er Propheten, die dem Volk solches Unheil als Strafe seines Gottes anzukündigen haben, und immer wieder hört man statt ihrer auf Heilsbotschaften falscher Propheten. Schließlich ist Israels Sünde so sehr angewachsen, dass es zur Katastrophe der Zerstörung Jerusalems und des Tempels und erneuter Dauergefangenschaft im fremden Babylonien kommen muss. Ist dies das Ende des Bundes, der mit der Herausführung des Volkes aus seiner Gefangenschaft in Ägypten begonnen hatte? Nochmals o Wunder: Nein! Durch die Propheten Jeremia und Ezechiel kündigt Gott die Heimkehr aus dem Exil an, zugleich aber auch die Gründung eines *ganz neuen Bundes* in einer Zukunft, die Israel jetzt noch verborgen ist (Jer 31; Ez 36). Dann wird eine Zeit vollkommenen Heils anbrechen, die ewig währen wird. Darin wird Gott seinen heiligen Namen endgültig verwirklichen.

In der Zwischenzeit bis dahin richtet Gott eine jährliche Kulthandlung im Jerusalemer Tempel ein, durch die Israel von seinen Jahressünden dadurch befreit wird, dass Gott das Leben von Tieren – stellvertretend für das verwirkte Leben der Sünder – annimmt. Der Hohepriester übergibt im innersten Raum des Tempels, der der Gegenwart Gottes inmitten seines Volkes vorbehalten ist, das Blut geschächteter Tiere als deren Lebensträger. In einer Parallelhandlung wird einem Bock symbolisch die Sünde Israels übertragen, der dann in die Wüste außerhalb des Lebensbereichs des schuldigen Volkes hinausgetrieben wird. Auf

diese Weise (deren Sinn uns heute nur mit Mühe verständlich wird) schenkt Gott in seiner Gnade seinem verschuldeten Volk Jahr für Jahr *Vergebung* (Lev 16).
In einem Lied, das im ganzen Alten Testament einzigartig ist, besingen die Schüler eines Propheten dessen Geschick als ein stellvertretendes Leiden und Sterben für die Sünden »der Vielen« in Israel – einschließlich der Sünde seiner Mörder! Gott hat diesen Propheten als seinen »Knecht« dieses Geschick erleiden lassen und hat am Ende dessen Gehorsam belohnt, indem er ihn in seine göttliche Herrlichkeit hat eingehen lassen (Jes 53). Es ist das einzige Mal im Alten Testament, wo von der stellvertretenden Lebenshingabe eines *Menschen* zur Sühnung der Sünden Israels die Rede ist, deutlich im Sinne der Sühnehandlung am Versöhnungsfest des *jom-kippur*, aber ohne dass von dessen Kult im Text auch nur etwas angedeutet wird. Es ist verständlich, dass dieses Lied vom Gottesknecht im Neuen Testament als Voraushinweis auf das Leiden, Sterben und Auferstehen Jesu Christi »für unsere Sünden« (1Kor 15,3) verstanden worden ist (vgl. besonders Apg 8,32f.).
Sieht man, wie es im ganzen Alten Testament der Name Gottes im Sinne von Ex 34,6f. ist, der sich in der Geschichte Gottes mit seinem Volk Israel immerfort und ständig sich vertiefend verwirklicht, so wird nicht nur deutlich, dass wir es hier mit der Mitte des Alten Testaments zu tun haben, sondern dass sich dieses Heilshandeln der barmherzigen Liebe Gottes in der *Geschichte Jesu* vollendet hat. Jesus hat in all seinem Wirken verkündigt, dass Gott sich in seiner souveränen Königsherrschaft darauf konzentriert, *Sündern Vergebung und Heil* zu schaffen. Und als sich herausstellte, dass die große Mehrheit des Volks unter der Leitung seiner Führer diese Verkündigung ablehnte (vgl. Mt 21,33–41; 23,37), hat er es als den Heilswillen Gottes erkannt, sein eigenes Leben zur Sühnung der »vielen« Sünden Israels hinzugeben (Mk 10,45), wie es zuvor der Knecht Gottes in Jes 53 getan hat – jedoch als Sühnung in letzter Radikalität: Er, der in all seinem Wirken in der Vollmacht Gottes gehandelt hat, ist am Kreuz hingerichtet worden, an dem zu sterben nach der Tora (Dtn 21,22f.) das Geschick eines von Gott verfluchten Sünders ist. Gerade das aber ist nach Gottes Willen dem Sohn Gottes geschehen! Zu verstehen ist das nur als äußerste Verwirklichung des »Für-Seins« Gottes im Sinne seines Namens nach Ex 34,6f.: Gott rettet das verwirkte Leben aller Sünder, indem er *seinen eigenen Sohn* den Tod sterben lässt, den die Sünder sich selbst erwirkt haben. So trifft der »Fluch« seines Zorns anstelle der Sünder den sündlosen Sohn Gottes (Gal 3,13; 2Kor 5,2i), und so werden die Sünder vom ewigen Tod als der Wirklichkeit ihrer Sünden frei und erlangen das volle Heil der Gerechtigkeit des Neuen Bundes, dessen Zukunft jetzt anbricht (1Kor 11,25; Hebr 8,6–12). Dieser end-gültige Heilswille Gottes wird darin wirksam, dass Gott seinen Sohn aus dem Tod am Kreuz zu ewigem Leben auferweckt hat (Röm 4,25).

1 Die Gottesfrage

Nach diesem raschen Durchblick durch die ganze Bibel stellt sich nun die Frage: Ist es wirklich dieser Gott von Ex 34,6f., den die Theologie der Aufklärung verabschiedet hat? Ist es wirklich für die Christen der Neuzeit notwendig, den Glauben an diesen Gott durch ihre eigene Vernunft zu ersetzen – und dient dies wirklich der Befreiung der Menschen?

Gewiss, es war eben dieses persönliche Wunderhandeln Gottes in der Bibel, in dem man einen Aberglauben ausgedrückt fand, von dem sich vernünftige Menschen der Neuzeit nur entschieden trennen müssten. Und als ganz unerträglich musste der Glaube an den gekreuzigten Sohn Gottes gelten, dessen Tod der grausame Gott als Sühnegabe annehme, um Sündern zu vergeben – jede moralische Religion müsse dies mit Empörung ablehnen! Jedoch: Das Wunderhandeln des biblischen Gottes richtet sich keineswegs darauf, Gottes Macht über die Gesetze der Natur zu erweisen, sondern es besteht darin, dass Gott die absolute Souveränität seines ICH ganz und gar *für* die Rettung des Lebens der Menschen einsetzt. Und der biblische Christus bringt sein Leben nicht Gott als Opfer dar, um dessen Zorn zu versöhnen, sondern in seinem Tod am Kreuz erfüllt er den Heilswillen der Liebe Gottes, der sein letztes Eigenes darangibt *für* die Seinen, um sie von der Vernichtung ihres Lebens, die sie sich durch die Selbstsucht ihrer Sünde selbst erwirkt haben, zu retten: Gott versöhnt sich in Christus mit den Sündern, nicht diese durch Christus mit Gott! Gottes Liebe ist mit dem gekreuzigten Christus eins, der »für unsere Sünden« sein Leben hingegeben hat!

Das mag – nach der langen Zeit der Wirkung der Bibelkritik der Aufklärung – im Bewusstsein der modernen Christenheit nicht auf den ersten Anhieb sogleich zu verstehen sein. Aber wenn man sich in die Zielrichtung des Gotteszeugnisses der gesamten Bibel im Sinne von Ex 34,6f. intensiv hineindenkt, sollte man im Ergebnis dessen gewahr werden können, dass hier zwar ein anderer Geist alle Aussagen über Gott bestimmt als der Vernunftglaube der Aufklärung, aber *nicht* der des verheerenden Aberglaubens, wie man es von der Tradition aufgeklärter Kritik gelernt hat! Im Gegenteil: Wer würde denn in der heutigen Welt eines blühenden Egoismus einem Gott im Sinne von Ex 34,6f., wenn es ihn denn wirklich gäbe, nicht zumindest Sympathie entgegenbringen: einem radikal autonomen Ich, der seine Allmächtigkeit nicht zu einem egoistischen Umgang mit von ihm abhängigen Schwächeren ausnutzt, sondern sein ganzes Können dazu wirken lässt, ihnen aufzuhelfen? Und wer wäre in seinem Nachdenken über das Verhalten der Mächtigen in unserer Zeit nicht von Scham darüber irritiert, dass hinter dem hochmoralischen Werbebild ihres Gesichts oft tatsächlich blanker Egoismus sich auswirkt?

Nun wird aber nicht selten die kritische Frage gestellt, ob der Gott, der ganz und gar Liebe ist (1Joh 4,16), nicht in Wahrheit ein Idealbild des

Menschen selbst sei, der es in himmlische Höhen projiziert, weil er in seiner irdischen Wirklichkeit nicht ist, was er eigentlich sein will? Ja, manche Atheisten haben ihre Abwendung von jeglichen Göttern mit diesem Urteil begründet und vertreten die Devise: Redlicher bist du und auch besser geht es dir, wenn du dein Leben in die eigenen Hände nimmst, statt es einem idealen Spiegelbild deiner selbst anzuvertrauen und dich damit zu belügen! Das ist allerdings eine pure Behauptung, die nur dem einleuchten kann, der sich zuvor grundsätzlich dazu entschlossen hat, wie Goethes Prometheus ganz egozentrisch zu leben und darum keinen göttlichen Vater über sich nötig zu haben. Sowie man jedoch moralisch damit Ernst machen will, dass Humanität durch puren Egoismus verdirbt, wird man dem biblischen Gebot der Nächstenliebe einen hohen ethischen Wert zuerkennen, zumindest aber der ›Goldenen Regel‹ Jesu: »Alles, was ihr wollt, dass euch die (anderen) Menschen tun, das tut ebenso ihr auch ihnen!« (Mt 7,12). Daraus hat immerhin Kant seinen »kategorischen Imperativ« gemacht, der für menschliches Handeln allgemein gilt; und weil dieses in seiner faktischen Wirklichkeit dem Grundgebot Jesu nirgendwo entspricht, hat er es für ein ethisches »Postulat« erklärt, es müsse einen höchsten Gesetzgeber über allen Menschen geben, der die absolute Geltung dieser Regel garantiere. Dass dieser aber wirklich existiert, liege außerhalb der Grenzen der Kompetenz menschlicher Vernunft; dies sei allenfalls Sache des Glaubens.

In der Tat: Im Sinne biblischer Theo-logie kann nur der Mensch, der an Gott glaubt, wissen, dass Gott ist, der er ist. Eine Vernunft, die alles Wissen ganz sich selbst zuschreibt, *kann* um Gott nicht wissen, weil sie ihn selbst ausgrenzt. Dieses Wissen des Glaubens ist nach der ›Logik‹ biblischer Rede von Gott nicht aus dem Glauben eines Menschen gewonnen – so als wäre der Glaube so etwas wie eine über die der Vernunft gesetzten Grenzen hinaus wunderbar verlängerte Erkenntnis-›Zugabe‹. Vielmehr ist es umgekehrt: Das Wissen um Gott ist die Voraussetzung des Glaubens an ihn. Menschen können deshalb Gott glaubend vertrauen, weil sie wissen, dass Gott als Er selbst »da ist«, wie sein Name nach Ex 3,14 lautet. Dieses Wissen ist nicht ›objektiv‹ gegebener Inhalt menschlicher Erkenntnis, sondern es ist ›Antwort‹ auf den ›Anruf‹ des sich selbst offenbarenden Gottes. »Hier bin ich«, lautet im Alten Testament häufig die erste Antwort eines von Gott angerufenen Menschen. Es ist eine aus dem Hören sich ergebende Bereitschaft zum Gehorsam. Um Gott zu wissen, hat den Charakter personaler Aufgeschlossenheit, die durch Gottes Begegnen im Menschen entsteht; ein Sich-Einlassen darauf, dass Gott in seinem urpersönlichen Selbstsein von sich aus »da ist«. Subjekt der Gotteserkenntnis ist Gott, und nur deshalb kann der Mensch Subjekt seines Gott antwortenden Wissens und seines daraus erwachsenden Glaubensvertrauens zu Gott

1 Die Gottesfrage

sein. Das Kriterium der Wahrheit alles Glaubenswissens und Glaubensvertrauens ist und bleibt immer Gott selbst.
Schließlich: Weil Gott »ICH bin da« ist, und sein ureigenes Dasein ein Dasein *für* die ist, denen er sich zuwendet; und weil sich sein »ICH-Für« in seinem *Handeln* auswirkt, im Handeln seiner barmherzigen Gnade und treuen Liebe, darum ist alles »Wissen um Gott« immer und wesentlich ein Sich-Einstellen und Sich-Einlassen auf Gottes Handeln. Der Ort dieses Wissens ist die *Geschichte Gottes* mit den Seinen. Wer den Namen Gottes im Glauben erkennt und weiß, der *bekennt* sich zu ihm, indem er Gottes »Wundertaten« preist, wie dies zahlreich in den Psalmen zu finden ist. Der Lobpreis des Namens Gottes in der Preisung seiner Taten wird ausgeführt im *Erzählen* der Kontinuität seines Handelns in *seiner Geschichte mit den Seinen*. So ist die Bibel wesenhaft ein Geschichtsbuch. Die Vielen, die in der Bibel zu Wort kommen, sind Zeugen dieser Geschichte. Weil *Gott* der darin entscheidend Handelnde ist, ist alles erzählte Menschenhandeln auf Gottes Handeln bezogen; sei es in Gerechtigkeit (Gottes Bund entsprechendem Verhalten), sei es in Widergerechtigkeit. Die Zeit dieser Geschichte wird durch Gottes Handeln ›geschaffen‹, sie hat den Charakter des ›Kairologischen‹ (von griechisch *kairos*), das heißt der je aktuellen Bedeutung alles Geschehens durch den darin wirksamen Willen Gottes. Die Vorstellung eines nach allgemeinen Gesetzen geschehenden Geschichtsverlaufs, in dem Gott hier und da durch sein Handeln ›eingreife‹, widerspricht dem biblischen Geschichtsverständnis total.
Wie ist die Geschichte Gottes in ihrem Sinn und in ihrer Wirklichkeit zu erkennen? Gewiss nicht durch eine ganz an den Lebensinteressen des Menschen orientierten Vernunft – schon gar nicht der eines einzelnen Menschen, aber auch nicht der in der Bewegung der Aufklärung als Ganzer wirksamen Vernunft. Denn diese schließt ja die Existenz eines geschichtlich handelnden Gottes von vornherein aus.
Ebenso wenig lässt sich die Frage dadurch beantworten, dass man die Gesetze, nach denen das Geschehen in der Natur verläuft, auf die Geschichte der Menschen oder auf die Geschichte Gottes mit den Menschen überträgt. Denn Menschen sind zwar in ihrer Leiblichkeit – einschließlich ihrer Seele und sogar ihres Gehirns als Zentrum ihres Selbstbewusstseins – durch ihre natürliche Konstitution bestimmt. Aber die Momente von ›Kontingenz‹, das heißt, die durch das Regelwerk der Naturgesetze nicht zu begreifen sind, aber als immer neue ›Impulse‹ immer aktuell neue Verläufe anstoßen, gehören zur Wirklichkeit alles Natur*geschehens* wesenhaft hinzu; besonders der Mensch und seine Geschichte ist wesenhaft durch Kontingenz bestimmt. Mag eine naturwissenschaftlich orientierte Vernunft Kontingenz als »Zufälligkeit« verstehen und wegen ihrer Unberechenbarkeit negativ bewerten, so ist sie doch ganz zweifellos da und muss in das Selbstverständ-

nis jedes Menschen einbezogen und zumindest vernünftig *beachtet* – und zu verstehen versucht werden.

So bleibt als einzig ›sachentsprechende‹ Antwort nur die, die der Glaube an Gott allein zu geben weiß: Die Geschichte Gottes mit den Menschen ist nur durch Gott selbst in seinem Handeln zu erkennen, in dem die ›Kontingenz‹ seines ICH-Willens und die ›Kontinuität‹ seiner Treue eines sind. Dies zu verstehen vermag nun gerade hier nicht ein einzelner Mensch für sich, mag er auch noch so intensiv ›gläubig‹ sein. *Zu erkennen* ist diese Geschichte vielmehr nur aus dem Jahrhunderte, ja Jahrtausende hindurch tradierten Erfahrungswissen der *Kirche, für* die Gott ist, der er ist. Es ist die Kirche, an der Gott ständig aktuell handelt; und dieses Handeln ist im Gedächtnis der Kirche eingeschrieben – »eingeschrieben« im buchstäblichen Sinn: Die Bibel ist das Buch, das von Gott und seiner Geschichte mit den Menschen berichtet und in deren Hören das ›uralte‹ Gedächtnis je neu aktuell wird. Das aus der Heiligen Schrift Gehörte wird im Leben der Kirche immer neu sakramental gemeinsam erfahren. So sind Schrift, Verkündigung des Schriftzeugnisses und Sakrament wesenhaft verbunden: Die ganze Geschichte des Heilshandeln Gottes ist darin präsent, vor allem die Geschichte Jesu: in den Zeugnissen derer, die ihn auf allen Wegen seines Wirkens und Geschicks begleitet und ihn als Auferstandenen gesehen und gehört haben; und in den sakramentalen Handlungen der Kirche, in denen er selbst handelt – vor allem im Wunder seiner Selbstvergegenwärtigung im eucharistischen Mahl. Davon wird im Kapitel über die Kirche noch näher zu reden sein.

2   Jesus Christus, Gottes Sohn

Gewiss trifft es zu: Im ganzen Neuen Testament steht Jesus im Mittelpunkt. Entscheidend aber ist: in welchem Sinn? An der Antwort auf diese Frage trennen sich die Wege der Aufklärung und der kirchlichen Glaubenslehre, der evangelischen wie der katholischen.

Nach dem Grundurteil der *Aufklärung* und der ganzen von ihr ausgehenden *Bibelkritik* ist Jesus ganz und gar nur als Mensch zu sehen. Die ganze Kritik hat dies zu ihrem Ziel: Aus den Evangelien, die aus der Sicht des Glaubens die Geschichte des Gottessohnes Jesus erzählen, ein Bild zu gewinnen, wie Jesus selbst als Mensch wirklich gewesen ist, gelöst von all den Übermalungen, die die Evangelisten und all die vielen Christen vor ihnen der Gestalt Jesu, geleitet vom Glauben an ihn, angetan haben: das Bild des »historischen Jesus« *hinter* den verschiedenen Bildern von ihm, die die von ihm faszinierten Menschen der Urchristenheit von ihm ›gemalt‹ haben. Das sind gewiss sehr eindrückliche und großartige Gemälde ihres Glaubens, die als solche jeweils zu betrachten und in ihrem Sinn zu verstehen, auch zur Aufgabe

historischer Exegese gehört. Aber sie alle wollen ja, wie immer verkündigend, von dem einen *Jesus* erzählen. Schon deswegen muss die Frage nach dem historischen Jesus selbst die zentrale, die Kernaufgabe sein.
Seit der Aufklärung kommt allerdings noch ein anderer Grund hinzu, der für sie mindestens genauso wichtig war (und ist), ja noch gewichtiger: Moderne Vernunft, heißt es, kann in vielen Zügen jener biblischen Glaubensbilder nicht mehr etwas sehen, was für ihren eigenen Glauben in der Neuzeit von Bedeutung sein könnte. Aus allen biblischen Bildern und Gemälden gehe jedoch hervor, dass Jesus ein außerordentlich bedeutsamer Mensch gewesen sein müsse; und diesen nur ganz als ihn selbst kennen zu lernen, müsse zumindest ein besonderes Bildungsinteresse sein. Da aber von der in den Evangelien überlieferten *Lehre* Jesu vieles der modernen Vernunft einleuchte, werde diese Lehre denn wohl auch im historischen Sinn authentisch sein. So richtet sich nicht nur ein rein historisches Interesse auf Jesus, sondern auch ein Interesse moderner Religion. Für dieses aber kann von vornherein nur *ein Mensch* mit einem besonders geistvollen *Gottesbewusstsein* Gegenstand sein.
Eben diese prinzipielle Begrenzung auf den Menschen Jesus, auf seine Persönlichkeit und das Gedankengut seiner Lehre, steht zu dem Interesse des kirchlichen Glaubens in tiefem, aber zugleich auch konstruktivem Gegensatz. Denn auch für diesen ist ja Jesus ein Mensch gewesen – aber ein Mensch mit einem einzigartigen *Gottesverhältnis*, das ihn so ganzheitlich kennzeichnet, dass er, abgesehen von diesem, als der Mensch, der er war, überhaupt nicht zu verstehen ist. Dieses Gottesverhältnis ist in allen Formen des im Neuen Testament bezeugten Glaubens an Jesus der zentrale Inhalt, nicht aber in irgendeiner Weise als ein ›Produkt‹ des Glaubensbewusstseins, in dem glaubende Menschen ihrem eigenen Glauben Ausdruck verliehen hätten. Blickt man auf die vielen verschiedenen Glaubensaussagen im Urchristentum, so zeigt sich darin zwar sehr wohl auch ein Reichtum von Ausdrucksgestalten. Doch alle reden von *Gott selbst*, der im Menschen Jesus von Nazareth gehandelt hat: Gottes ureigener Sohn ist er und als solcher der erwartete Messias; in Gottes »Vollmacht« verkündigt, lehrt und handelt Jesus. Die endzeitliche »*Königsherrschaft« Gottes* ist es, deren Nähe in ihm selbst Jesus verkündigt und in Heilungswundern erwiesen hat. Diese *besteht* darin, dass sie sich vorzüglich *Sündern zuwendet* und ihnen Vergebung schenkt; dass es Kranke und von Dämonen Beherrschte waren, die Jesus geheilt und befreit hat, wie dies nur Gott tun kann. Diese Königsherrschaft Gottes gilt ganz Israel und mutet vor allem Gerechten zu, deren vorrangigen Willen zur Rettung von Sündern zuzustimmen und sich selbst zu ihnen zu verhalten, wie Gott es in Jesus tut. Das ist für den, der den heiligen Namen Gottes im Sinn von Ex 34,6f. kennt und ernst nimmt, vollauf verständlich: *In Jesus handelt*

Gott so, wie es seinem Namen entspricht. Und wer sich an die große Verheißung des Neuen Bundes in endzeitlicher Zukunft erinnert, dem müsste eigentlich auch deutlich sein, dass es diese Heilswirklichkeit des Neuen Bundes ist, die sich im Wirken Jesu im Namen der Gottesherrschaft ankündigt und darin ihre Wirklichkeit im Voraus erweist (Mk 1,14f; Mt 10,6–8).
So ist Jesus »mehr als die Propheten«, in ihm verwirklicht sich, was diese verheißen haben (Lk 10,23f.).
Aber wer ist Jesus?
Nach dem Markusevangelium beginnt die Geschichte des Wirkens Jesu mit der Antwort Gottes auf diese Frage: Nach seiner Taufe durch Johannes sieht er aus der »sich zerspaltenden« Himmelsweite den Geist Gottes zu sich herabkommen und hört durch den Anruf der Stimme Gottes, dass Gott ihn in seiner Liebe als seinen Sohn erwählt hat (Mk 1,10f.). Im Wortlaut sind Ps 2,7 und Jes 42,1 zusammengezogen. »Sohn Gottes« ist Jesus also als der königliche Messias mit universalem Herrschaftsauftrag (Ps 2,8) und als »Knecht Gottes« mit ebenso universalem Auftrag, Zeichen des Bundes Gottes mit seinem Volk zu sein und zugleich zum Licht der Völker zu werden, indem er »Blinden Augen öffnet und Gefangene aus finsteren Kerkern herausführt« (Jes 42,6f.). Matthäus und Lukas kombinieren diesen Bericht des Markus mit einem inhaltlich entsprechenden Bericht aus einer anderen Quelle (Q?). Darin zeigt sich, dass der Bericht aus ältester Tradition stammt und somit das Wissen, dass das Wirken Jesu mit dem Widerfahrnis der Offenbarung seiner Gottessohnschaft begonnen hat. Aus den beiden zusammengezogenen Schriftstellen ergibt sich denn auch, dass Jesu ganzes Wirken von der »Königsherrschaft Gottes« bestimmt ist und deren Wesen im Heilschaffen für Heillose besteht. In *diesem* Sinn ist Jesus »*Gottes Sohn*«: Durch diesen *Menschen* verwirklicht *Gott* die Vollendung seines Heil schaffenden Wesens: als des absoluten *Herrn*, der sich selbst zum *Diener* der Geringsten macht: »Blinde sehen und Lahme gehen, Leprakranke werden geheilt und Taube hören, und Tote werden auferweckt und Armen wird Heil verkündigt« (Mt 11,2 / Lk 7,22). Vor allem sind es *Sünder* als heillos »Verlorene«, denen Jesus die *Vergebung Gottes* zuspricht (Lk 15). Weil dies die Schriftlehrer als Blasphemie verurteilen (Mk 2,5–11), und weil er den Gerechten zumutet, *ihre* Gerechtigkeit in der Zustimmung zur Rettung der Verlorenen wahrzunehmen (Lk 18,9–14), darum erwächst Jesus allmählich eine entschiedene Gegnerschaft der Pharisäer (als Gemeinschaft der Gerechten in Israel) und ihrer Toralehrer (Mk 3,6).
Als Gottes Sohn offenbart sich Jesus aber nur seinen Jüngern (Mt 11,25–27), nicht in der Öffentlichkeit, möglicherweise um die Assoziation eines politischen *Messiasanspruchs* (aufgrund von Ps 2,7; vgl. 2Sam 7,14; Ps 89,27f.) nicht aufkommen zu lassen. Denn im damaligen Judentum war die Hoffnung auf das Kommen des Messias so sehr

mit der Erwartung gewaltsamer Befreiung von der römischen Herrschaft verbunden, die Jesus ablehnte, dass er sich selbst nicht als Messias herausgestellt, freilich messianischer Begeisterung, die ihm von Teilen der Bevölkerung zukam (Mt 21,9) auch nicht gewehrt hat. Er wusste sich sehr wohl als der Messias, aber im Sinn seiner Gottessohnschaft als der Repräsentant der Königsherrschaft Gottes, in der Gott selbst sein ›Wesen‹ nach Ex 34,6f. endgültig zu verwirklichen beginnt. *Dies ist das Geheimnis seiner Person: Gott ist eins mit ihm und er mit Gott.*
Jesus selbst sprach vom »*Menschensohn*«, dessen bevorstehendes Kommen als des von Gott eingesetzten Repräsentanten seiner endzeitlichen Königsherrschaft in einem Sonderzweig jüdischer Endzeithoffnung nach Dan 7,13f. erwartet wurde. Von diesem sprach Jesus einerseits so, dass sich im Verhalten der Menschen der Gegenwart zu ihm selbst das Verhalten des Menschensohnes zu ihnen vorentscheide (Lk 12,8f.); andererseits so, dass sich im Handeln Jesu das Handeln des Menschensohns bereits jetzt in der Gegenwart vollzieht (z.B. Mk 2,10). Auch hier geht es also nicht um eine besondere Betonung dessen, dass Jesus ein Mensch ist, sondern dass er selbst, dieser Mensch, mit der einzigartigen Menschengestalt jenes endzeitlichen Herrschers der Vision Daniels in geheimnisvoller Weise eins ist. Im Kreis seiner Jünger spricht Jesus den entscheidenden Punkt dieses Geheimnisses aus: Als der Menschensohn »muss« Jesus das ihm nach Gottes Willen bestimmte Geschick erleiden, von seinen Gegnern getötet zu werden, drei Tage danach jedoch aufzuerstehen (Mk 9,31) und im kommenden Endgericht Gottes dessen Urteil zu vollziehen (Mk 14,62). Dieses Leiden hat einen *Heils*sinn darin, dass Jesus als der Menschensohn den Menschen dienen soll, indem er sein Leben für sie hingibt (Mk 10,45). Bei seinem Abschiedsmahl gibt er seinen zwölf Jüngern im Voraus daran teil: Er bricht einen Brotfladen und teilt ihn aus: »Das ist mein Leib«; und reicht ihnen einen Becher mit Wein, von dem sie reihum alle trinken: »Das ist mein Blut des (neuen) Bundes, für viele vergossen« (Mk 14,22f. mit den Varianten Mt 26,26f.: »zur Vergebung der Sünden« und Lk 22,19f.; 1Kor 11,23–25: »mein Leib für euch (gegeben)«; »der neue Bund in meinem Blut«). Das ist – zumal in der damaligen Situation – so rätselhaft, dass diese Worte im Zusammenhang dieser Mahlhandlung schwerlich in der Anfangszeit der Jerusalemer Urgemeinde erfunden und in jene Situation »der Nacht, in der er verraten worden ist« (1Kor 11,23) zurückdatiert worden sein kann. So nahezu übereinstimmend dieses Urteil freilich auch in der Fachexegese vertreten wird, so historisch unwahrscheinlich ist es – ein besonders krasses Fehlurteil, dessen theologisch-›sachkritisches‹ Interesse auf die Anfangszeit der Aufklärung zurückgeht.
Dass der Kreuzestod Christi »für unsere Sünden« (1Kor 15,3) eine Grundaussage des Glaubens und der Theo-logie der gesamten Urkirche

ist; und dass die Heilswirkung des Todes Christi aufgrund seiner Auferweckung durch Gott eschatologisch-endgültig vollzogen worden ist, ist oben bereits ausgeführt worden. Ebenso auch, dass sich in diesem Geschehen das ›Wesen‹ Gottes im Sinn seines Namens von Ex 34,6 in letztmöglicher Radikalität verwirklicht hat. Nun wird auch deutlich, wie die vorösterliche Geschichte des Wirkens und Geschicks Jesu mit der nachösterlichen Geschichte des Glaubens an ihn ›sachlich‹-theologisch zusammengehört: als die Vollendung der gesamten Heilsgeschichte Gottes mit Israel, die sich »in Christus« auf die gesamte Völkerwelt ausweitet.

Nur in diesem Zusammenhang werden auch christologische Aussagen im Neuen Testament in ihrem Sinn verstehbar, die, für sich genommen, stark mythischen Charakter zu haben scheinen.

Zunächst die Erzählung in der ›Vorgeschichte‹ des Lukasevangeliums: Maria habe durch die Botschaft eines Engels erfahren, dass sie als unberührte Jungfrau schwanger werden und einen Sohn gebären werde, der Gottes Sohn ist: »Heiliger Geist wird auf dich kommen, und die Kraft des Höchsten wird dich überschatten; darum wird das heilige (Kind), das (in dir) gezeugt wird, Gottes Sohn heißen« (Lk 1,35). Dies ist im Erzählungszusammenhang des Lukasevangeliums eine ganz und gar intime Szene, die allein Maria betrifft. Der nachherige Geburtsbericht Lk 2,1–20 erwähnt dieses Wunder an ihr nirgends. Das gibt auch für die Begegnung zwischen Maria und Elisabeth Lk 1,36–45. Der Lobpreis der »Frucht deines Leibes« (V. 42) und die Ehrfurcht vor Maria als »Mutter meines Herrn« (V. 43) setzen zwar die voranstehende Engelserscheinung voraus, aber beides bezieht sich auf das göttliche Kind in Maria, nicht auf dessen wunderbare Zeugung. Und im Magnifikat Lk 1,46–55 ordnet Maria das besondere Gotteshandeln an ihr in den Zusammenhang alles gleichartigen Handelns des Erbarmens Gottes an den Seinen in der Geschichte Israels ein.

Zweifellos: Der Charakter dieser Erzählungen lässt sich nur als ›Theologie in narrativer (erzählender) Gestalt‹ bestimmen. In Lk 1,26–34 geht es darum, durch diese Erzählung das Wunder der Person Jesu zu veranschaulichen: dass in ihm Gott und Mensch eins sind. Solche Veranschaulichung dient der Möglichkeit, den ›abstrakten‹ Inhalt zu verinnerlichen und ihm dadurch in persönlichem Verstehen näher zu kommen. In V. 26–33 geschieht das durch die Botschaft des Engels, der der Jungfrau Maria aus dem Geschlecht Davids zu verkünden hat, dass sie den Messias aus Davids Haus gebären werde, und zwar durch Gottes Gnade, die ihr widerfahren ist (V. 28). Er führt dieses ihr persönlich zugesprochene Geburtsgeschehen (V. 30f.) durch eine Rede hymnischen Charakters aus (V. 32f.), die aus jedem Lobpreis des künftigen Messias stammen könnte. Als Maria mit erstauntem Zweifel fragt, wie ihr, der Jungfrau, dies geschehen *könne*, erhält sie als Antwort zunächst wiederum einen hymnischen Zweizeiler, in dem das ihr

2 Jesus Christus, Gottes Sohn

verheißene Widerfahrnis der Gnade in einer Weise verdeutlicht wird, die jeder schriftkundige Jude verstehen kann: Durch die Kraft des Geistes Gottes wird es an ihr geschehen, durch den schon viele Propheten zu dem ihnen zugewiesenen Tun ausgerüstet worden sind. Erst jetzt geht es um das Kind in ihr: Es *ist* bereits in ihr »als ein heiliges Kind gezeugt worden«: Dass *Gott* der Zeugende ist, soll durch das Wort »heilig« erschlossen werden – denn heilig ist Gott selbst und alles, was zu ihm gehört. Direkt *ausgesprochen* wird dieses Wunder nicht und erst recht nicht beschrieben. Das ist weder möglich noch erforderlich; denn es geht allein darum, dass ihr Kind »*Gottes Sohn* genannt werden wird« – nicht von Menschen, sondern von Gott (Ps 2,7!). Dieses Wunder der Person Jesu von Anbeginn seines menschlichen Daseins ist es allein, was der Erzähler Lukas den Lesern bzw. Hörern seines Evangeliums nahebringen will. In gleicher Weise verfährt Matthäus (Mt 1,18–23). Nur erzählt er aus der Perspektive des über die Schwangerschaft seiner Braut bestürzten Joseph; und hier ist es der Name *Jesus*, der durch Jes 7,14 theo-logisch erklärt wird: »Er wird sein (Gottes) Volk retten von ihren Sünden« (V. 20); denn er ist der verheißene »Emmanuel«: »Gott mit uns« (V. 23). In Jesus ist das Geheimnis des Namens Gottes wirksam gegenwärtig.

Fragt man nun im Sinne historisch-kritischer Exegese nach einem historischen Kern dieser beiden Erzählungen, so wird man zunächst mit Recht zu antworten haben: Hinter das, was die beiden Evangelisten erzählen, kommt man nicht zurück. Es ist hier der Name Jesu und dort der christologische Titel »Sohn Gottes«, die beide im Urchristentum als Zusammenfassung der Missionsverkündigung fest verbunden waren (2Kor 1,19) und so auch im Taufbekenntnis ausgesprochen wurden: »Ich glaube, dass Jesus Christus Gottes Sohn ist« (Apg 8,37; vgl. Gal 2,20) – und: »Herr ist Jesus« (Röm 10,9). Außerdem ist zu berücksichtigen, dass von einer Geburt Jesu aus der Jungfrau Maria in allen anderen Schriften des Neuen Testaments nichts bekannt ist, ja dass die Aussage des Paulus in Gal 4,4 solche Kenntnis ausschließt. Überhaupt gehört die Mutter Jesu nirgendwo zum Inhalt der Verkündigung und des Glaubens. Von ihrem Dasein am Anfang in Jerusalem zusammen mit den Brüdern Jesu berichtet Lukas in einer bloßen Notiz Apg 1,14, sonst nirgendwo. Maria hat offenbar in der Urgemeinde in bewusster Zurückhaltung gelebt. Von daher legt sich die Vermutung nahe, dass die Stoffe in Lk 1 aus der persönlichen Erinnerung Marias stammen, die diese lebenslang für sich behalten hat und die erst nach ihrem Tod (durch Mitglieder ihrer Familie?) in Teilen des Judenchristentums bekannt geworden sind. Doch selbst dann, wenn man dies für möglich hält, trägt es zur Bekräftigung der Gottessohnschaft Jesu nichts bei. Dass Jesus sich während der ganzen Zeit seines Wirkens als Gottes Sohn gewusst, dies jedoch nur seinen Jüngern eröffnet und erst als Angeklagter vor dem Hohenpriester öffentlich bejaht hat (Mk 14,61f.), ist das Einzige, was historisch hinreichend gesichert erscheint.

Aber auch dies hätte keine theologisch gewichtige Bedeutung, wenn Jesus nicht in seinem ganzen Wirken und Verhalten in völliger Selbstverständlichkeit eine göttliche »Vollmacht« gezeigt und erwiesen hätte, die ihn getragen hat und die von ihm ausgegangen ist. Diese kommt zumeist ohne irgendeine Begründung zur Wirkung. Sie drückt sich vor allem darin aus, dass er seine Verkündigung und Lehre mit »Amen, ich sage euch« zu beginnen pflegte (z.B. Mk 10,15; Mt 18,13). Aber auch im einfachen »Ich sage euch« beansprucht er für sein Wort die volle Wahrheit Gottes: *Im »Ich« Jesu ist das ICH des Namens Gottes vollauf wirksam*. Mit Recht wird in der exegetischen Wissenschaft die These vertreten, dass im ganzen Verhalten Jesu eine einzigartige Autorität zum Ausdruck kommt, und dass darin die eigentliche vorösterliche Wurzel aller nachösterlichen Christologie zu erkennen ist.

Entsprechend sind auch die Aussagen über die Erniedrigung und Erhöhung Christi in dem von Paulus wörtlich angeführten Hymnus in Phil 2,6–11 zu verstehen. Dass Gott Christus in seiner Auferweckung zu sich (zu seiner »Rechten«) erhoben hat, gehört von Anfang an zur Auffassung der Auferweckung als Handeln Gottes. Dass Christus von der Höhe Gottes zu uns Menschen herabgekommen ist, um an unserer Todesverfallenheit als der Folge unserer Sünden selbst teilzuhaben und uns so davon zu erlösen, bedeutet einerseits: *Gott* hat seinen Sohn zu unserer Erlösung *gesandt* (Lk 4,18; 1Joh 4,9.14); und andererseits: Diese Erlösung bedurfte deshalb der Teilnahme Christi an unserer selbstverschuldeten Todeswirklichkeit, weil er diese stellvertretend für uns an sich selbst hat sich auswirken lassen (1Kor 15,3 – siehe oben). Im Gegensatz zum gnostischen Erlöser, der aus der himmlischen Welt herabkommt, um die aus ihr herausgefallenen Gnostiker zu ihrem Ursprung wieder zurückzubringen (siehe oben), hat der urchristliche Hymnus sein Interesse nicht am himmlischen Ursprung und Wesen Christi, sondern umgekehrt an seiner Liebe zu uns, die ihn dazu bewegt, *uns* gleich zu werden. Deshalb (Phil 2,9!) erhöht ihn Gott, um die Erlösungsabsicht der Liebe seines erniedrigten Sohnes zu verwirklichen (vgl. Röm 8,31f.). So schließt der Hymnus mit dem Lobpreis des Herrn Jesus Christus und der Verherrlichung Gottes, seines Vaters. Paulus führt den Hymnus an, um seine Gemeinde zu demselben Liebesverhalten zueinander zu bewegen, das ihren Herrn bewogen hat (2,1–5). Hermeneutisch zeigt sich an diesem Textbeispiel, dass sich der spezifisch christliche Sinn grundsätzlich nur vom Gesamtzusammenhang urchristlichen Glaubens aus erschließt. Isoliert betrachtet, erscheint dieser Hymnus ganz leicht als Kardinalbeispiel gnostischen Einflusses, womit aber eine gründliche Fehlauslegung naheliegt.

In der Christologie der Johannesschriften ist die Sendung des Sohnes durch den Vater von grundlegender Bedeutung. Denn hier liegt das ganze Gewicht auf der Einheit von Vater und Sohn (Joh 10,30!), die in allem, was Jesus von sich sagt, *das* Thema ist, und in allem was er tut,

2 Jesus Christus, Gottes Sohn

zur Wirkung kommt; und sie ist es allein, die von den Glaubenden »erkannt« werden soll und der zentrale Inhalt alles wahren Glaubens ist. In den Lehrreden des johanneischen Jesus geht es so ganz nur um die Erkenntnis, dass Jesus der Sohn Gottes und Gott sein Vater ist, dass hier eine mythische Erklärung besonders naheliegt. Das hieße jedoch, den *Heils*sinn dieses Verhältnisses zwischen Jesus und Gott zu übersehen. Auch hier geht es nämlich um die Erlösung aus der Todeswirklichkeit der Sünde, die Jesus kraft der sich hingebenden Liebe Gottes (Joh 3,16!) in seinem Tod vollbringt. Darum ist dies bereits die Botschaft des Täufers: »Siehe, das Lamm Gottes, das die Sünde der Welt aufhebt« (Joh 1,29.36, wo sicherlich Jes 53,7 anklingt). Von Anfang an steht Jesu Tod am Kreuz als die heilsentscheidende »Stunde« seiner Sendung im Blick (2,4), die im Sterben des Gekreuzigten ihre Vollendung findet (19,30). Als der gute Hirte seiner Schafherde setzt Jesus sein Leben ein für sie (10,11–16). Es ist allerdings in der Einheit von Vater und Sohn begründet, dass der Tod Jesu zugleich seine »Erhöhung« bzw. »Verherrlichung« ist. Die gemeinchristliche Erhöhungsaussage hat in der Sprache des Johannesevangeliums diesen geheimnisvollen Doppelsinn (12,32f.). Gerade aber die »Erhöhung« Jesu ist nicht die Wiedervereinigung des Sohnes mit dem Vater als solche, sondern sie hat ihren Heilssinn darin, dass die Jünger Jesu als Glaubende an dieser Einheit zwischen Vater und Sohn teilhaben (17,20–23). Der Johannesevangelist hat freilich schärfer herausgearbeitet als in jeder anderen Schrift des Neuen Testaments, dass die, die *nicht* an Jesus glauben und nicht zu ihm gehören wollen, dem endgültigen Tod verfallen (3,18 vgl. 8,15f.). In jeder Begegnung mit Jesus entscheidet sich, wer glaubt und dem Leben zugehört, und wer nicht glaubt und dem Tod zugehört. Jesus will nur das Erste, das Zweite aber geschieht unweigerlich, wo ein Mensch sich diesem Heilswirken der Liebe Gottes in Jesus entzieht. Der Satan ist als der Beherrscher der Welt durch Jesus entmachtet (12,31). Nicht an ihm liegt es, wenn einer dem Tode verfällt. Die Sendung Jesu öffnet der Menschenwelt als ganzer die Tür zum Leben (3,16; 10,10; 1Joh 4,9). Jesus *ist* das Leben (11,25f.). Wo aber der Unglaube herrscht, da wird die Welt zum Bereich des Bösen, in dem es ganz und gar finster ist. Jesu Jünger leben in dieser Welt, die Jesus hasst und darum auch alle hasst, die zu ihm gehören (15,18f.). Davor aber bewahrt der Vater sie in der Zeit nach seinem Tod (17,9–17).

Es ist völlig klar: Im Johannesevangelium spricht Jesus ganz und gar geprägt von einer Theologie, in der sowohl die Gottessohnschaft als auch die Heilsbedeutung und Heilskraft Jesu in einzigartiger Tiefe durchdacht ist. Viele Textbeobachtungen sprechen für die Annahme, dass der Verfasser in seinem Buch die drei synoptischen Evangelien, die im Gottesdienst regelmäßig verlesen wurden, in äußerster Dichtheit interpretiert hat: Jesus spricht und handelt hier so, wie er in Wahrheit war *und ist*: als Gottes Sohn, der mit Gott selbst ganz und gar eins ist. Es ist ein durch und durch theo-logisches Werk des Evangelisten. Dieser hat es aber so eindeutig *als Offenbarung* gedacht und formuliert, dass in jedem Satz *über* Jesus *Jesus selbst* spricht und handelt. Man würde dieses Buch daher *historisch völlig missdeuten*, wenn man es lediglich als *sein* Werk verstünde, als Zeugnis des theologischen Denkens seines Verfassers als eines der großartigsten christlichen Philosophen. Nein, *ihn* versteht nur, wer den Offenbarungsanspruch seines Buches vollauf ernst nimmt.

Es bleibt nun noch, einen Blick in die *Christologie* in den Briefen *des Paulus* zu werden.

Traditionell vorgegeben ist *erstens*: Durch Gottes Berufung haben wir Christen gemeinsam teil an seinem Sohn Jesus Christus (1Kor 1,9), der uns vom künftigen Zorngericht Gottes rettet (1Thess 1,10). Er ist für uns gestorben (Gal 1,4), damit wir an seinem Auferstehungsleben teilhaben (1Thess 5,10). Das entspricht der Grundaussage des Evangeliums in 1Kor 15,3–5 (siehe oben). *Zweitens*: Diese Zueignung zu Jesus Christus widerfährt uns in der *Taufe* auf seinen Namen (vgl. 1Kor 1,13; Apg 2,38), dessen Rettungskraft darin gründet, dass er als Gottes Sohn für uns gestorben und auferstanden ist (vgl. 2Kor 1,19–21 sowie Phil 2,10). So werden wir (Sünder) gerecht durch die uns in der Taufe widerfahrende Teilhabe an Christus – Paulus spitzt das in 2Kor 1,21 rhetorisch zu, indem er diese Zueignung zu Christus unsere »Salbung« nennt (griechisch: *chrisas*). Zu der *Verkündigung* des Christusevangeliums und seiner Annahme im *Glauben* an ihn kommt die Mitteilung des *Geistes Gottes* als eng damit verbundenes zweites Element der Taufhandlung hinzu: Durch den Geist des heiligen Gottes werden wir (unheiligen Sünder) »geheiligt« (1Kor 6,11; 2Kor 1,22 vgl. 11,4), indem wir Vergebung der Sünden empfangen (Apg 2,38; vgl. Röm 4,5–8; 8,2).

Das Erste konkretisiert Paulus, indem er unsere Teilhabe an Christus im Taufgeschehen als unser »Mitgestorben- und Mitbegrabensein« mit Christus deutet – mit der Folge unseres »Mitlebens« mit ihm »in einer neuen Lebenswirklichkeit«, nämlich der seines bereits jetzt endzeitlichen Auferstehungslebens, die sich in unserer christlichen Lebenspraxis erweist und erweisen soll (Röm 6,3f.) und sich in der nahen Zukunft der Endzeit in unserer Auferweckung aus dem Tod auswirken wird (Röm 6,5.8f.). Und da die Taufe jedem einzelnen persönlich widerfährt, kann Paulus das Gleiche auch individuell ausdrücken: »Ich bin mit Christus mitgekreuzigt worden. So lebe nicht mehr ich, sondern Christus lebt in mir« (Gal 2,19f.). In dieser Weise verinnerlicht sich der »Glaube an Gottes Sohn, der mich geliebt und sich selbst für mich hingegeben hat« (V. 20).

Mit dem *Zweiten* verbindet sich für Paulus seit dem Galaterbrief die tief greifende Auseinandersetzung mit radikal-judenchristlichen Geg-

nern, die die Bekehrung der Heidenchristen im Sinne jüdischer Heidenmission erst dort für vollendet erklärten, wo die Heiden über die Annahme des Glaubens hinaus auch die Beschneidung annähmen, durch die sie allererst an der Bundesgerechtigkeit Israels und am Heil des Bundes Gottes mit seinem Volk als Nichtisraeliten voll mit teilhaben könnten – was »Sündern aus den Heiden« an sich verwehrt sei (Gal 2,15). Nach Paulus' Urteil ist dies nichts weniger als ein Affront gegen Gottes Heilstat in Christus, die doch über Israel hinaus allen Völkern gilt. Sünder sind ja *alle*, Israeliten – leider! – wie Heiden. Für sie alle ist Jesus Christus als Gottes Sohn gestorben und auferstanden. Ihnen allen wird im Evangelium die Befreiung von Sünde und Tod verkündigt. Paulus hat vom auferstandenen Herrn selbst den Auftrag und die Vollmacht empfangen, dieses Christus-Heil Heiden zu verkündigen, ohne sie – wie bisher – durch die Beschneidung und die Verpflichtung auf die Tora ›Proselyten‹ machen zu müssen, die mit den Gerechten Israels als »Mithinzugekommene« gerecht werden dürfen. Wenn das auch für Heiden*christen* zu gelten hätte, dann »wäre Christus umsonst gestorben« (Gal 2,21). Christus hat die Verfluchung, die das Gesetz gegen jeden ausspricht, der nicht in vollständiger Erfüllung aller Gebote im Heilsbereich der Tora bleibt, anstelle *aller* Sünder an sich selbst zur Wirkung kommen lassen, damit sie alle von diesem Fluchgeschick frei werden, heidnische wie jüdische Sünder (Gal 3,10–13). Keiner von ihnen wird durch »Gesetzeswerke« gerecht, denn das Gesetz kennt keine Sündenvergebung aufgrund neuen, ersatzweisen Tuns seiner Gebote, die ein Sünder nun einmal gebrochen hat. Eben weil das Gesetz *jedem* Sünder den Tod als die Folge seiner Sünde zuspricht, hat Christus diesen Tod *für sie alle* auf sich genommen und darin die Gnade Gottes so zu ihrer Wirkung kommen lassen, dass Sünder, die sie im Glauben an den für sie gestorbenen und auferstandenen Christus annehmen, von seinem Zorngericht errettet werden. Dieses Heilsgeschehen hat eschatologisch-endgültige Kraft und entsprechend universalen Horizont. Die Außerkraftsetzung des Gesetzes als Maß der Gerechtigkeit und die Überschreitung der Grenze des Bundes über Israel hinaus auf alle Menschen ist das neue, letztgültig-endzeitliche Heilshandeln Gottes, das die vom auferstandenen Christus selbst berufenen und bevollmächtigten Apostel einvernehmlich zu verkündigen haben: Jakobus, Kephas (Petrus) und Johannes unter den Juden, Paulus und Barnabas unter den Heiden (Gal 2,7–10; 1Kor 15,5–11).
Diese Rechtfertigungslehre ist *christologisch begründet* und hat ein *heilsgeschichtliches Ziel*: die missionarische Verkündigung des Christusevangeliums in der ganzen Welt (Röm 15,15f.), die zuletzt zum »Eingang der Vollzahl der Heidenvölker« (in das Reich Gottes der Endzeit) und zur »Rettung ganz Israels« führen wird (Röm 11,25–27). Diese Lehre war für gesetzestreue Juden eine Zumutung, wie Paulus als ehemaliger pharisäischer Toralehrer wohl wusste (Röm 10,2). Sie

ist aber weder ein Gesetzesbruch noch gar ein Bruch mit der Erwählungsgeschichte Gottes mit Israel (Röm 11,1), vielmehr deren Vollendung in universaler Erweiterung: Es ist Gottes Bundesgerechtigkeit, die im Heilshandeln seiner Gnade »in Christus Jesus« so zur Wirkung gekommen ist, dass alle Sünder, die im Glauben an Christus an Gott glauben, zu Gerechten werden (Röm 3,21–26). Wie Heiden durch die Verkündigung des Christusereignisses zu Christen und damit zu Gliedern des Gottesvolks des Neuen Bundes werden, ebenso sollen Juden Christen werden, ohne damit aufzuhören Israeliten zu sein. Dass sie dies in großer Mehrheit abweisen, weil sie in der Christusverkündigung einen blasphemischen Bruch mit Gottes Bundesgerechtigkeit sehen, ist für Paulus ein schmerzvolles Problem (Röm 9,1–5); er kann darin nur eine »Verstockung« erkennen, die nach Gottes unerforschlichem Willen heilsgeschichtlich der Gewinnung der Heiden diene und die Gott am Ende aufheben werde (Röm 11,11f.25). Aber dass es Juden*christen* sind, die genauso denken und darum seine gesetzesfreie Heidenmission bekämpfen, verurteilt Paulus schlichtweg als Verkehrung des Evangeliums (Gal 1,7–9).

Dass Paulus überwiegend von der Rechtfertigung als *Widerfahrnis des einzelnen Glaubenden* spricht, hat seinen Grund darin, dass er den *Ort der Rechtfertigung in der Taufe* sieht, in der es ja um den Glauben und den Geistempfang je eines Einzelnen geht. Doch weil in der Taufe der einzelne Getaufte in die Gemeinschaft der Kirche integriert wird, hat auch die Rechtfertigungslehre in der Sache *kirchlichen* Horizont. Es ist ja der Glaube aller Christen, den der Getaufte bekennt; und durch den Empfang des Geistes wird er in die Gemeinschaft der Kinder Gottes eingefügt (Gal 4,6f.; Röm 8,14f.). Die in der heutigen Exegese übliche Individualisierung der Rechtfertigungslehre verfehlt deren paulinischen Sinn. Ebenso steht es mit der Auslegung der Kampfthese gegen die judenchristlichen Gegner: dass »ein Mensch durch Glauben gerechtfertigt wird ohne Gesetzeswerke« (Röm 3,28). Vom Glauben an Christus ist hier die Rede, und der Ausschluss der »Gesetzeswerke« betrifft die Unmöglichkeit für Sünder, durch Gesetzeserfüllung den Bundesbruch von Sünden aufzuheben. Nicht aber geht es darum, dass jegliches Tun des Menschen in grundsätzlichem Widerspruch stehe zur Passivität reinen Glaubens. Gewiss zeigt das Beispiel der Rechtfertigung Abrahams in Gen 15,6, dem Gott seinen Glauben, in dem er der ihm zugesagten Verheißung vertraute, »als Gerechtigkeit anrechnete«: Gott handelt in seiner Gnade frei und niemand kann sie sich durch irgendein Tun gleichsam als »Lohn« verdienen (Röm 4,4f.). Doch Paulus bezieht das im Streit mit seinen Gegnern in Galatien darauf, dass es »der Gottlose« ist, dem Gott in seiner Gnade Gerechtigkeit schenkt; und er legt hier die Rechtfertigung Abrahams durch Ps 31,1f. aus, wo David Gottes Gnade preist, in der er *Sündern vergibt*: Dieses Urgeheimnis des Wesens Gottes: dass er kraft seiner Gnade Sündern Vergebung und Heilung ihres Lebens schafft und so seinen gerechten Zorn überwindet, in dem er sie der Heillosigkeit als Folge ihrer Sünde überlässt – dieses Geheimnis des Namens Gottes im Sinne von Ex 34,6f. ist in seiner letzten, radikalen Wirklichkeit der Inhalt der Rechtfertigungslehre des Paulus.

Damit hängt schließlich auch zusammen, dass die Folge der Rechfertigung des Sünders die Befähigung des gerechtfertigten Christen zum Tun des Willens Gottes durch die Kraft des Geistes ist. Und weil es der Heilswille Gottes ist, der sich in der Lebenshingabe seines Sohnes für die Sünder und durch die Auferweckung des Gekreuzigten als seine Liebe in letzter Radikalität verwirklicht, darum kann das Tun der Gerechtfertigten nur diesem Willen Gottes entsprechend in gegenseitiger Liebe bestehen. Darin vollendet sich das Verhältnis zwischen der Erwählung Israels durch Gottes Bundesgerechtigkeit und dem entsprechenden Tun der Gerechten zur Bewahrung des Bundes – allerdings auf der heilgeschichtlich neuen Ebene des Verhältnisses zwischen dem Christusgeschehen als der endzeitlichen Erneuerung des Bundes und der Lebenspraxis der durch Christus erretteten Christen. Die Kontinuität zeigt sich darin, dass es die Zehn Gebote des Anfangs sind, die nunmehr unter dem Leitaspekt der Liebe zu Gott im Glauben an Christus und der Bruderliebe im Zusammenleben in der Kirche neu zur Geltung kommen (Röm 13,8–10; vgl. 1Kor 13). Doch gerade auch so bleibt das konkrete Tun der Gebote der zweiten Tafel des Gesetzes für Christen vollauf bestehen. Im heidenchristlichen Bereich gewinnt es die Bedeutung einer christlichen Alternative zur Lebenspraxis der heidnischen Umwelt. War diese vor dem Christwerden die Lebensweise auch aller Christen als Sünder, so soll sich nun ihre Erlösung durch Christus, ihren Herrn, darin erweisen, dass sie »das Böse durch das Gute überwinden« (Röm 12,21).

Alle Mahnungen des Apostels in seinen Briefen an seine Gemeinden sind vom Gegensatz zwischen »vormals« und »jetzt« bestimmt (z.B. Röm 6,20–23; 1Kor 6,11; Kol 1,21f.). Hervorgehobene Bedeutung gewinnt hier die »Heiligung« im sexuellen Lebensbereich: Jedwedes ehewidriges Verhalten (*porneia*), das in der heidnischen Umwelt üblich war, sexuelle Freizügigkeit und besonders homosexuelle Praxis (1Kor 6,9f.; Röm 1,26f.) gehört für Christen zu ihrer Vergangenheit, mit der sie jetzt gründlich gebrochen haben. Weil die Versuchungen zum ›Rückfall‹ im alltäglichen Leben ganz nahe sind, bedarf es täglich neuer Wachsamkeit im Kampf zwischen »Fleisch« und »Geist« (Gal 5,16–25). Zur »Freiheit, zu der Christus uns befreit hat«, gehört es, »uns nicht wieder unter das Joch der Sklaverei einspannen zu lassen« (Gal 5,1). Ist Christus für uns gekreuzigt worden und wir mit ihm, »so haben wir unser Fleisch gekreuzigt samt all seinen Leidenschaften und Begierden« (Gal 5,21). Das gilt auch für das Verhältnis zur Welt, in der Christen leben, ohne mehr zu ihr zu gehören: »Durch Christus ist für mich die Welt gekreuzigt und ich für die Welt« (Gal 6,14).

3 Die Endvollendung der Geschichte Gottes mit den Menschen

Dass die Geschichte des Bundes Gottes mit Israel sich vollenden wird in dem Wunder des Neuen Bundes für alle Völker; und dass sich dieses Wunderhandeln Gottes im Wirken und Geschick Jesu, seines Sohnes, vollzogen *hat* und in seiner endzeitlichen Wiederkunft vollziehen *wird*, das war ein wichtiger Aspekt der beiden vorangehenden Kapitel. Weil Gottes Handeln durch die Kraft seines Wollens geschieht und dieser Wille sein letztes Ziel hat in der endgültigen Verwirklichung des Heils für alle Menschen, darum gehört die Eschatologie wesenhaft zur Heilsgeschichte hinzu.

Weil aber deren Vollendung, ihrer endzeitlichen Zukunft vorweg, sich in Jesus Christus ereignet hat, zeigt sich dieser Charakter der Vorweg-Ereignung (Antezipation) in der ganzen Geschichte Jesu und so auch in aller Teilhabe an dieser Geschichte im Leben der Kirche: Aller Glaube an Gott richtet sich auf Jesus, den für uns am Kreuz gestorbenen Sohn Gottes, dessen Auferweckung aus diesem Tod der erste Akt des endzeitlichen Heilshandelns Gottes ist. Durch die Taufe wird uns die Teilhabe am Auferstehungsleben unseres Herrn bereits in der Gegenwart geschenkt, und in der eucharistischen Mahlfeier erfahren wir diese Teilhabe jeweils neu. Da es sich hier aber um ein Einssein mit dem *Auferstandenen* handelt, öffnet sich in dieser gegenwärtigen Erfahrung die Zukunft der Endvollendung in unsere Gegenwart hinein. Von daher ist diese durch die Spannung zwischen unserer Gegenwart noch mitten in der irdischen Geschichte, in der wir leben, und der Zukunft des Reiches Gottes, dessen Vollendung wir im Blick auf sein endzeitliches Kommen (Parusie) erwarten. Dann wird aus unserer gegenwärtigen Voraus-Erfahrung der Teilhabe an Christi Auferstehungsleben ein ewiges Leben in ihm und mit ihm im Reich Gottes, im neuen Jerusalem werden (Gal 4,25f.; Hebr 12,22; Offb 3,12; 21,2).

So zeigt sich die Auferstehung Jesu Christi als das beherrschende Zentrum alles christlichen Glaubens und Lebens. Auf ihre endzeitliche Geschehenswirklichkeit gründet sich die Wirklichkeit unserer Heilsteilhabe, die uns im ganzen Neuen Testament bezeugt, in der kirchlichen Verkündigung zugesprochen, im Glauben angenommen und im Herrenmahl sakramental erfahren wird. Und zugleich auf ihre zukünftige Wirklichkeit als der Mitte alles Lebens im Reich Gottes der Endzeit gründet sich die Gewissheit aller christlichen Hoffnung, am vollendeten Leben in der Zukunft Gottes dereinst teilhaben zu werden – einer Zukunft, die uns in unserer Gegenwart allein in Jesus Christus zugänglich, ansonsten aber gänzlich verborgen ist (Kol 3,1–4).

Nur aufgrund dieser Wirklichkeit lassen sich die verschiedenen Inhalte neutestamentlicher Eschatologie erklären.

Das gilt für das vorösterliche Wirken Jesu. Das Reich Gottes, das er verkündigt, ist die Mitte des eschatologischen Geschehens, auf die, in

3 Die Endvollendung der Geschichte Gottes mit den Menschen

Dan 7,13f. zuerst bezeugt, sich alle jüdische Enderwartung konzentriert: Alle Weltreiche, die aufeinander folgend die Geschichte der Völkerwelt durch Unrecht und Gewalt bestimmt haben, werden durch Gott vernichtet werden, und dann wird die ewige Zeit des Reiches Gottes beginnen, in der Gott allein über Israel und alle Völker herrschen wird. Dazu wird er seinen Bevollmächtigten von der himmlischen Höhe seines Throns auf die Erde herabsenden. In der Vision, in der Gott Daniel diese Zukunft schauen lässt, erscheint dieser in der Symbolgestalt eines Menschen – im Gegensatz zu den Raubtiergestalten, in denen die Weltmächte erscheinen. Das heißt: Gottes endzeitliche Herrschaft wird für alle Menschen heilvoll sein, nachdem die der Weltmächte, die nur Böses über sie gebracht haben, vernichtet sein werden.

Dieser »Menschensohn« der Vision Daniels ist in der Verkündigung Jesu die wirkliche Gestalt eines von Gott bevollmächtigten Herrschers, der über die Zugehörigkeit jedes Menschen zu seinem Reich zu entscheiden haben wird (Mt 25,31–46). Bei dessen zukünftigen Kommen wird sich die gesamte Schöpfung auf ihn richten; denn er wird die, die Gott aus allen Regionen der Völkerwelt zu Bürgern seines ewigen Reiches auserwählt hat, zu einer großen Gemeinde zusammenführen (Mk 13,24–27; vgl. Mt 24,26–28 / Lk 17,23f.37). Das werden nicht sämtliche Menschen sein. Der Menschensohn wird vielmehr – wie einst zu Noahs Zeiten, nunmehr aber endgültig – die Entscheidung darüber fällen, wer hinzugehört und wer nicht (Lk 17,26f.34f.). Die, die bis zuletzt dabei geblieben sind, Unrecht zu tun, werden allesamt zunichte werden (Mt 24,50f. / Lk 12,46). Dieses Gerichtshandeln wird bald stattfinden (Mk 13,28f.), noch »in dieser Generation« (Mk 9,1; 13,30), aber überraschend wie ein Blitz (Lk 17,24) – niemand weiß voraus, wann es geschehen wird, nicht einmal Jesus selbst als »der Sohn«, allein der Vater (Mk 13,32).

Das alles klingt so, als ginge es bei Jesus nur um eine größere zeitliche Nähe des Endgeschehens, als es allgemein erwartet wurde. Und in der Tat, nach der Grundaussage der Verkündigung Jesu (Mt 4,17; Lk 10,9) ist die Gottesherrschaft so nah, dass sie bereits da ist. Diese Nähe hat mit Jesus selbst zu tun: Von der Entscheidung der Menschen zu *ihm* wird die Entscheidung des *Menschensohnes* über sie abhängen (Lk 12,8f.)! Das heißt faktisch: Jesus ist die entscheidende Voraus-Erscheinung des Gottesreichs selbst. Eben dies ist der Sinn einiger Gleichnisse: Wie ein Bauer ein winzig kleines Senfkorn in die Erde wirft, und dieses sogleich zu wachsen beginnt und zu einem Baum wird (Lk 13,18f.); und wie nur ein wenig Sauerteig den ganzen Teig von drei Scheffeln Mehl durchsäuert (Lk 13,20f.), so wird das Reich Gottes, jetzt von Jesus verkündigt, alsbald in seiner Heilsfülle da sein. Sein ›Heranwachsen‹ geschieht von sich aus, vom Sprießen des Samenkorns bis zur ernteeifen Frucht; das von Menschenhand Entscheidende ist allein das Auswerfen des Samens – und dies geschieht jetzt, indem Jesus das Reich Gottes verkündigt (Mk 4,26–29). Der Satan vermag sein Kommen nicht zu verhindern (Mt 13,24–30). Die exorzistischen Wunder Jesu sind eindeutige Zeichen dafür: »Wenn *ich* mit dem Finger *Gottes* die Dämonen austreibe, so *ist* damit das Reich Gottes zu euch gekommen!« (Lk 11,20). Deutlicher kann gar nicht ausgesprochen werden, dass die endzeitliche Siegeskraft der Herrschaft Gottes in Jesus bereits am Wirken ist.

Dass es deren Ziel ist, Sünder aus der Verlorenheit zu retten, ist oben dargelegt worden. Man kann im Blick darauf geradezu sagen: Es ist die Heilsmacht der barmherzigen Liebe Gottes nach Ex 34,6f., die sich in der Gegenwart des Wirkens Jesu end-gültig verwirklicht. »Nicht die Gesunden brauchen einen Arzt, sondern die Kranken: Ich bin nicht gekommen, Gerechte (in das Gottesreich) zu rufen, sondern Sünder« (Mk 2,17; vgl. Lk 19,10). In *diesem* Sinn verkündigt Jesus die kommende Gottesherrschaft als in seinem Handeln anbrechend.

Wie verhält sich dieses Heilsziel der Gottesherrschaft zum künftigen Gericht des Menschensohnes? Das ist die entscheidende Frage für das Verständnis der Eschatologie im Wirken Jesu. Es gibt keine Stelle, an der die Schroffheit des Gerichts über Böse und Gute irgendwie auch nur gemildert würde.

Das ist darin zu erkennen, dass Jesus das ganze künftige Gericht des Menschensohnes auf das Ja oder Nein der Menschen zu dem, was *er* ihnen im Namen der Gottesherrschaft verkündigt, konzentriert (siehe oben Lk 12,8f.). Dadurch verändert sich das entscheidende Kriterium des Endgerichts, nicht aber dessen doppelter Ausgang. Sünder, die jetzt auf Jesu Ruf »umkehren« und sich von ihm im Namen Gottes die Vergebung ihrer Sünden schenken lassen, werden als Gerechte in das Reich Gottes zusammen mit den Gerechten einziehen. Gerechte jedoch, die dieses Heilshandeln Jesu für Sünder als Priorität des endzeitlichen Handelns Gottes ablehnen, verlieren damit ihre Gerechtigkeit und werden vom Menschensohn-Richter verurteilt und ewigem Verderben anheim gegeben werden. Weil aber Jesus *alle* zur Heilsvollendung der Endzeit führen will, Gerechte wie gerecht gewordene Sünder, darum hat er sich größte Mühe gegeben, die Gerechten von ihrer Bestreitung abzubringen und sie für sein Rettungshandeln an Sündern sowie an allen Verlorenen zu gewinnen, Kranke und Besessene einbeschlossen. Das zeigt vor allem das Gleichnis in Lk 15,12–32: Hier ist die Aufnahme des aus seiner selbstverschuldeten Verlorenheit zum Vater heimkehrenden Sohnes die Voraussetzung zur inständigen Bitte des Vaters an seinen älteren Sohn, sich an der Festfreude des ganzen Hauses über die Heimkehr seines jüngeren Bruders zu beteiligen, damit er nur ja nicht die Zugehörigkeit des Gerechten zur endzeitlichen Heilsgemeinde seinerseits verliert. Das Gleichnis vom Pharisäer und Zöllner in Lk 18,9–14 jedoch endet mit deutlicher Aberkennung der Gerechtigkeit für den Pharisäer, die dieser selbst dem um Gnade flehenden Sünder abspricht.

Es gibt also sehr wohl auch im Zusammenhang von Jesu Heilspredigt des Gottesreiches einen doppelten Ausgang des letzten Gerichts: Gottes Barmherzigkeit wird zwar ihr Wesen als Gnade und Liebe in der Aufnahme von umkehrenden Sündern zusammen mit allen Gerechten, die dieser zustimmen, erweisen. Doch diejenigen Gerechten, die diesen Heilswillen Gottes bestreiten und dadurch zu Ungerechten werden, werden dem Unheil verfallen, das alle Sünder sich erwirkt haben.

Im weiteren Verlauf des Wirkens Jesu in Galiläa hat sich hier ein brennendes Problem eingestellt und bedrohlich zugespitzt: nicht nur haben die meisten Pharisäer seine Verkündigung als Blasphemie abgelehnt, sondern sie haben offenbar auch das Volk, das zunächst von Jesus fasziniert war, zu seiner Ablehnung umgestimmt. Möglicherweise hängt damit die Aktion der Aussendung seiner Jünger zur Verkündigung der Gottesherrschaft in den Ortschaften ganz Galiläas (Lk 10 / Mt 10) zusammen. Statt jedoch eine Vervielfachung der Zustimmung im Volk zu bewirken, sind diese ›Boten‹ Jesu auf zusehends mehr Ablehnung gestoßen (Lk 10,10f.). Schließlich haben sich selbst die Städte im Kerngebiet des Wirkens Jesu im Nordwesten des Sees Genezaret ihm verweigert, sogar Kafarnaum (Lk 10,13–15). Und da der Landesherr Herodes Jesus umzubringen suchte (Lk 13,31–33), musste dieser sich nach Norden in die Gegend von Cäsarea Philippi zurückziehen (Mk 8,27). Hier wurde ihm von Gott bedeutet, dass er nach Jerusalem ziehen solle, um dort »zu sterben« (V. 33) – er, der Menschensohn (Mk 9,31). In Mk 10,45 spricht Jesus zum ersten Mal vom Sinn seines bevorstehenden Todes: Er soll sein Leben hingeben »als Lösegeld für viele«. Das Gleiche spricht er dann im Brot- und Kelchwort des Abschiedsmahls in Jerusalem aus (Mk 14,22–24). Hier sind »die Vielen« zweifellos die Angehörigen »dieser Generation«, deren Verurteilung im künftigen Endgericht Jesus zuvor drohend angekündigt hatte (Mk 12,41f.; Lk 11,49f.). So hat das Abschiedsmahl mit seinen Jüngern einen eschatologischen Horizont (V. 25). Wie viele am ewigen Mahl des Erhöhten mit seinen Jüngern teilnehmen werden, ist jetzt noch nicht entschieden.

Dies ist dann, wie wir gesehen haben, die Heilsbotschaft des Grund- »Evangeliums« der gesamten Verkündigung der Urkirche: Jesus ist als der wahre Messias nach Gottes Heilswillen »für unsere Sünden« am Kreuz gestorben, und Gott hat diesen Heilswillen durch seine Auferweckung end-gültig verwirklicht (1Kor 15,3–5). Das heißt im Blick auf das Endgericht: Christen, die dies im Glauben an Christus annehmen, sind durch ihren Herrn vom ewigen Tod errettet, und »er wird ihr Retter sein vom kommenden Zorngericht Gottes« (1Thess 1,10; Röm 5,10).

Ist daraus zu schließen: Christen dürfen dem herannahenden Endgericht in völliger Heilsgewissheit entgegensehen? Ja und Nein! In der Tat hat Christus durch seinen Kreuzestod *alle* Sünder gerettet – auch die, die ihn abgelehnt und bekämpft haben: Dafür ist Paulus ein herausragendes Beispiel. Wer immer die Berufung durch Christus im Glauben an ihn annimmt und ihn bis zum Ende durchhält, *wird* zur endzeitlichen Heilsgemeinde der Erretteten gehören. Da jedoch Christen in der Taufe den Geist Gottes empfangen haben und durch ihn zu einer christlichen Lebenspraxis ermächtigt werden, sollen sie auch diese bis zum Ende durchhalten. Christus als ihr Erlöser wird dann auch ihr Richter sein: »Wir alle werden vor dem Richterstuhl Christi erscheinen müssen, damit ein jeder empfange, was seinen Taten entspreche, seien sie gut oder böse«, sagt Paulus in 2Kor 5,10. Entsprechende Aussagen gibt es viele im Neuen Testament – ermutigend, weil Christen ihren künftigen Richter aus dem täglichen Leben mit ihm kennen, aber auch warnend, weil die Liebe, durch deren Kraft Christus sie von der Macht der Sünde über ihr vorheriges Leben errettet hat, entsprechende Liebe auch von ihnen untereinander erwartet und fordert, und zwar als das Tun, von dem die Erfüllung der Gebote der zweiten Tafel des Gesetzes bestimmt sein soll (Röm 13,8–10). Daher motiviert Paulus seinen Tadel am lieblosen Verhalten in seiner Gemeinde in Korinth mit dem eindringlichen Hinweis darauf, dass es doch »der Bruder ist, um dessentwillen Christus gestorben ist« (1Kor 8,11; Röm 14,15).

Es gibt Sünden im alltäglichen Zusammenleben, die durch Christi Liebe vergeben werden. Aber dort, wo Christen bewusst ausbrechen und dem Willen Christi widerstreiten, werden sie sich vor dem Richterstuhl Christi zu verantworten haben (Mt 18,23–35; 22,11–13). Im Gleichnis von den Jungfrauen finden die, die zu spät kommen, die Tür zur Hochzeitsfeier verschlossen (Mt 25,1–13)! Es will aber beachtet sein, dass in Mt 25,35f. diejenigen in das Reich Gottes aufgenommen werden, die Armen, Fremdlingen, Bedürftigen, Kranken und Gefangenen geholfen haben; und in diesen allen war es Jesus, der messianische Menschen-Richter selbst, dem sie in diesen »Liebeswerken« geholfen haben. Denn: »Amen, ich sage euch: Was ihr einem dieser meiner geringsten Brüder getan habt, das habt ihr mir getan« (V. 40) und entsprechend umgekehrt (V. 45). In diesem Sinn lautet dann das Ergebnis des Gerichts: »Diese werden in die ewige Bestrafung davongehen, die Gerechten aber ins ewige Leben« (V. 46).

Die Scheidung zwischen Gerechten und Ungerechten bemisst sich also am Handeln Jesu. Dieser Maßstab des Endgerichts entspricht genau dem Willen seiner Liebe. Wer dieser im irdischen Leben widerstreitet, kann darum am ewigen Leben im Reich Gottes nicht teilhaben. Das gilt in kompromissloser Klarheit. Und darin, dass der Matthäusevangelist mit dieser Rede des Menschensohn-Richters die große Rede Jesu von den Ereignissen der Endzeit abschließt, zeigt sich, dass dieses Kriterium des Endgerichts auch in der nachösterlichen Kirche gilt. Ewige »Bestrafung« wird nicht nur den Feinden Jesu und Verfolgern der Christen widerfahren (Mt 21,33–43), sondern auch Christen, die sich

3 Die Endvollendung der Geschichte Gottes mit den Menschen

zu ihnen untergebenen Mitchristen prinzipiell lieblos verhalten (Mt 24,48–51) und ihnen vor allem die Vergebung verweigert haben, die sie selbst durch Jesus erfahren haben (Mt 18,23–35). Darum gilt es für alle Christen, in ihrer ganzen Lebenszeit permanent »*wachsam*« zu sein (Mk 13,33–37), vor allem, um nicht in die Lebenspraxis der »Welt«, die sie seit ihrer Taufe verlassen haben, zurückzufallen. Die Warnungen davor sind in den Briefen sehr zahlreich. Der Gegensatz zwischen den ›Lastern‹ von »einst« und den christlichen ›Tugenden‹, die das Leben »jetzt« bestimmen sollen, steht in der Lehrtradition der Urkirche in Gestalt von jeweils festen ›Ketten‹ stets mahnend vor Augen (Gal 5,19–23; 1Kor 6,9–11). Paulus formuliert diese Situation zwischen der vergangenen Weltzeit und der in das christliche Leben hereinwirkenden Heilswirklichkeit der endzeitlichen Vollendung eindrücklich in dem Bild von dem ersten Sonnenstrahl, der in die Finsternis der Nacht hineinleuchtet (Röm 13,11–14).
Die Möglichkeit eines Rückfalls in die doch abgetane Vergangenheit mit der Folge der Verurteilung im Endgericht besteht ständig. Ob es danach die Möglichkeit einer zweiten Umkehr gibt, ist umstritten und wurde es im 2. und 3. Jahrhundert im Zusammenhang der Christenverfolgungen von staatlicher Seite zusehends mehr. Ein dezidiert ausschließendes Urteil findet sich im Hebräerbrief (Hebr 4,11–13; 10,26ff.). Auch Paulus hat einen Christen, der ein Verhältnis mit seiner Stiefmutter hatte, aus der Gemeinde in Korinth durch einen geistlichen Rechtsakt ausgeschlossen und »dem Satan übergeben«, der ihn »ins Verderben des Fleisches« (in den Tod) bringen werde. Doch der Apostel fügt hinzu: »damit der Geist gerettet werde am Tage des Herrn« (1Kor 5,1–5). Er rechnet also klar und eindeutig damit, dass die mit der Taufe begründete *geistliche* Existenz dieses Sünders durch Christus als den Richter über das letzte Geschick der Seinen in irgendeiner Weise so gerettet werden wird, dass er an der Heilsvollendung mit teilhaben kann. So kommt in diesem Urteil des Paulus die letzte Überwindung des Zornes Gottes durch seine Gnade (Ex 34,6f.) in Christus zu eschatologischer Wirkung.
Theologisch tiefgreifend durchdacht ist die christliche Eschatologie im *Johannesevangelium*. Indem Jesus sich hier als der vom Vater gesandte Sohn verkündigt und erweist, dessen Sendung sich in seiner Kreuzigung vollendet (Joh 19,30), von der aus er als »Erhöhter« in die vollendete Einheit mit dem Vater zurückkehrt (siehe oben), ist in Jesus die Wirklichkeit dessen wirksam, an dem sich das ganze end-gültige Geschick der gesamten Menschheit entscheidet. Die, die als Glaubende zu ihm gehören, erfahren in der Verbindung mit ihm bereits jetzt den Überschritt aus dem Tod zum ewigen Leben (Joh 5,24), während die, die den Glauben an ihn verweigern, eben damit schon »gerichtet *sind*« (Joh 3,18). Denn Jesus selbst *ist* »die Auferstehung und das Leben« (Joh 11,25f.); er *ist* »der Weg, die Wahrheit und das Leben« (Joh 14,6)

– sein »Ich« ist mit dem absoluten »Ich« Gottes eins. Das gilt für die nachösterliche Gemeinschaft der Christen natürlich ganz genauso, wie der 1. Johannesbrief zeigt (1Joh 4,7–10.16). Denn in ihrer Mitte tritt der Geist Gottes an die Stelle, die im vorösterlichen Kreise seiner Jünger Jesus selbst innegehabt hat (Joh 14,16f.; 16,8–11). So konsequent aber diese Konzentration alles endzeitlichen Heils in Jesus und damit auch des endzeitlichen Gerichts in der »Scheidung« von Glaube und Unglaube in der johanneischen Theologie durchgehalten wird, so betont bleibt doch auch der Zukunftshorizont der Eschatologie neben der Gegenwärtigkeit bestehen, ja an manchen Stellen folgt auf die Aussage vollendeter Teilhabe am ewigen Leben im Glauben an Jesus sehr bewusst unmittelbar die traditionelle Zukunftsaussage (vgl. Joh 5,25–29 nach 5,24). Dass »die Stunde« der endzeitlichen Vollendung »kommt«, aber zugleich auch »jetzt ist« (V. 25), gehört wesentlich zusammen; denn nur so wird die Situation der Christen theologisch wie praktisch ernst genommen, die noch in der Welt leben und deren Hass gegen Jesus, der nach seiner Erhöhung für sie unerreichbar geworden ist, sich ganz auf seine Jünger richtet (Joh 15,18–25; 17,9–19). Sie dürfen sich zwar unter dem Schutz des Vaters wissen, müssen aber das Ende dieses Verfolgungsgeschicks in der Zukunft erwarten.

4 Das Wirken des Geistes in der Kirche

Der Geist ist die endzeitliche Leben schaffende Kraft Gottes (Joh 6,63), die in der Kirche bereits gegenwärtig ist. Durch den Geist wird die Kirche als die Heilsgemeinde der Endzeit geschaffen. Weil Gott im Sinn seines Namens in Ex 34,6f. die Liebe *ist*, die in Tod und Auferstehung Christi endzeitlich-vollendet zur Heilswirkung gekommen ist, ist der Geist Gottes in der Kirche die als Liebe wirkende Kraft, die die Christen in den verschiedenen Gemeinden mit der Liebe ihres Herrn ständig-aktuell verbindet (Röm 5,4) und so zur Liebe untereinander befähigt und antreibt. Insofern ist die Liebe unter allen Kräften und Gaben des Geistes »die größte« (1Kor 13,13).
Diesen trinitarischen Wesenscharakter der Kirche gilt es im Folgenden zu entfalten.

1. Wie am Anfang der Schöpfung der Geist Gottes in seinem Schöpfungswort wirksam wurde (Gen 1,2f.), so ist auch die Kirche durch die Kraft des Geistes in der Pfingstpredigt des Petrus ins Leben gerufen worden (Apg 2). Weil durch den Geist Christus von den Toten auferweckt worden ist, gewinnt jeder Getaufte durch den Geist Anteil am Auferstehungsleben Christi (Röm 8,11); und wie Jesus nach seiner Taufe den Geist empfangen hat, in dessen Kraft dann sein Wirken geschah, so empfängt auch jeder Christ durch die Taufe auf den Namen

Christi den Geist als die Grundkraft die aus der endzeitlichen Wirklichkeit in das ganze christliche Leben hineinwirkt (2Kor 1,22). Als der Geist des heiligen Gottes heiligt er die ganze Existenz der Christen (1Kor 6,11), so dass Paulus sie »berufene Heilige« nennt (1Kor 1,2). Alle miteinander sind sie »ein geistliches Haus«, dessen »lebendige Steine« der Geist zu einem heiligen Tempel zusammenfügt als Stätte ständiger Anbetung Gottes (1Petr 2,5). Der wahre, geistliche Tempel Gottes ist die Kirche (1Kor 3,16; Eph 2,21; 1Tim 3,15).

2. Gegründet wird die Kirche durch die apostolische Verkündigung in geistlicher Vollmacht, durch die Ortsgemeinden entstehen und ständig weiter erbaut werden. Weil der gekreuzigte und auferstandene Christus der Grundstein ist, auf dem dieses Haus Gottes errichtet ist (1Kor 3,11; 1Petr 2,4), geschieht alles christliche Leben und Zusammenleben »*in Christus Jesus*« – dies ist bei Paulus *der dichteste Ausdruck für die Kirche*: Wie aus der Teilhabe durch den Geist am Auferstehungsleben Christi alles Leben der Kirche erwächst, so lebt sie zugleich ganz auf die endgültige Vereinigung mit dem erhöhten Herrn bei seiner endzeitlichen Wiederkunft zu. So sehr ihr Wachstum auf dem Fundament des verkündigten Christusgeschehens geschieht, so sehr richtet sich ihr Leben auf die Zukunft der Endvollendung ihrer Einung mit ihm als ihrem himmlischen Haupt zu und zu ihm empor (Eph 2,21f.; Kol 2,19).
Diese beiden Aspekte der Gegenwart und der Zukunft gehören wesenhaft zusammen, weil es die Person Christi ist, mit dem verbunden die Kirche lebt. Das bringt Paulus darin zum Ausdruck, dass er sie als den lebendigen *Leib Christi* zu verstehen lehrt. Das ist nicht nur ein Bild, durch das er das Zusammen- und Füreinanderwirken der Christen in der Gemeinde im Blick auf den menschlichen Organismus, in dem jedes Glied seine besondere Funktion und Aufgabe hat, beispielhaftkonkret vor Augen stellt (1Kor 12,14–27). Sondern in geistlicher Wirklichkeit *ist* die Kirche tatsächlich der Leib Christi: Ist es doch Christus selbst (1Kor 12,12!), an dessen Leben Christen durch die Taufe so teilhaben (Röm 6,3f.), dass die heilsgeschichtlichen Unterschiede zwischen Juden und Heiden und auch alle gesellschaftlichen Unterschiede zwischen Sklaven und Freien sowie zwischen Männern und Frauen aufgehoben sind, weil alle zu Gottes Kindern geworden sind (1Kor 12,13; Gal 3,26–28). Und ist es doch der Leib und das Blut Christi, an dem im Herrenmahl alle in geistlich-konkreter Gemeinschaft teilhaben (1Kor 12,13; vgl. 10,16f.). Die Rede von der Kirche als dem Leib Christi hat also sakramentalen Sinn. Wo Christus sich selbst leibhaft für alle in den Tod hingegeben und ihnen so seine Heil schaffende Liebe erwiesen hat, und wo sich in Taufe und Herrenmahl diese seine Liebe gegenwärtig an ihnen, sie alle einend, vollzieht, da *sind* sie tatsächlich als die eine Gemeinschaft »in Christus« alle mit-

einander der Leib Christi und also im Verhältnis zueinander im gemeindlich-konkreten Zusammenleben Glieder dieses seines Leibes. Das muss in Korinth, wo pseudogeistliche Standesunterschiede entgegen der sakramentalen Wirklichkeit der Taufe und des Herrenmahls praktiziert zu werden beginnen, dringlich gelernt werden (1Kor 12,14–27). Kein Glied des Leibes ist wertlos für den Leib als ganzen. Aber es zerstört die geistliche Gemeinschaft aller, wenn Christen, die sich selbst für die geistliche Elite halten, scheinbar geistlich Schwache als wertlos behandeln. Denn der Geist ist *Gottes* und keines Menschen Geist, und Gott gibt seinen Geist den verschiedenen Mitgliedern seiner Gemeinde zur Erfüllung *seines* Willens und für Dienste sehr verschiedener Art. In allen Diensten geht es um für den Leib Wesentliches. Zu allem gibt Gott Gaben seines Geistes als Wirkungen *seiner Gnade* (»Charismen«). In allen verschiedenen Charismen wirkt ein und derselbe Geist, in allen verschiedenen Diensten der eine Herr, in allen verschiedenen Machtwirkungen »derselbe eine Gott, der alles in allem zur Wirkung bringt« (1Kor 12,4–6). Besonders an dieser Stelle zeigt sich die zentrale Wichtigkeit der Trinität in Gott selbst für das ganze Leben der Kirche.

Zu den Gnadengaben zählen auch die der Apostel, der Propheten und der Lehrer (1Kor 12,28–30). Sie sind für den »Aufbau« des Gemeindelebens von primärer Bedeutung. Denn Apostel haben als Gemeindegründer die ständige geistliche Leitung ihrer Gemeinden inne. Paulus bringt diese in Zeiten seiner Abwesenheit in seinen Briefen zur Wirkung. Er scheut sich darum überhaupt nicht, den Aposteln den ersten Rang zuzuerkennen. Propheten, die im Gottesdienst als geistvolle Prediger hervortreten (1Kor 14,1ff.), gebührt der zweite Rang und den Lehrern, die Neueintretende (Katechumenen) mit den elementaren Inhalten des christlichen Glaubens vertraut machen, der dritte. Erst nach diesen drei wichtigsten gemeinde-»bauenden« Ämtern nennt Paulus Beispiele der vielerlei anderen Charismen verschiedener Art und betont: Alle ohne Ausnahme sind Gaben des Geistes, deswegen aber nicht einander gleich. Nicht alle können und sollen Apostel sein, sondern nur die, die Christus berufen hat; auch nicht alle Propheten und Lehrer, sondern die, die in der Gemeindeversammlung zu diesen Aufgaben durch den Geist »ausgesondert« worden sind (Apg 13,1–3). Paulus unterscheidet also in 1Kor 12 zwar nicht zwischen Geistlichen verschiedenen Grades, wohl aber zwischen Ämtern von gemeinde*leitender* Wichtigkeit und anderen, die dem Gemeinde*leben* dienen. Zu diesen werden Christen *von Gott* berufen und von der Gemeindeversammlung als solche bestätigt: Ein »allgemeines Priestertum«, wie es in der gegenwärtigen evangelischen Kirche als reformatorische Errungenschaft neutestamentlichen ›Amtsverständnisses‹ gelehrt wird und rechtlich in Geltung steht, gibt es im Neuen Testament nicht, so sehr alle Christen von demselben *einen* Geist beseelt sind.

4 Das Wirken des Geistes in der Kirche

So viele verschiedene Gemeinden Paulus gegründet hat – von Gründungen anderer Apostel erfahren wir im Neuen Testament leider nicht –, so sind sie doch alle »die Kirche Gottes« an je verschiedenen Orten. Keine Gemeinde existiert selbständig für sich, alle gehören sozusagen als Schwestern zusammen, stehen in ständigem Austausch miteinander, in Fürbitte wie auch in gegenseitigen Besuchen; und sie handeln in gemeinsamen Aktionen zusammen – wie zum Beispiel in der Geldsammlung für die Jerusalemer Zentralgemeinde, um deren Armut aufzuhelfen (1Kor 16,1–4; 2Kor 8f.; Röm 15,25–33).
Ein Bindeglied von zentraler Bedeutung für alle Gemeinden ist der Apostel. Mit seinen Briefen, die im Gottesdienst verlesen werden (Kol 4,16) kommt er mit der vollen Autorität seines Apostelamts als Leiter und Lehrer zu Wort. Am Schluss richtet er die Grüße der Gemeinde aus, in der er gerade tätig ist (z.B. 1Kor 16,19), und bittet um die Fürbitte für seinen missionarischen Dienst (z.B. 2Kor 1,11; 1Thess 5,25). Bei ernsthaften Konflikten mit seinen Gemeinden – wie in der von Korinth – entsendet er einen seiner »Mitarbeiter« an seiner Statt, um zur Lösung zu helfen (z.B. 1Kor 4,17; 2Kor 7,13–15).
In nachapostolischer Zeit wurde es notwendig, dieses gesamtkirchlich so überaus wichtige Apostelamt so weiterzuführen, dass die weiterhin rasch wachsende Kirche am überkommenen Glauben und an der Einheit ihrer Gemeinden festhielt. Vor allem bedurfte es eines kirchenleitenden Amts mit apostolischer Autorität, um der mancherlei Irrlehren Herr zu werden, die Irritationen erregten und es zu Spaltungen kommen ließen. Hauptgegner waren bereits am Ende des 1. Jahrhunderts die verschiedenen gnostischen Schulen mit z.T. bedeutenden Lehrern, die manche gebildete Christen faszinierten. Diese lehrten ein Elitebewusstsein »Vollkommener«, die sich als Pneumatiker von bloßen Kirchenchristen unterschieden wissen sollten. Die Rede des Paulus zu den »Ältesten« (Presbytern) von Ephesus, die Lukas aufgrund erster solcher Erfahrungen als einen testamentarischen Abschied des Apostels gestaltet hat (Apg 20,17–38), beschwört diese Gemeindeleiter als gute und treue Hirten der »Herde Gottes« zum Kampf gegen die »reißenden Wölfe« gnostischer Irrlehrer (V. 28–31). Und die Pastoralbriefe (1/2Tim; Tit) dienen dem gleichen Ziel: aus dem Gremium von Presbytern sollen geeignete Personen als »Aufseher« (Bischöfe) ordiniert werden (1Tim 4,14; 2Tim 1,6), die fähig sind, die Gemeinde in fester Gemeinschaft zusammenzuhalten, und die vor allem die Autorität besitzen, ihre Gemeinden gegen Irrlehrer zu schützen (1Tim 6,3–5; 2Tim 2,14–3,9; Tit 1,9–16; 3,8–11).
In diesen Texten wird die Grundanschauung sichtbar, wie es zur Bestallung von Bischöfen kommen soll: Paulus selbst als der Apostel setzt sie und führt sie in ihre Aufgaben ein; oder er bevollmächtigt seiner Mitarbeiter, das zu tun. So wird seine apostolische Autorität auf die Bischöfe der nächsten Generation übertragen. Darin zeigt sich das

Interesse an einer geordneten Kontinuität zwischen dem Apostelamt der Urkirche und dem Bischofsamt der nachapostolischen Kirche.

Für das gleiche Interesse gibt es auch ein wichtiges Zeugnis aus dem nichtpaulinischen Bereich: In Joh 21,15–17 beauftragt der auferstandene Christus Petrus, als guter Hirte an seiner Statt seine Herde zu weiden. Da nach Joh 10,11–16 Jesus diese Aufgabe für die Gesamtkirche wahrgenommen hat, wie V. 16 zeigt, handelt es sich bei dem Hirtenamt, zu dem Jesus Petrus dreimal beruft – ausgerechnet ihn, der ihn zuvor dreimal verleugnet hatte (Joh 18,17f.25–27) –, eindeutig um das Amt der Leitung der Gesamtkirche! Da Jesus Petrus jedoch zugleich dessen bevorstehendes Martyrium ankündigt (Joh 21,18f.) und ihm zugleich seinen Willen bekräftigt, dass danach »der Jünger, den er liebte«, in der Kirche bleiben werde bis zu seiner Wiederkunft (21,22), ist damit angedeutet, dass dieser Jünger »bleibend« das gesamtkirchliche Hirtenamt ausüben wird, das Petrus nur bis zu seinem Märtyrertod am Kreuz innegehabt hat. Wahrscheinlich hat dieser Jünger im Johannesevangelium deswegen durchweg keinen Namen, sondern wird allein durch die Liebe Jesu zu ihm benannt, weil er als der Typus des vollendeten Jüngers Jesu in der Zeit nach seinem Tod verstanden werden soll. Seine Anonymität besagt dann, dass viele Personen in die Funktion dieses Jüngers eintreten sollen. Wenn diese Vermutung zutrifft, dann ist hier ein »bleibendes« universalkirchliches Hirten- und Lehramt in der Nachfolge des Märtyrerapostels Petrus angedeutet. In diesem Sinn wird dieser Jünger vom Herausgeber in 21,24 als der Verfasser des Johannesevangeliums vorgestellt, das in der Kirche als »wahres Zeugnis« bleiben soll – wie sein Verfasser als bleibender Zeuge.

5 Hermeneutik der Auslegung der Bibel als der Heiligen Schrift

Der Durchgang durch elementare Inhalte der Theologie des Neuen Testaments sollte beispielhaft sein für die seiner Auslegung angemessene Methode. Wo immer deren Prinzipien im vorhinein feststehen und bei der Exegese der Texte zugrundegelegt werden, wie das seit der Aufklärung immer wieder geschehen ist und geschieht, widerfährt den Texten Gewalt. *Historisch* verstanden werden diese nur, wenn es dem Exegeten ganz darum geht und es ihm möglichst weitgehend gelingt, die Texte so zu verstehen, wie ihre Sprecher sie verstanden und sie ihren Hörern zu verstehen gegeben haben. Dazu bedarf es nicht nur einer hoch entwickelten Kenntnis ihrer Sprache und der Eigenart ihrer Lebensweise in der Tradition ihrer damaligen Lebenswelt, sondern auch der Kunst, in ihren Aussagen den Sinn, das Interesse und das Ziel der Redenden herauszuhören. Zu solchem *Vernehmen* muss der historische Exeget seine Sinne schulen und sein Interesse so auf das Interesse und das Ziel seines biblischen Partners konzentrieren, dass er *diesem* dazu dient, mit den Aussagen seines damaligen Textes heutigen Menschen verständlich zu werden, statt dass umgekehrt seine Aussagen in die Denkwege und Interessen heutiger Menschen eingepasst werden. So sehr in allem historischem Verstehen das eigene Verstehen des Exegeten im Kontext seiner gegenwärtigen Welt beteiligt ist und sein muss, so sehr gilt es doch, dieses eigene »Vorverständnis« (Bultmann, Gadamer) zur Deutung des Verstehens seines biblischen Partners zu befähigen, statt zum Vorurteil zu werden, dem dieser unterworfen wird.

1. Der Gegensatz zwischen derjenigen Methode, für die dieses Buch plädiert, und der seit der Aufklärung angewandten zeigt sich sogleich im Blick auf das erste Kapitel des zweiten Teils. Hier geht es um die Rede von Gott als der allbestimmenden Mitte aller biblischen Theologie, im Alten wie im Neuen Testament. Gewiss sind es alles Aussagen von Menschen, die so von Gott redeten, wie man zu je ihrer Zeit und in je ihrer Umwelt von Gott zu reden gewohnt war: Doch es war ihnen völlig selbstverständlich, dass es *Gott als ureigene Person* gibt und, dass er zu Menschen redet und an ihnen handelt. Das ist in den Erzählungen der Genesis ebenso wie in den hochrationalen Partien der Briefe des Paulus.

Dagegen kann nach der Urregel neuzeitlicher Exegese in allen biblischen Gottesaussagen nur das darin zum Ausdruck kommende menschliche *Gottesverständnis* Thema wissenschaftlicher Auslegung sein. Dass von *Gott selbst* als eigenem Subjekt heute nicht mehr die Rede sein kann, hat spätestens seit Kant jedem Vernünftigen der Moderne als schlicht wahr zu gelten. Handeln können nur Menschen. Von Gottes eigenem Handeln reden die Menschen der Bibel bestenfalls so, wie sie es in sich erlebt haben, normalerweise so, wie es die theologische Sprachtradition ihnen vorgab, zum Beispiel »narrativ«, also so, wie nach überlieferten Erzählungen ein Abraham und ein Mose Gottes Verheißungen gehört haben. Gott gibt es jedoch nur in theologischer Rede von Menschen, damals wie heute. Wo in Texten der Bibel von Gott selbst als seinem eigenen »Ich« die Rede ist – wie in der in Ex 3,14 erzählten Selbstoffenbarung seines Namens –, da mag dies als hoch reflektierte Theologie des biblischen Erzählers beurteilt werden. Aber dass dieser ICH-Gott wirklich existiere, wie es für den damaligen Erzähler und sein Publikum selbstverständlich war, das kann heute, wissenschaftlich geurteilt, nur eine mythische Aussage sein, der als solcher keine Wahrheit zuerkannt werden kann, deren Sinn nur ›theologisch‹ zu deuten und anthropologisch zu explizieren ist.

So zu urteilen, ist »modern« seit der Aufklärung, die die Vernunft zur Herrin der Methode »kritischer« Bibelexegese erhoben hat. Dass in wissenschaftlicher Sprache nicht von Gott die Rede sein kann und darf, sondern nur von Gottesvorstellungen oder von Gottesverständnissen, das ist gegenwärtig so selbstverständlich wie einstmals im alten Israel und im Urchristentum die Rede von Gott selbst – darin besteht der fundamentale Gegensatz zwischen den biblischen Texten und ihren modernen Auslegern. Auch wenn Exegeten ihren Texten historisch ganz nah zu sein meinen, sind sie ihnen wegen dieses theo-logischen Gegensatzes ganz fern.

Wie kann man mit diesem Gegensatz umgehen, ohne die Bühne der Wissenschaft ganz zu verlassen (wie es viele konservative Exegeten meinten, tun zu müssen), vor allem aber, ohne der Rede der Texte vom lebendigen Gott auszuweichen? Ich schlage vor: Einerseits ist in der Exegese der Texte deren Rede von Gott ganz ernst zu nehmen und zu sehen, welche Konsequenzen sich daraus für das Verstehen des ganzen inneren Gefüges biblischer Theo-logie ergeben. Andererseits aber ist auch die Tradition moderner Kritik insofern ernst zu nehmen, als sie seit immerhin über 250 Jahren die wissenschaftliche Auslegung weithin bestimmt. Gleichwohl sollte man den Mut zu dem Experiment aufbringen, die moderne Infragestellung der Rede von Gott bei der Exegese der biblischen Texte zunächst sozusagen einzuklammern, um diese ausreden zu lassen und dabei mitzuverfolgen, wie sich die Rede von Gott im Verlauf ihrer eigenen Geschichte in Israel tiefgreifend problematisiert hat, dann aber in Jesus Christus überraschend diese Krise überwunden worden und das Heilshandeln Gottes zu seiner Vollendung gekommen ist. Wenn man die Geschichte *dieser* Problematisierung mit ganzem eigenen Herzen mitleidend-beteiligt verfolgt und schließlich das als deren volle Überwindung miterlebt, dann könnte die einstweilen eingeklammerte neuzeitliche Problematisierung der Rede von Gott dessen gewahr werden, dass in der biblischen Geschichte der Problematisierung des Verhältnisses zu Gott auch ein Gutteil ihrer eigenen Krise enthalten ist, aber in deren Überwindung in Christus auch eine wirkliche Chance zur Überwindung der eigenen Gotteskrise. Ich erinnere an Hegels Denkweg, der am »spekulativen Karfreitag« das endgültige Scheitern mit einem tiefen Schaudern seines eigenen Denkens erlebt, aber in der rettenden Negation dieser letzten Krise die Aufhebung dieses Scheiterns zu denken gewagt hat. Vielleicht stellt sich in unserem 21. Jahrhundert die Chance ein, das, was Hegel aus der biblisch-christlichen Tradition in *Philosophie* verwandelt hat, in deren originaler Welt des Neuen Testaments in neuer Intensität zu erfahren und in *theo-logisches* Denken zurückzuverwandeln. Ist doch dort am Karfreitag Jesu Christi selbst und am Ostermorgen seiner Auferweckung die ›wirkliche‹ Wahrheit der Geschichte *Gottes* mit den Menschen zu ihrer Vollendung gekommen! Diesen Ursprungsort biblischer Rede von Gott als dem in der *Geschichte* Jesu selbst Handelnden ganz ernst zu nehmen, gilt es im theo-logischen Denken neu zu lernen!

2. Die Voraussetzung dazu, den Ort der biblischen Rede von Gott in der *Geschichte Gottes mit den Menschen* zu erkennen und diese von Ex 34,6f. aus exegetisch nachzuverfolgen, ist: die *Einheit des Alten und Neuen Testaments* im Kanon der Kirche geistlich neu zu erleben und geistig ernst zu nehmen. Diese Einheit der Testamente zeigt sich nicht nur in den vielen alttestamentlichen Zitaten im Neuen Testament und in der – besonders im Matthäusevangelium ausgearbeiteten – urchristlichen Lehre, dass sich in der ganzen Geschichte Jesu und dann auch in der der Urkirche prophetische Weissagungen erfüllt haben. Sondern ungleich tiefgreifender zeigt sie sich in der ganzen *Geschichte Gottes mit seinem Volk Israel*, die mit der ihr eigenen göttlichen ›Logik‹ in der Geschichte Jesu ihre Vollendung gefunden hat. Zum Verstehen dieser Geschichte Gottes hat die alttestamentliche Exegese einen entscheidenden Beitrag geleistet (von v. Hofmann bis zu v. Rad). Dies wiederum war nur möglich aufgrund der literarkritischen und traditionsgeschichtlichen Analyse der alttestamentlichen Schriften. Diese haben zu der Einsicht geführt, dass in Israel von seiner Frühzeit an bis in seine Spätzeit ein elementares Interesse an seiner Volksgeschichte als einer *Geschichte Gottes mit seinem Volk* bestanden hat. Dieses Interesse hat zu einer Vielzahl von Geschichtserzählungen geführt, die in den Geschichtsbüchern des alttestamentlichen Kanons verarbeitet worden sind. Diese sind also der Niederschlag einer zuvor langen, höchst lebendigen Geschichte theo-logischer Geschichtsschreibung in Israel. Ordnet man die geschichtlichen Inhalte in den Prophetenbüchern in den Zusammenhang dieser Geschichte Gottes mit Israel ein, so wird deren theo-logischer Charakter in vieler Hinsicht noch konkreter sichtbar. In zahlreichen Psalmen wird diese Geschichte im Lobpreis der »großen Wundertaten« Gottes doxologisch erinnert. Selbst in der Weisheitsliteratur, die ursprünglich ganz an der Erziehung einzelner Gebildeter interessiert war, hat sich sehr bald dieser theologische Aspekt der Geschichte Israels eingefunden.
So *erscheint das ganze Alte Testament als ein Geschichtsbuch*, in dem Gottes Handeln mit seinem Volk den weiteren Generationen so mitgeteilt wird, dass sie selbst daran teilhaben.
So aber muss denn auch der Kanon selbst bei der Exegese seiner einzelnen Schriften theologisch ernst genommen werden. Das ist ein Gesichtspunkt, der bei dem vorherrschenden Interesse an der Quellenanalyse oft vernachlässigt wird. Das im Kanon integrierte Ganze der vielfältig bezeugten Geschichte erfordert eine entsprechende »kanonische Exegese« auch einzelner Stellen. Das soll jetzt zunächst nur im Blick auf den alttestamentlichen Kanon ausgeführt werden.

3. Unser Kardinalbeispiel dafür ist Ex 34,6f. Erst der Kontext des Buches Exodus als ganzer lässt erkennen, dass es sich hier, wie wir gesehen haben, um die dritte und letzte einer Reihe von Selbstoffenba-

rungen Gottes in seinem Namen handelt. Diese beginnt mit dem absoluten ICH des Jahwe-Namens in Ex 3,14. Dessen radikale Egozentrik öffnet sich in Ex 6,2–8 zu einer Verbindung mit seiner vorherigen Erfahrung als »Gott der Väter« und zu deren jetzigen Erweiterung auf das Volk Israel als ganzes, für das Jahwe als für sein Volk da sein will. Dies wird dann in Ex 20,2 zur Leit-Überschrift über die Zehn Gebote als Dokument des Bundes Gottes mit Israel. Das Entscheidende ist hier die Zusage seines Rettungshandelns im Exodus. Auf den sofortigen Bruch des Bundes durch Israels Anbetung selbst gemachter Götter in Ex 32 reagiert Gott schließlich, höchst überraschend, mit der Erneuerung des Bundes, die er nunmehr mit der vollen inhaltlichen Offenbarung seines Namens in Ex 34,6f. begründet: Er *ist* Er-Selbst, indem er über seinen Zorn gegen sein bundbrüchig gewordenes Volk hinaus diesem kraft seiner barmherzigen Gnade seine Sünde vergibt und darin die unendliche Treue seiner Liebe erweist.

Diese wohlbedachte Folge der Namensoffenbarung ist nur dann in ihrer so ganz großartigen Wunderbarkeit *Gottes selbst* zu erkennen, wenn man den *Kontext des kanonischen Buches Exodus* zugrunde legt. Die zentrale Bedeutung dieser Offenbarungen des Gottesnamens für die Theo-logie des ganzen Alten Testaments zeigt sich jedoch durch die folgenden Beobachtungen: *Erstens* findet sich die Reihe der Namenselemente von Ex 34,6 in gattungsmäßig ganz andersartigen Schriften vielfach wieder, besonders in den Psalmen (z.B. 86,15; 103,8; 145,8f.). Auch Teilelemente der Reihe werden genannt (z.B. Ps 111,4.7f.; 112,4; 116,5). Sieht man so ein Wissen um die Zusammengehörigkeit dieser fünf Namenselemente, dann ist die Annahme hinreichend begründet, dass auch die vielen Einzelnennungen der Gnade, der Barmherzigkeit, Langmut, Liebe und Treue ein allgemeines Bewusstsein ihrer Zusammengehörigkeit voraussetzen, zumal dort im Kontext der Psalmen überall der *Name* Jahwes in der Kraft seiner »Wundertaten« gepriesen oder als Hilfe erbeten wird. Das gilt besonders auch für das zahlreiche Vorkommen der Aufforderung zum Dank für die Güte und Gnade Jahwes (z.B. 106,1; 118,1.29). In Ps 136 wird jedes einzelne Ereignis in Schöpfung und Geschichte gleichlautend mit dem Lobpreis beantwortet: »denn ewig währt seine Gnade«. Oft gilt das Gedenken an das Rettungswunder des Exodus dem Lobpreis des Namens Jahwes, und besonders wird auch die Erinnerung an den ständig sich wiederholenden Ungehorsam Israels in der Wüstenzeit zum Sündenbekenntnis der gegenwärtigen Gemeinde und zum Dank und Lobpreis der immer neuen Überwindung des Zornes Gottes durch seine vergebene Gnade (z.B. Ps 106).

Dass der Name Gottes den Bestand seines *Bundes mit Israel* gewährleistet, führt zu einer Verbindung der Namenselemente von Ex 34,6 mit der Bundes*gerechtigkeit* Jahwes (z.B. Ps 98,2; 111,4f.9). Da der Psalter zu *dem* biblischen Gebetsbuch Israels geworden ist, das auch

5 Hermeneutik der Auslegung der Bibel als der Heiligen Schrift

noch zur Zeit Jesu und der Urkirche sowohl den einzelnen Frommen als auch den Synagogengemeinden aus der Tradition der Tagesgebete und der Gottesdienstliturgie ganz vertraut war, ist auch hier eine Präsenz des tradierten Wissens um die den Bund bestimmende Kraft des Namens Gottes sicher anzunehmen.

Zweitens findet sich das Geheimnis des Namens in Ex 34,6f. im Verlauf der Geschichte Israels während der ganzen Zeit der Richter und Könige geradezu als Stereotyp der verschiedenen *Geschichtsberichte*: Immer wieder fällt Israel von seinem Gott ab und dient Gottheiten der Völker seiner Umwelt. Immer wieder gibt Jahwe sie in seinem Zorn der Herrschaft fremder Mächte preis, schafft dann aber durch sein gnädiges Erbarmen mit seinem Volk auch immer neue Anfänge eines Lebens in Gerechtigkeit und entsprechendem Wohlergehen.

Wir haben gesehen, wie dann mit der Zerstörung Jerusalems samt des Tempels als der Stätte der Gegenwart Gottes inmitten seines Volkes und mit der 70-jährigen Gefangenschaft im babylonischen Exil ein tiefer Bruch in der Geschichte Israels eingetreten ist. Die Wirklichkeit dieser Erfahrung sprach dafür, dass nun der Bund Gottes mit seinem Volk endgültig zerbrochen und zu Ende war. Die Wirklichkeit der Gnade Jahwes schuf aber auch jetzt einen neuen Anfang einerseits durch die wunderbare Heimkehr, andererseits mit der Verheißung eines neuen, ewigen Bundes in Heil und Frieden in einer noch verborgenen Zukunft. Hier werden die Propheten, die bisher jedes Mal Gottes Zorn anzukündigen hatten, als Künder dieser endzeitlichen Bundeserneuerung zu den Zentralgestalten der Geschichte Israels: Und wie selbstverständlich erscheinen in ihren Verheißungen die Elemente des Namens Jahwes von Ex 34,6f. als die auch in dieser zukünftigen Bundeserneuerung zentralen Elemente des göttlichen Heilshandelns.

Diese Kontinuität der Geschichte Israels, die sich genau nach den Leitlinien von Ex 34,6f. vollzieht, erweist besonders eindruckvoll die zentrale Bedeutung dieser Namensoffenbarung für das Ergehen Israels; sie bestimmen geradezu die ›Logik‹ seiner ganzen Geschichte! Der historisch getreue Exeget des Alten Testaments muss sich selbst hineinnehmen lassen in die konkreten Erfahrungen Israels mit der wunderbaren Wirklichkeit seines Gottes in dessen Handeln – sonst versteht er nichts von der Geschichte dieses Volkes. Natürlich kann man sie vergleichen mit der Geschichte anderer Völker des Vorderen Orients – aber solche Vergleiche zeigen auch aus dem Außenaspekt die *Einzigartigkeit dieses ICH-Gottes* in seiner ihm wesenhaften Erwählungsliebe- und treue und vor allem seiner vergebenden Gnade, die seinen Zorn immer wieder überwindet!

4. Wenn wir nun das *Neue Testament* hinzuziehen, dann zeigt sich, wie tief es als ganzes theo-logisch in diese Kontinuität alttestamentlicher Geschichte eingebunden ist. Das gilt gerade auch für das, was

dieser gegenüber ganz neu ist: für die *Geschichte Jesu.* Seine Verkündigung der Nähe, ja der vorgreifenden Gegenwärtigkeit der Herrschaft Gottes geht weit über Dan 7 hinaus – aber so, dass unter ihrem eschatologischen Horizont die Züge von Ex 34,6f. ganz in die Mitte treten. Geht es Jesus doch, wie wir gesehen haben, entscheidend darum, dass Gott selbst sich in seiner absoluten Herrschaft primär den Sündern zuwendet, um sie an der kommenden vollendeten Heilswirklichkeit mit den Gerechten mit teilhaben zu lassen. So steht gerade auch hier *der lebendige Gott selbst*, der die Geschichte Israels zu seiner Geschichte mit dem Volk seines Bundes gemacht hat, in der Mitte des Heilsgeschehens, das Jesus verkündigt, und auch in allem, was Jesus getan hat. Natürlich kann der Exeget das *Gottes-›Verständnis‹* Jesu sowie auch sein persönliches *Gottes-›Verhältnis‹* thematisch herausstellen. Aber ohne dass die *eigene Wirklichkeit dieses Gottes selbst* ernst genommen und zum eigentlich allein wichtigen ›Thema‹ wird, versteht man gerade auch vom ›historischen Jesus‹ selbst absolut gar nichts.

Jesus sprach zwar wie die früheren Propheten im Namen des Gottes Israels zu den Juden Galiläas – aber doch charakteristisch anders: Während jene als Boten Gottes wirkten und so ihre Verkündigung durch »So spricht Jahwe« eingeleitet haben, spricht Jesus in unmittelbar eigener Vollmacht: »*Ich* sage euch«. In seinem Ich kommt Gottes Ich unmittelbar selbst zur Sprache. So ist in seiner ganzen Verkündigung der »Herrschaft Gottes« diese selbst gegenwärtig. Am deutlichsten kommt das zur Wirkung in Jesu Zuspruch der Sündenvergebung. Jeder Jude weiß: Sünden vergeben kann und darf allein Gott selbst (Mk 2,7). Wo Jesus selbst einem Gelähmten Vergebung zuspricht, sehen deshalb Toralehrer darin pure Gotteslästerung. Die nachfolgende Heilung jedoch erweist, dass im Wort und Handeln Jesu tatsächlich *Gott* wirkt (Mk 2,8–12)!

In diesem Sinn bringt die *johanneische Christologie* die Wirk-Einheit Jesu mit Gott theo-logisch verdichtend zum Ausdruck: »Ich und der Vater – eins sind wir« (Joh 10,30). Aber die besondere Zielrichtung der von Jesus verkündigten Herrschaft Gottes: die Priorität der Annahme von Sündern, hat *Lukas* herausgestellt. Dass Jesus den Willen des Gottes Israels in der Tora vollkommen erfüllt, indem er ihre Gebote so radikalisiert, dass ihre Forderungen an die Menschen dem Verhalten Gottes entsprechen sollen, hat wiederum *Matthäus* in seinem Evangelium seiner judenchristlichen Lesergemeinde nahegebracht. Diese drei verschiedenen Christologien samt der Christologie ihrer Quellen Markus und Q in ›kanonischer Exegese‹ in eins zu sehen, ist ohne falsche ›Harmonisierungen‹ durchaus möglich, wenn man dessen gewahr wird, dass der Name Gottes im Sinn von Ex 34,6f. das gemeinsame Fundament ist, dessen endzeitliche Vollendung in Jesus selbst zur Wirkung gekommen ist. Die erste Bitte des Vaterunsers lautet entsprechend: »*Dein Name werde geheiligt*«. Darin haben alle folgenden Bitten ihren gemeinsamen Bezugspunkt.

Es ist zwar richtig, wenn in der modernen exegetischen Wissenschaft hervorgehoben wird, dass sich in der Geschichte der Kanonbildung das Nebeneinander der vier Evangelien durchgesetzt hat, entgegen den Tendenzen nur eines aufzunehmen (Marcion) oder sie zu einem einzigen Evangelium zusammenzuarbeiten. Aber dass sich darin ein Wille kundgetan habe, für eine Pluralität des Jesusbildes in der Kirche offen zu sein oder gar für seine »Buntheit« zu plädieren, ist zweifellos ein modernistisches Missverständnis. Im Gegenteil: Dass die apostolische Autorität in diesen vier Evangelien erkannt und allgemein anerkannt wurde, im Unterschied zu der sich ständig mehrenden Pluralität von Evangelienschriften nichtapostolischen Charakters, dafür gab es den einen Grund: Die Gemeinden, in deren Gottesdiensten zunächst nur ein Evangelium verlesen wurde, lernten in den jeweils anderen Evangelien anderer Gemeinden der einen Kirche die selbe Stimme des *einen* Hirten Jesus Christus zu hören und in den verschiedenen Erzählungen seiner Geschichte die eine Geschichte Gottes mit den Jüngern Jesu auch aller Gemeinden der gegenwärtigen Kirche zu erkennen. In ›kanonischer Exegese‹ geschieht heute nichts anderes als das, was sich in der Kirche des 2. und 3. Jahrhunderts bei der Entstehung des Kanons vollzogen hat.

Gleiches gilt für die *Zusammenstellung des Alten und des Neuen Testaments zu einem Gesamtkanon*. Das Alte Testament war in der Urkirche bereits *die* heilige Schrift, als es noch keine schriftlichen Evangelien gab. Dass dieses Buch der Geschichte des Gottesvolks und der Verkündigung seiner Propheten sowie der Psalmen (Lk 24,44) zum gegenwärtigen Leben der Christen wesenhaft hinzugehört, das war von Anfang an selbstverständliche Grundüberzeugung. Zwar kommt in der Fülle von Zitaten und Anklängen Ex 34,6 nur an zwei Stellen vor (Joh 1,15; Jak 5,11). Diese Stelle hat also in der urchristlichen Lehre nicht als zu den in Christus erfüllten *Weissagungen* hinzugehört. Dass sie jedoch unbekannt gewesen wäre, ist schwerlich anzunehmen. Immerhin ist in dem aus ältester Zeit stammenden Christushymnus Phil 2,6–11 mit dem ganzen Gewicht, das im Alten Testament dem heiligen Namen Gottes zugekommen ist, davon die Rede, dass Gott dem auferstandenen Christus »den Namen über allen Namen« verliehen hat (V. 9). In dem Christus-Titel »der Herr« soll also der Gottesname von Ex 3,14 mitgehört werden (in dem Judengriechisch, in dem die Christen miteinander sprachen, war »der Herr« die Übersetzung des heiligen Gottesnamens). Wenn die Christen sich selbst als die bezeichneten, »die den Namen des Herrn anrufen« (1Kor 1,2), so war darin eine geläufige jüdische Benennung frommer Juden auf die Christen übertragen, ohne dass damit der Name Christi den heiligen Gottesnamen etwa ersetzte. Daraus ist jedenfalls zu ersehen, dass die Offenbarung des Namens Gottes im Buch Exodus im Urchristentum nicht nur selbstverständlich bekannt war, sondern dass sie als von allergrößtem Gewicht gegolten hat. Da man es jedoch in der hellenistischen Umwelt mit einer Fülle von Gottheiten zu tun hatte, stand hier bei der Ausbildung urchristlicher Theologie die Einzigkeit Gottes im Sinn von Ex 20,1–6; 5Mos 6,4f. ganz im Vordergrund. Sich zu dem *einen* Gott im Glauben an den *einen* Jesus Christus zu bekennen, hieß, aus dieser von dämonischen Mächten beherrschten religiösen Welt ein für allemal auszutreten (z.B. 1Kor 8,5f.; Gal 4,8f.). Doch wo man intern von der Barmherzigkeit Gottes spricht, durch die Christen gerettet und des ewigen Heiles teilhaftig geworden sind (vgl. z.B. Lk 1,78; Röm 11,30f.; Eph 2,4; 1Petr 1,3), da steht Ex 34,6 zweifellos im Hintergrund.

5. Von daher ist besonders auch die *Rechtfertigungslehre des Paulus* zu verstehen. Erst wenn man sie auf dem Hintergrund der inneralttestamentlichen Wirkungsgeschichte des Namens Gottes im Sinn von Ex 34,6f. sieht, tritt ihre Eigenart und ihre Zielrichtung in ihrem ganzen Gewicht zutage. Das Grundproblem der Geschichte Gottes mit Israel: wie Gott den Heilswillen seiner barmherzigen Gnade an seinem Volk verwirklichen kann, wenn dieses immer wieder bundbrüchig wird und Gottes Zorn es der Unheilswirkung seiner Sünde überlassen muss, bleibt im Alten Testament ungelöst offen. Erst der urchristliche Glaube sieht im Wirken und Geschick Jesu Christi die Erfüllung der Verheißung eines neuen, ewigen Bundes (1Kor 11,25; 2Kor 3,6). Dieses Wissen des Glaubens hat der Heidenapostel Paulus in seiner Verkündigung und in deren theologischem Durchdenken radikal vertieft: Einerseits trifft Gottes Zorn nicht nur die »Sünder aus den Heiden«, wie es jüdische Theologie weiß (Gal 2,15), sondern mit gleicher Unheilswirkung auch jüdische Sünder. Denn Sünde ist sowohl die Gotteswidrigkeit der Heiden in ihrem Götzendienst und der daraus folgenden sittlichen Verderbtheit (Röm 1,18–32) als auch genauso die Widergerechtigkeit der Juden, die Gottes Gesetz zuwiderhandeln (Röm 2,17–29) und die eben dieses Gesetz als Sünder dem Tode zuspricht (»verflucht«: Gal 3,10). Gottes Zorn ist hier wie dort am Wirken (Röm 1,18–20). Weil *alle* gesündigt haben, trifft *alle* die Verurteilung durch Gottes Gesetz (Röm 3,9–20). Anderseits hat Gottes Gnade im Sühnetod Christi diese Wirkung seines universalen Zorns in höchster Wunderbarkeit für alle Menschen so universal aufgehoben, dass nunmehr das Gottesvolk des Neuen Bundes Juden- wie Heidenchristen in bisher nicht gekannter Gemeinsamkeit vereint (Röm 3,21–5,21).
Diese letzte Radikalisierung und Universalisierung des Unheils- wie des Heilshandelns Gottes in Christus ist das Besondere der Rechtfertigungslehre des Paulus. Sie nimmt wahr, dass in Christus die bisherige Grenzbarriere zwischen dem Gottesvolk ›drinnen‹ und den Heiden ›draußen‹ zerbrochen ist. Sie spricht Juden als Sündern den vermeintlichen Schutz durch die Gabe der Tora mit der gleichen Schärfe ab, wie die Juden den gottlosen Heiden jede Teilhabe am Heil des Gottes-

volks. Sie erkennt dagegen Heiden die Zugehörigkeit zu Jesus Christus ebenso vollkommen zu wie Juden, die sich im Glauben darauf einlassen, dass Jesus der Messias ist nicht nur für sie, sondern genauso auch für alle Heiden. Judenchristen, die dies bestreiten und von Heidenchristen verlangen, sich als ›Proselyten‹ beschneiden zu lassen und die ganze Toraobservanz auf sich zu nehmen, erkennt Paulus weder als Christen noch gar als Apostel an. Im Kontext dieses Streits mit den Gegnern in Galatien ist seine Rechtfertigungslehre mit ihrer ›antijudaistischen‹ Spitze entstanden; und er hat sie danach im Römerbrief so ausgebaut, dass sie zur Argumentationshilfe in der Auseinandersetzung der römischen Christen mit der dortigen Synagoge dienen sollte. Dabei tritt hervor, dass die Tora ihre Bedeutung als Kriterium der Rechtfertigung zwar verloren, doch ihre Bedeutung für Christen, die durch Christus gerecht geworden sind, sich noch vertieft hat (Röm 3,31; 13,8–10).
Auch die Bundesgemeinschaft, die Gott mit Israel als seinem Volk eingegangen ist, gilt nach wie vor. Sie wird nur erweitert durch die Mitteilhabe der Heiden am Heil des neuen Gottesvolks. Dass die Majorität der Juden das Christusevangelium ablehnt, ist für den judenchristlichen Heidenapostel ein brennender persönlicher Schmerz (Röm 9,1–5); und die theologische Verarbeitung dieses Schmerzes in Röm 9–11 gehört wesentlich zu seiner Rechtfertigungslehre hinzu, wie auch früher die Propheten die ihnen aufgetragene Unheilsverkündigung mit tiefem eigenem Schmerz ausgerichtet haben. Aber weil Paulus zutiefst von der unerschütterlichen Wahrheit überzeugt war, dass Gottes Gnade (im Sinn von Ex 34,6f.!) ihren Heilswillen für Israel zuletzt durchsetzen wird, hat er das ihm – offenbar visionär mitgeteilte – »Mysterium« vollauf ernst genommen: Wenn dereinst die Fülle der nichtjüdischen Völker in das Reich Gottes eingehen wird, dann auch Israel – und zwar ganz »ebenso« (Röm 11,26), das heißt in der gleichen Wunderbarkeit wie die Heiden, nämlich durch Bekehrung zum gekreuzigten und auferstandenen Christus (Röm 11,25–27). Die außerordentlich dichte theologische Durchdringung dieses Mysteriums gehört zu den eindrucksvollsten Texten des Neuen Testaments: »Wie einst ihr (Heiden) Gott ungehorsam wart, jetzt aber Gottes Erbarmen gefunden habt, so sollen auch diese, die jetzt im Unglauben verharren angesichts des euch zuteil gewordenen Erbarmens, (dann) auch selbst Gottes Erbarmen finden. So hat Gott alle in (das Gefängnis) des Unglaubens eingeschlossen, um sich aller zu erbarmen« (Röm 11,30–32). Dass diese theo-logische Logik in der des Namens Gottes in Ex 34,6f. gründet, ist schwerlich zu verkennen.
Im Verlauf der Wirkungsgeschichte der paulinischen Rechtfertigungslehre hat diese vielerlei Deutungen erfahren, indem sie immer wieder neu auf je aktuelle innerkirchliche Problemsituationen bezogen verstanden worden ist. Wo dabei jedoch ihr ursprünglicher Zusammen-

hang mit dem alttestamentlichen Zeugnis der Geschichte Gottes mit Israel in den Hintergrund tritt oder ganz vergessen wird, da droht auch ihre tiefste theo-logische Bedeutung verloren zu gehen.

6 Die Bedeutung der verschiedenen Methoden wissenschaftlicher Exegese

Anhangsweise soll schließlich noch ein Überblick über die verschiedenen Arbeitsgänge in der wissenschaftlichen Auslegung der neutestamentlichen Schriften gegeben und nach ihrer Bedeutung für deren theologisches Verstehen gefragt werden.

1. Grundlegende Voraussetzung für eine *historische* Exegese ist, dass es nach Möglichkeit *der ursprüngliche Text* ist, den sie bearbeitet. Das ist eine Aufgabe, die durch Jahrhunderte hindurch in den Kirchen gar nicht im Blick stand. Im Westen lebte man ganz selbstverständlich mit der lateinischen Bibel. Im Gottesdienst wurde sie verlesen und bestimmte von daher die ganze Sprache der Liturgie. Noch heute liegt allen Entscheidungen über die römisch-katholische Lehre die lateinische Übersetzung der »Vulgata« als normativer Text der Bibel zugrunde. In den reformatorischen Kirchen war und ist die Übersetzung Luthers ganz selbstverständlich *die* Heilige Schrift. Die Heiligkeit der Bibel ist für deutsche protestantische Ohren mit diesem Wortlaut der Lutherbibel verbunden. Dass Luther sie aus dem hebräischen und griechischen Text übersetzt hat, ist nur den humanistisch gebildeten Theologen bewusst gewesen.
Erst seitdem man sich in der modernen Theologie von kirchlicher Tradition zu lösen begann, wurde aus der Kunst humanistischer Gelehrsamkeit das Prinzip historisch-kritischer Bibelwissenschaft: Nur der Urtext der Bibel in seiner hebräischen und griechischen Originalsprache kann es sein, den sie bearbeitet. Dieser aber liegt in einer Fülle von Handschriften vor, und deren Vergleich zeigt, dass sie von Satz zu Satz verschiedenen Wortlaut haben. Es hat mühseliger Arbeit von Generationen textkritisch kundiger Forscher bedurft, um diese Handschriften zu Gruppen zusammenzuordnen, die einen gleichen Text bieten. In deren verschiedenen Textformen gilt es, frühere von späteren zu unterscheiden. Und schließlich bedarf es dann doch noch einmal bei jedem einzelnen Satz, ja von Wort zu Wort einer je besonderen Entscheidung, bis ein Text erarbeitet ist, der wahrscheinlich oder nur mutmaßlich als der älteste erreichbare Text gelten kann.
So können wir heute mit einem Text arbeiten, der international mehrheitlich anerkannt ist. In den gedruckten Ausgaben sind aber die wichtigsten Abweichungen des Wortlauts verzeichnet, damit die Exegeten das Urteil ihrer textkritischen Kollegen überprüfen und gegebenenfalls

6 Die Bedeutung der verschiedenen Methoden wissenschaftlicher Exegese 159

für ihre Arbeit korrigieren können. Nicht zuletzt aber ist es ein ökumenisch sehr beachtlicher Fortschritt, dass es heute in der wissenschaftlichen Bibelauslegung aller christlichen Konfessionen einen gemeinsamen Text gibt, mit dem alle arbeiten!
Nicht selten handelt es sich bei textkritischen Entscheidungen um Urteile von theologischer Bedeutung. An einem Beispiel möge das hier augenfällig werden.
Im Johannesevangelium findet sich in 8,1–11 die bewegende Erzählung von einem Streit Jesu mit Pharisäern, die eine Frau beim Ehebruch auf frischer Tat ertappt haben. Nach dem Mosegesetz muss sie deswegen gesteinigt werden (Lev 20,10; Dtn 22,22–24). Jesus reagiert darauf mit der Aufforderung: »Wer von euch ohne Sünde ist, werfe als Erster einen Stein auf sie!« Da gehen sie einer nach dem anderen wortlos davon. Als er mit ihr allein zurückbleibt, sagt er ihr: »Auch *ich* verurteile dich nicht! Geh hin und sündige von jetzt an nicht mehr!« (V.11). In vielen wichtigen Handschriften fehlt diese ganze Geschichte. In wenigen steht sie im Lukasevangelium (hinter 21,38), in einigen am Schluss des Johannesevangeliums (nach 21,25) deutlich als Anhang. In der Majorität hat sie ihren festen Ort zwischen 7,53 und 8,12. Aber gewichtige Kirchenväter im Westen wissen von ihr nichts, erst Ambrosius und Augustinus kannten und schätzten sie.
Bei einem solchen Sachstand ist das Urteil, diese Geschichte gehöre zum ursprünglichen Text des Johannesevangeliums, ganz unwahrscheinlich. Sie passt zwar in den Zusammenhang, aber die Sprache ist ganz unjohanneisch und gleicht viel eher der der synoptischen Evangelien, wie auch der Charakter der sehr anschaulichen Erzählweise. Deswegen ist der Ort im Lukasevangelium passender. Aber wie sollte die Geschichte von dort in das Johannesevangelium geraten sein? Die überzeugendste Erklärung ist die: Die Erzählung gehört zu dem zahlreichen Traditionsgut, das, aus früher mündlicher Überlieferung stammend, in der Alten Kirche teils in die kanonischen Evangelien an verschiedenen Stellen nachträglich hinzugekommen, teils aber auch abgelehnt worden ist (weil Strenggesonnene sie als zu lax beurteilten?). Erst seit dem 4. und 5. Jahrhundert fand sie dann ihren festen Ort in der lateinischen Bibel (der »Vulgata«) und ist dann von Luther als zum Johannesevangelium zugehörig mitübersetzt und so in der katholischen wie in der lutherischen Kirche besonders beliebt geworden, dort als Vorform der Taufe, hier als besonders eindrucksvolles Zeugnis der Rechtfertigung der Sünder. Erst nach Beginn der textkritischen Wissenschaft ist ihr Fehlen in einer Reihe von Handschriften entdeckt worden; und bis ins 20. Jahrhundert wurde ihre »Echtheit« ebenso vielfältig umstritten wie ihr Inhalt geliebt und darum mit besonderem Interesse ausgelegt. Weil sie inhaltlich der Erzählung in Lk 7,36–50 sehr nahe steht, hat man mit gutem Grund vermutet, dass sie zu alter judenchristlicher Tradition gehört und so möglicherweise auf Jesus

zurückgeht. Augustinus bringt das treffend zum Ausdruck, indem er den Schluss der Geschichte so auslegt: »Zurück blieben nur zwei: eine Erbärmliche und ihr Erbarmer«!
So ›dramatisch‹ freilich wie in diesem Fall sind textkritische Probleme sonst zumeist nicht. Dass ein ganzer Abschnitt in der handschriftlichen Überlieferung erst später hinzugekommen ist, gibt es nur noch einmal: Mk 16,9–20 ist eindeutig ein Anhang, der hinzugefügt worden ist, damit auch im Markusevangelium die wichtigsten Erscheinungen des Auferstandenen, die in den anderen Evangelien berichtet werden, wenigstens kurz genannt werden.

2. Auch *literarkritische Entscheidungen über die Verfasser der neutestamentlichen Schriften* bedürfen methodischer Strenge. Urteile, dass manche Schriften wahrscheinlich nicht von den Verfassern stammen, in deren Namen sie geschrieben sind, sind durchaus möglich und verstoßen nicht gegen die nötige Achtung vor der Heiligen Schrift. Das gilt aber nur dort, wo diese Urteile mit *text*kritischen Argumenten begründet werden – nicht aber mit ›sachkritischen‹, so als bestehe die ›Unechtheit‹ in einer theologischen Fehlerhaftigkeit der betreffenden Schriften.
Nehmen wir als Beispiel die ›Pastoralbriefe‹ (1/2Tim; Tit). In diesen spricht zwar Paulus; aber die nahezu durchweg offensichtliche sprachliche Verschiedenheit gegenüber den echten Paulusbriefen lässt sich nur erklären durch die Annahme, dass eine kirchenleitende Persönlichkeit in den Gemeinden des Paulus in späterer Zeit die Autorität des Apostels in Anspruch genommen hat, um eine Ordnung kirchlicher Ämter in apostolischer Autorität einzuführen, durch die die Gemeinden vor Irrlehren geschützt und zur Bewahrung der Wahrheit des von Paulus gelehrten Evangeliums angehalten werden sollen. Deswegen gestaltet er diese Briefe so, dass es die beiden wichtigsten Mitarbeiter des Paulus sind, Timotheus und Titus, denen er diese Anweisungen gibt.
In der Sache stimmt diese Zielsetzung mit einem wichtigen Anliegen des Paulus völlig überein: Paulus hat für alle Anweisungen an seine Gemeinden und vor allem im Kampf gegen Gegner, die sie zu Irrlehre oder gar zum Abfall vom Evangelium verführen, seine volle apostolische Autorität in Anspruch genommen. Er hat sich auch dieser beiden Mitarbeiter bedient, um ihn in Krisensituationen mit seiner Vollmacht in der Gemeindeversammlung zu vertreten. Dem entspricht es, dass nach seinem Tod seine apostolische Autorität wirksam bleiben und von Persönlichkeiten zur Wirkung gebracht werden musste, vor allem wenn es um die Abwehr weiterer Irrlehren ging. Dass es dazu der Einrichtung fester Ämter bedarf, deren Übernahme durch Übertragung apostolischer Vollmacht geschehen muss, ist zwar eine Ordnung, die sich in den Briefen des Paulus nicht findet. Man kann sie auch »früh-

katholisch« nennen, *wenn* man darin nicht eine theologische Disqualifizierung sieht. *Theologisch* ›unecht‹ sind diese drei Briefe keineswegs, auch wenn sie *literarisch* Paulus nicht zum Autor haben. Es steht mit ihnen so, wie es mit der Rede in Apg 20,17ff. steht, die Lukas Paulus in den Mund legt. Der Vergleich zeigt, dass es in nachapostolischer Zeit dringend notwendig gewesen ist, die weitere Präsenz apostolischer Autorität in der Kirche in der Nachfolge des Paulus sinnvoll zu ordnen und stark zu machen.

Oft wird gegen solche Urteile eingewendet, es werde den ›falschen‹ Verfassern unterstellt, ihre Adressaten zu betrügen. Dem kann man zwar entgegenhalten, dass es in antiker Literatur gang und gäbe gewesen ist, sein Buch durch den Namen berühmter Männer aufzuwerten (›Pseudepigraphie‹). Doch dadurch wird der Einwand nicht entkräftet. Man sagt dagegen: Autoren von Büchern der Heiligen Schrift würden sich solcher Täuschungsmittel niemals bedienen, auch wenn diese in der heidnischen Umwelt noch so üblich gewesen sind. Wenn man jedoch zeigen kann, dass es im Sinne des Apostels war, das Evangelium, das zu verkündigen ihm vom auferstandenen Herrn selbst aufgetragen ist, nach seinem Tod in der gleichen Vollmacht weiterzuverkündigen und seine göttliche Wahrheit gegen Irrlehre von »Lügenpropheten« (1Tim 4,1; vgl. 1Joh 4,1) zu verteidigen, dann wollte der Verfasser der Pastoralbriefe ja keineswegs täuschen, sondern in der Vollmacht des Apostels die Wahrheit bezeugen und ihrer Weiterüberlieferung in der Kirche dienen. Wenn man so bei aller Verschiedenheit der Sprachweise eine theologische Übereinstimmung mit Paulus nachweisen kann, dann ist auch ein literarisch ›unechter‹ Brief der Sache nach durchaus ›echt‹.

Das Gleiche gilt für den Epheserbrief, dessen großartige christologisch-heilsgeschichtliche Begründung der einen Kirche aus Juden und Heiden (2,11–22) geradezu ein Prachtstück paulinischer Theologie, jedoch aus textkritischen Gründen ein nachpaulinisches Schreiben ist. Denn sein Verfasser folgt dem ›echten‹ Kolosserbrief als Vorlage Abschnitt für Abschnitt. Das spricht aber nicht gegen ihn, sondern für ihn. Literarkritisch bestreitbar ist dagegen das verbreitete Urteil über den 2. Thessalonicherbrief als einem ›Plagiat‹ des ersten.

Die sieben ›katholischen‹ Briefe stammen wahrscheinlich allesamt nicht vom Bruder Jesu Jakobus und nicht von seinen Jüngern Petrus, Judas und Johannes. Von diesen Briefen sind aber nur der 2. Petrus- und der Judasbrief inhaltlich-theologisch anfechtbar, weil darin teilweise jüdisch-apokalyptische Stoffe ohne christliche ›Eingemeindung‹ allzu viel Gewicht haben. Vergleicht man sie mit dem so zentralchristlichen apokalyptischen Kolossalgemälde der Johannesoffenbarung, so wird der qualitative Unterschied augenfällig.

Bei den Evangelien sind die Verfassernamen schon dadurch unsicher, dass sie in den drei ›synoptischen‹ Evangelien selbst nirgendwo genannt, sondern nur aus der Kirche des 2. Jahrhunderts überliefert sind. Und der in Joh 21,24 mit Emphase genannte Verfasser des Johannesevangeliums ist, wie wir gesehen haben, eine rätselhafte Gestalt, weil er zwar zu den zwölf Jüngern Jesu zählt, aber erst zu Beginn der Passionsgeschichte (Joh 13,23) erscheint und von dort an durchweg nur als »der Jünger, den Jesus liebte« bezeichnet und nirgendwo mit Namen genannt wird (19,25–27; 20,3–10; 21,7.20–23). Ihn mit dem Zebedaiden Johannes gleichzusetzen, ist ebenso unbelegt, wie es geradezu falsch ist, in ihm den »Lieblingsjünger« zu sehen; denn seine Bezeichnung lautet an keiner Stelle so, dass Jesus diesen Jünger den andern vorgezogen hätte, und nach 18,1 hat Jesus sie »alle« gleich geliebt. Diese Rätselhaftigkeit ist offensichtlich bewusst und hat ihren besonderen Sinn: Als der Verfasser des Evangeliums (21,14) »bleibt« er in der Kirche bis zur Wiederkunft Jesu. Diesen hat er zu bezeugen, und zwar so, dass er als einer der Zwölf die Wahrheit der Passion und Auferstehung seines Herrn der Kirche aller Zeiten zu bezeugen hat. Vielleicht darf man in ihm auch den Verfasser des 1. Johannesbriefs sehen; dann wäre er mit »dem Ältesten« als Verfasser des 2. und 3. Johannesbriefs identisch – aber auch der stellt sich ohne Namen vor!

Auch die drei ›synoptischen‹ Evangelien müssen wir lesen, ohne deren Verfasser sicher benennen zu können. Ihrem hohen Geschichtswert tut das keinen Abbruch; und ihrem je besonderen theologischen Charakter erst recht nicht. Dass schließlich Lukas die von ihm erzählte Geschichte Jesu in seiner Apostelgeschichte in ungebrochener Kontinuität fortführt: als Geschichte der Verkündigung der Geschichte Jesu durch Petrus und Paulus, ist ein besonderer Grund, ihn als den historischen Theologen des Urchristentums besonders zu schätzen.

3. Theologisch am wichtigsten und für das historische Verständnis aller neutestamentlichen Schriften am fruchtbarsten von allen Methoden historisch-kritischer Exegese ist die der *form- und traditionsgeschichtlichen* Analyse. Hier wird ernst genommen, dass die *Schriften* des Neuen Testaments ja nicht ›Literatur‹ sind, die sich an ein lesekundiges Publikum richtet, sondern Zeugnisse des urchristlichen Glaubens, die aus dem Leben urchristlicher Gemeinden entstanden sind und diesem Leben dienen wollen. Man kann die Schriften nur dort angemessen verstehen, wo dieser lebendige kirchliche Hintergrund mit wahrgenommen und ausgelegt wird. Der Exeget befindet sich nicht mehr – wie früher – nur im Gespräch mit den Autoren der Schriften als mit seinen Kollegen, sondern Exegese wird auch zu einer Kommunikation mit den Gemeinden des Urchristentums.

Der Weg dazu ist die Aufgabe der form- und traditionsgeschichtlichen Methode. Diese ist in den Briefen einfacher zu bewältigen als in den Evangelien. Paulus weist in 1Kor 15,1f. und in 11,23 mit Betonung darauf hin, dass es sich bei dem Evangelium, das er seiner Gemeinde

6 Die Bedeutung der verschiedenen Methoden wissenschaftlicher Exegese 163

bei ihrer Gründung verkündigt hat, und bei den Einsetzungsworten Jesu zur Feier seines Mahles mit den Seinen um fest formulierten Wortlaut handelt, den er selbst bereits (bei seinem Christwerden in Jerusalem) so »empfangen« hat. Auf diesen Traditionscharakter einmal aufmerksam geworden, lässt sich an vielen Stellen seiner Briefe solches Traditionsgut erkennen, das Paulus in seiner Rede einflicht: kurze Zusammenfassungen des zentralen Inhalts der Verkündigung und das darauf antwortende Bekenntnis im Zentrum der Taufeier (Röm 10,9f.); beides verbunden in einem kunstvoll formulierten Christus-Psalm (Phil 2,6–11; vgl. Kol 1,15–20; 1Tim 3,16); auch kurze Zusammenfassungen der Hauptinhalte der Missionspredigt (1Thess 1,9f.) sowie der christlichen Lebenspraxis im Gegensatz zu der des vorigen heidnischen Lebens, aus dem der Getaufte ein für allemal ausgetreten ist (vgl. 1Thess 4,3ff.) und die vielen Reihen von ›Lastern‹ »einst« und christlichem Tun »jetzt« (z.B. 1Kor 6,9f.; Gal 5,19–23). Das sind wohl Stoffe des Katechumenenunterrichts.

In Paulus' eigener Verkündigung liegen all diese Stoffe zugrunde und werden laufend durch neue Erfahrungen aktualisiert und erweitert. Überall ist es Paulus sehr wichtig, dass seine Gemeinden diese Grund-Tradition lebendig bewahren; und er betont seinerseits, dass diese die Basis all dessen ist, was er verkündigt und lehrt. In späteren Briefen werden dann auch seine Auseinandersetzungen mit den radikaljudenchristlichen Gegnern in festen Formeln Traditionsgut der paulinischen Gemeinden (2Tim 1,9f.; Tit 3,4–7). Vor allem die Liturgie des Gottesdienstes ist reich an Lobpreis-Formeln, die im jüdischen Synagogengottesdienst ihre traditionsgeschichtliche Heimat haben (Gal 1,5; Röm 11,33–36); sowie auch reich an Bekenntnissen der Einheit Gottes und Christi (1Kor 8,6; Eph 4,4–6; 1Tim 2,5f.). Es bildet sich schon früh eine eigene liturgische Sprache mit einem Überreichtum an parallelen Formulierungen (vgl. besonders Eph 1,3–14; 3,14–21; 1Petr 1,3–9). In der Johannesoffenbarung finden sich viele liturgische Stücke aus judenchristlichem Gottesdienst (4,8–11; 5,9f.13; 7,12; 11,15.17f. usw.).

Aber auch für das Verständnis der *synoptischen Evangelien* hat die formgeschichtliche Methode eine theologisch wichtige Bedeutung. Sie hat uns die Einsicht erschlossen, dass es eine breite und vielfältige *mündliche Überlieferung* verschiedener Stoffe aus der Verkündigung und Lehre Jesu und aus seinem Wirken und Geschick gegeben hat, bevor diese in der Form schriftlicher Evangelien zu einem Gesamtbild der Geschichte Jesu zusammengefügt worden sind. Die Gleichnisse Jesu sind ursprünglich einzeln überliefert worden und später im Katechumenenunterricht zu Gruppen zusammengeordnet worden (z.B. Mk 4,24–29.24–30.30–32 und Lk 13,18f.20f. / Mt 13,31f.33 sowie 13,44. 45f.47–50). Später sind dann zu einzelnen Gleichnissen Ausdeutungen hinzugefügt worden (Mk 13,20; Mt 13,36–43). Gleiches gilt für die

Lehrsprüche Jesu, die zuerst zum Lernen in kleinen Einheiten zusammengestellt und später zu Lehrreden komponiert worden sind, woraus schließlich die Evangelisten große Reden Jesu gestaltet haben. Durch die Unterscheidung von Stoffen aus mündlicher Überlieferung und ihrer Zusammenordnung durch die Evangelisten sind wir heute in der Lage, nicht nur den ursprünglichen Sinn der einzelnen Sprüche und Gleichnisse Jesu zu erkennen, sondern auch die Gesichtspunkte ihrer Sammlung als Hilfe zum Auswendiglernen im Unterricht, sowie schließlich auch die theologischen Leitgedanken der Verfasser der Evangelienbücher. Ohne die Annahme, dass schon zu Jesu Lebzeiten seine Jünger seine Verkündigung und Lehre für sich und für neu Hinzugestoßene im Wortlaut sich eingeprägt haben, lässt sich dieser vielfältige Überlieferungsprozess nicht erklären. Und dass die Menschen damals über eine erstaunliche Gedächtnisfähigkeit verfügten, ist auch aus den vielerlei Lernvorgängen in den Synagogen und Rabbinenschulen bekannt. Ein großer Teil der Stoffe ist wahrscheinlich vorösterlichen Ursprungs gewesen; und dies war dann in der nachösterlichen Zeit der Kern des Lehrunterrichts in den judenchristlichen – und später auch heidenchristlichen – Gemeinden, der sich bald nicht mehr nur auf den Katechumenenunterricht beschränkt hat, sondern in Schulen unter der Leitung von »Lehrern« weiterentwickelt worden ist.

Auch Erzählungen der Wundertaten Jesu sind wohl bereits in vorösterlicher Zeit in relativ festen Formulierungen überliefert und später in der Missionsverkündigung als Erweis der Vollmacht Jesu berichtet worden (vgl. Apg 2,22; 10,38). Vor allem aber hat es wahrscheinlich bereits in der ersten Zeit nach Ostern einen zusammenhängenden Bericht über das Passions- und Ostergeschehen gegeben, der – jedenfalls hauptsächlich – nicht zur Lehre diente, sondern im Gottesdienst regelmäßig verlesen worden ist. Darauf weist die Einleitung der von Paulus in 1Kor 11,23–25 zitierten Abendmahlsworte Jesu hin (»in der Nacht, in der er übergeben worden ist«!).

So hat die form- und traditionsgeschichtliche Methode entscheidend dazu beigetragen, dass »die Frage nach dem historischen Jesus« nicht auf den kritischen Vergleich der Evangelien und die daraus gezogenen Vermutungen beschränkt geblieben ist, sondern festen Grund unter die Füße bekommen hat. Zwar gilt das nicht für den Verlauf der Geschichte Jesu; dieser kann nach wie vor – mit Ausnahme des Passionsgeschehens – nur durch Rekonstruktion ermittelt werden. Dafür sind aber viele Einzelaspekte der vorösterlichen Überlieferungsstoffe hilfreich. Ob die Geschehensfolge im Markusevangelium in irgendeiner Form traditionsgeschichtlich vorgegeben war oder vom Evangelisten erstmals gestaltet worden ist, ist nicht eindeutig zu entscheiden.

4. ›Sachkritik‹

Die sogenannte ›Sachkritik‹ ist zuerst, wie wir sahen, in der Aufklärungszeit in der Form entstanden, dass alles, was in der Bibel der modernen Vernunft widerspricht, der Ablehnung verfiel und von daher allzu rasch auch als »unhistorisch« beurteil wurde. Dass solche Urteile der Methode historischer Texterklärung nicht angemessen sind, ist klar. ›Sachkritik‹ kann sich grundsätzlich nur aus historischer Exegese der Texte ergeben, diese aber nicht von vornherein bestimmen.

›Sachkritik‹ gibt es heute in zweifach verschiedener Form: einerseits als theologische Kritik an bestimmten neutestamentlichen Autoren und andererseits als Urteil, man brauche sich heute an bestimmte Lehren, Gebote oder Ordnungen im Neuen Testament nicht zu halten, weil diese »zeitbedingt« nur für die damalige Situation Geltung gehabt hätten. Man könne stattdessen seinen Glauben nach eigenen Gesichtspunkten verstehen, nach Regeln der modernen Lebenswelt leben oder neue Ordnungen schaffen. Es ist zu fragen, ob und wie ›Sachkritik‹ in der einen oder anderen Form angemessen anzuwenden ist.

Was die erste Frage betrifft, finden sich im Neuen Testament selbst manche ›sachkritische‹ Urteile über alttestamentliche Aussagen oder Sachverhalte. Zum Beispiel ersetzt Paulus in Röm 10,6–8 die Zusage der hilfreichen Nähe der Tora in Dtn 30,12–14 durch die Nähe des Christusevangeliums. Er deutet in 2Kor 3,12–18 die Erzählung in Ex 34,27–35 polemisch um. Der Hebräerbrief streitet in 7,18f. dem Sühnekult des Mosegesetzes jegliche Heiligungskraft ab und spricht sogar in 10,10 von der »Aufhebung« des alten Bundes durch den neuen. Widerspricht das nicht der gewichtigen Erklärung Jesu in Mt 5,17, dass er nicht gekommen ist, das Gesetz außer Kraft zu setzen, sondern es zu erfüllen und entsprechend von seinen Jüngern eine genaueste Erfüllung auch der kleinsten Gebote verlangt, (V. 19) sogar weitaus besser als die Toralehrer und Pharisäer (V. 20)? Dass dies nicht der Fall ist, lässt sich durch gründliche Exegese jener Stellen begründen. Die Gesetzeskritik des Paulus hat ihren Grund darin, dass es *Sündern*, die den Geboten zuwiderhandeln, nur den »Fluch« Gottes zusprechen kann, der nicht durch ein Tun der Gebote aufgehoben werden kann, sondern nur durch den Glauben an Christus, der Sünder von diesem »Fluch« des Gesetztes befreit (Gal 3,10–13). Als *Gottes* Gesetz bleibt die Tora – besonders mit den Geboten des Dekalogs unter dem Grundgebot der Nächstenliebe (Röm 13,8–10) – aber selbstverständlich bestehen (Röm 3,31). Im Hebräerbrief ist es nur der Sühnekult des Tempels, der durch den Sühnetod Christi ganz und gar aufgehoben worden ist. Darin urteilt Paulus genauso (Röm 3,25).

Dies mag beispielhaft zeigen, dass ›sachkritische‹ Urteile im Neuen Testament gegenüber dem Alten vom Grund gesamtbiblischer Theologie her in ihrem Sinn so zu verstehen sind, dass ein ausschließender Gegensatz zum Alten Testament nicht besteht und nicht behauptet werden darf (Röm 9,4). Ja, wir haben gesehen, wie Paulus seine eigene überspitzt polemische Auslegung der Abrahamgeschichte im Galaterbrief (4,21ff.) im Römerbrief zu korrigieren vermag (Röm 4,1–25; 11,1ff.).

Es gibt nun aber im Alten Testament durchaus auch Stellen, denen gegenüber heute ›Sachkritik‹ unumgänglich notwendig ist, obwohl sich eine solche im Neuen Testament nicht findet.

Ein besonders bedrückendes Beispiel dafür ist die Erzählung in Dtn 1,19–3,29; 7,17ff. Dort gebietet Gott Israel geradezu, bei der Einnahme des ihm von Gott zugeeigneten Landes die Städte mit Gewalt zu besetzen und sämtliche Einwohner umzubringen. Das ist dort völlig ernst gemeint, ist aber unter dem christlichen Aspekt des Neuen Testaments unannehmbar. Es widerspricht der Gnade Gottes im Christusgeschehen und dem von daher begründeten Gebot der Nächstenliebe einschließlich der Liebe zu Feinden so zentral, dass man sich als Christ wundern muss, warum es dagegen im Neuen Testament keinerlei sachkritische Urteile gibt. In entsprechender Weise bitten die Psalmbeter Gott so vielfach um Bestrafung und Vernichtung ihrer Feinde, dass es Christen unmöglich ist, diese Bitten dem Gott Jesu Christi vorzutragen. Weil der Psalter aber seit vielen Jahrhunderten das Gebetbuch der Kirche ist, hat man sich im Altertum und besonders im Mittelalter Abhilfe geschaffen durch allegorische Auslegung: Die Feinde werden so zu allem Gottfeindlichen in uns selbst; und die Bitte christlicher Psalmbeter ist die, er möge alle Sünde in uns – und auch in der ganzen Welt – gänzlich vernichten durch den Frieden, den seine Gnade schafft. Viele Generationen bis in unsere Gegenwart beten diese Psalmen in solcher allegorischer Umdeutung als Akt ›spiritueller Sachkritik‹. Und so umgedeutet, gewinnen all diese Bitten einen geistlich tiefen Sinn, der der Mitte des neutestamentlichen Glaubens entspricht.

Aber auch innerhalb des Neuen Testaments zeigen sich Streitigkeiten, die durchaus den Charakter gegenseitiger theologischer Kritik haben. Dabei sind nicht nur die vielerlei Auseinandersetzungen mit Irrlehrern gemeint. Der historische Exeget hat diesen ebenso gerecht zu werden und sie mit ihrem Anliegen ebenso als urchristliche Theologen ernst zu nehmen wie ihre apostolisch-rechtgläubigen Gegner, soweit das aus deren Polemik in ihren Briefen überhaupt möglich ist. Die judenchristlichen Gegner des Paulus in Galatien wollten sehr wohl Christen sein, verstanden sich jedoch als gesetzestreue Juden und wollten den dortigen Heidenchristen die Beschneidung und volle Verpflichtung auf die Tora als Weg zu ihrer Teilhabe am Heil Israels öffnen (Apg 15,1). Damit verstießen sie allerdings gegen den feierlichen Beschluss des Apostelkonzils (Gal 2,7–9; Apg 15,28f.). Insofern hatte Paulus Recht gegen sie. Aber wie steht es mit seiner späteren Auseinandersetzung mit Petrus (Gal 2,11ff.)? Der harte Vorwurf der Heuchelei (V. 13) traf zwar der Sache nach zu, sofern Petrus und die anderen Judenchristen in Antiochia die praktizierte (eucharistische!) Tischgemeinschaft aufgaben, weil die Gesandten aus Jerusalem es verlangten. Offensichtlich war die Gestaltung der Praxis des Zusammenlebens in gemischten Gemeinden beim Apostelkonzil offengeblieben. Doch auch darin müssen wir Paulus Recht geben: Christus, der für alle gestorben ist, Juden wie Heiden, wird verleugnet, wenn die durch ihn bewirkte eucharistische Mahlgemeinschaft um der Speisegesetze der Tora willen abgebrochen wird (V. 21). Zu solcher Entscheidung aber bedarf es, die damaligen Positionen der Streitenden beider Seiten zu verstehen und selbst den Widerspruch zu *Christus* als der Mitte des Evangeliums zu erkennen, den ein Bruch der Gemeinschaft von Juden- und Heidenchristen bedeutet. Das eben ist das entscheidende Kriterium legitimer Sachkritik.

Kritisiert man dagegen als heutiger Exeget zum Beispiel den Autor des Jakobusbriefs deswegen, weil er in 2,14ff. die These vertritt, Glaube könne ohne Werke keine Heilskraft haben, und diese These dem Kern der Rechtfertigungslehre des Paulus stracks widerspreche, dann wird man der Aufgabe genauen Verständnisses als Voraussetzung ›sachkritischen‹ Urteils nicht gerecht. Denn Jakobus kritisiert ein liebloses Verhalten von Christen, die meinen, es komme doch allein auf den Glauben an, unabhängig von dem, was man tut oder zu tun unterlässt (V. 15f.). Das entspricht aber der zentralen Bedeutung, die auch Paulus der christlichen Pflicht zur Bruderliebe beimisst (vgl. 1Kor 8,12 sowie Gal 5,13–15). Auch die Auslegung von Gen 15,6 von Gen 22 her in Jak 2,21ff widerspricht nur auf den ersten Blick total der des Paulus in Gal 3,16ff. und Röm 4. Doch Jakobus geht es darum, dass die Rechtfertigung Abrahams aufgrund seines Glaubens den Gehorsam des Glaubenden meint, den er in der Opferung Isaaks erwiesen hat. Dass aber Glaube in Gehorsam besteht, gehört auch für Paulus zum Wesen des Glaubens (Röm 1,5; 6,15–18). Nur hebt Paulus, was die »Werke« betrifft, darauf ab, dass *Sünder* durch ihr Tun nicht *gerecht werden* können, während Jakobus als judenchristlicher Theologe die Werke als Erweis des Glaubensgehorsams unter positivem Aspekt sieht. Der *Unterschied* zwischen beiden Theologen ist zwar augenfällig, aber er ist *kein theologischer Gegensatz* wie zwischen Paulus und Petrus beim Streit in Antiochien.

›Sachkritik‹ ist in neutestamentlicher Exegese nur dort angemessen, wo es um wirkliche Gegensätze in zentralen Fragen des Glaubens geht.

Schließlich ist noch zu fragen: Gibt es nicht im Neuen Testament mancherlei zeitbedingte Aussagen, die als solche für unsere Gegenwart nicht übernommen zu werden brauchen? Das ist grundsätzlich nicht auszuschließen. Doch das Kriterium bei der Unterscheidung von Verbindlichem und nicht Verbindlichem muss sich aus der Mitte neutestamentlicher Theologie ergeben, darf jedoch nicht an dem bemessen werden, was dem heute lebenden Christen zuzumuten oder »nicht mehr« zuzumuten sei, oder gar nach dem, was in unserer heutigen Lebenswelt gilt oder nicht gelten darf.

Das spielt besonders dort eine Rolle, wo es darum geht, ob und wieweit die Gebote christlicher Ethik im Neuen Testament für moderne Christen als noch heute verbindlich zu gelten haben. Das ist sicherlich der Fall, wo es sich um Gebote handelt, die im Neuen Testament als christlich-essentiell gekennzeichnet sind. Ein Beispiel dafür ist das ausnahmslos-strikte Verbot jeglichen ehewidrigen Verhaltens (in Luthers Übersetzung unzutreffend auf »Hurerei« beschränkt). In allen Reihen von ›Lastern‹ steht dieses an der Spitze. Denn: Die Ehe von Mann und Frau ist nicht nur durch Gottes Schöpfung vorgegeben (Gen 1,27) und wird im 6. Dekaloggebot rigoros geschützt. Sondern Jesus hat die Bedeutung der Ehe dadurch noch gestärkt, dass er die in der Tora geregelte Ehescheidung (Dtn 24,1) aufgehoben und eine Ehe Geschiedener verboten hat (Lk 16,16; Mk 10,11f.). Matthäus schränkt zwar das Verbot der Ehescheidung im Fall eines massiv ehewidrigen Verhaltens ein (Mt 5,32; 19,9). Das hat aber nicht den Sinn, die hohe Wertung der Ehe pragmatisch zurückzunehmen, sondern im Gegenteil: Durch ehewidriges Tun *ist* die eheliche Gemeinschaft bereits zerbrochen.

Im ganzen Neuen Testament gilt die Ehe als Kernzelle der Familien- und Hausgemeinschaft und so auch des Zusammenlebens der Christen in der Gemeinde. Ein Bischof muss in der Führung seiner Ehe und in der Erziehung seiner Kinder vorbildlich sein (1Tim 3,4f.). Diese Hochschätzung der Ehe und lebenslanger ehelicher Liebe und Treue hat nach Eph 5,25–32 für Christen auch eine christologische Bedeutung: Darin spiegelt sich das »große Mysterium« der Liebe Christi zu seiner Kirche als seinem Leibe, dessen Glieder die Christen sind (V. 29–32).

So wäre es ein tiefes Missverständnis, würde man darin ein starres Bestehen auf eine feststehende, unverbrüchliche Ordnung sehen, der die Menschen zu dienen hätten statt umgekehrt die Ordnung den Menschen. Vielmehr handelt es sich um eine höchst lebendige und Leben schützende Ordnung. Gott selbst ist es, der die Gemeinschaft von Mann und Frau in das Wesen des Menschen als Gottes Ebenbild eingebunden hat und sie segnet, indem er daraus Kinder erwachsen lässt (Gen 15,5f.; Ps 128). Und Christus selbst ist es, der als das Haupt die Glieder seines Leibes durch die Gaben des eucharistischen Mahles mit seiner Liebe »nährt« (Eph 5,19f.). Wirkt doch aber diese Liebe Christi zuvörderst in der Heiligung und Heilung des Lebens der Seinen durch die Vergebung, die er ihnen schafft; und diese ist es vor allem, die sie sich gegenseitig weitergeben dürfen und sollen (Kol 3,12–15). So entspricht es nach Paulus dem Verbot der Ehescheidung durch den Herrn, wenn er Eheleute, die sich getrennt haben, zur Versöhnung als Voraussetzung der Wiederaufnahme ehelichen Zusammenlebens ermutigt (1Kor 7,11). Die Vaterunser-Bitte hat für Ehepaare eine stets aktuelle Bedeutung! Und dass Jesus im Hause eines Pharisäers ostentativ einer

6 Die Bedeutung der verschiedenen Methoden wissenschaftlicher Exegese

Prostituierten Gottes Vergebung zuspricht (Lk 7,48) und eine solche ihren pharisäischen Anklägern entgegen »nicht verurteilt« (Joh 8,11), ist zweifellos als Erweis dessen, dass er zu den Sündern, die er als Erste vor den Gerechten zum Reich Gottes beruft, gerade auch Prostituierte rechnet – als äußerste Gegenbilder zu treuen Ehefrauen: nicht etwa um diese in irgendeiner Weise zu diskreditieren, sondern um zu betonen, dass die Vergebung der Gottesherrschaft allen Sündern gegen das 6. Gebot, die zur Umkehr bereit sind, die Rückkehr in die Ehegemeinschaft eröffnet.

Einerseits also ist in Hebr 13,4 das Grundurteil des Neuen Testaments repräsentativ ausgesprochen: »Die Ehe werde bei allen in Ehren gehalten, und das Ehebett bleibe frei von Unreinheit. Unzüchtige und Ehebrecher wird Gott richten.« Jedwedes ehewidriges Tun also ist Sünde. Andererseits gilt ebenso eindeutig und grenzenlos: Diese Sünden können vergeben werden; Gottes Liebe hat in Christus allen Sündern Freiheit von ihrer Sünde geschaffen. Die einzige Voraussetzung der Vergebung ist das Eingeständnis der eigenen Sünde und die Bereitschaft zur Umkehr.

So klar dieses Urteil ist, so viele Probleme wirft es auf – für jeden Menschen der säkularisierten Lebenswelt unserer Gegenwart, der es für sein unveräußerliches Menschenrecht hält, sein Sexualleben nach seinem ureigenen Urteil gestalten zu dürfen. Im ganzen Bereich des Denkens dieser Zeitgenossen über Ehe und Ehescheidung und über Sexualität innerhalb oder außerhalb der Ehe kommt der Wille Gottes als Verhaltensnorm oder auch nur als Horizont des Verhaltens überhaupt nicht mehr vor. Wie darüber in der Bibel geurteilt wird, ist vielen von ihnen oft völlig unbekannt und jedenfalls in der eigenen Praxis nicht nachvollziehbar. Verlässliche Partnerschaften in gegenseitiger Ehrlichkeit und verantwortlicher Rücksicht – ja, solange die Gemeinschaft eben dauert: Aber das Kriterium kann nur das je ureigene Gewissen sein, das an keine äußeren Normen gebunden sein will.

Christen, die ihre Ehe im Gehorsam gegen Gottes Gebot leben wollen, sind auch in unserer heutigen Kirche wie in der Urchristenheit eine kleine Minorität. Die Mehrheit denkt und lebt Sexualität faktisch so, wie ›man‹ es eben heute tut. Liebe zu erleben und Liebe zu geben, so ›wie sie kommt‹, ist ihnen ganz einfach ein Gottesgeschenk; und es ist ihnen sehr wichtig, liebevoll miteinander umzugehen, damit die Liebe in ihrer Partnerschaft wächst und reift. Weil Gott ein Gott der Liebe ist, danken sie ihm für ihre Liebe und bitten ihn wohl auch, dass er das Seine dazu tun möchte, damit sie lange bleibt. Aber es ist ihnen ganz selbstverständlich, dass dieser Gott ihre Liebe die Sache ihres eigenen Lebens sein lässt und Verständnis dafür hat, wenn sie mit einem anderen Partner neu erblüht. Ehescheidungen sind zumeist kummervoll, aber wenn sie sein müssen, jedenfalls kein moralisches Vergehen; und erst recht nicht das Eingehen neuer Partnerschaften. Sofern man von Jesu Verbot hört, hält man es für ›weltfern‹ und kümmert sich nicht darum. Für einen modernen Christen kann die Bibel doch nicht ein Gesetzbuch sein, vor allem kein ›Strafgesetzbuch‹.

Christen, die so denken und leben, sind gewiss ernst zu nehmen. Die wenigsten sind sich dessen bewusst, dass in ihnen eine Mischung aus Aufklärung und Romantik nachwirkt. Ihnen deswegen das Christsein abzusprechen, ist allzu kurzschlüssig und auch oft nicht ganz ehrlich: Dass zumindest einiges davon auch im eigenen Leben dieser Kritiker wirksam ist, wer von ihnen könnte das rundweg bestreiten? Aber sehr wichtig ist es, jene leichtfüßige Bibelferne im gemeinsamen Gespräch zu überwinden und miteinander in neuer Begegnung mit der Bibel zu lernen, dass der Gott, den sie bezeugt, wohl ein Gott der Liebe ist, dass aber seine Liebe kein Spiegelbild menschlicher Liebe ist, sondern ihr eigenes Geheimnis in sich hat (Ex 34,6f.), das im Neuen Testament den Namen Christi trägt: seine Liebe zu uns, um derethalben er nach Gottes Willen sein eigenes Leben für uns hingegeben hat, damit wir nicht in unserem Leichtsinn am wahren Leben vorbeileben, sondern am Leben seiner Liebe teilhaben.

Immer mehr von Gottes Liebe in Christus zu lernen, *darin* zu wachsen und zu reifen, zu erfahren, dass seine Gebote so absolut gültig sind, weil sie dem wahren Leben dienen, und dass seine Vergebung immer neu die Kraft schenkt, Gottes Liebe in unser Leben immer tiefer hineinwirken zu lassen – das ist es, was ein ernsthaftes Studium des Neuen Testaments im Zusammenhang mit dem Alten Testament erbringen und womit die Bibel erneut zur Heiligen Schrift werden kann.

Literatur

Zum Ganzen

K. Barth, Die protestantische Theologie im 19. Jahrhundert. Ihre Vorgeschichte und ihre Geschichte, 6. Aufl. 1994
E. Hirsch, Geschichte der neueren evangelischen Theologie, Band IV, 1952; Band V, 1954
W.G. Kümmel, Das Neue Testament. Geschichte der Erforschung seiner Probleme, 1958 (Textauszüge aus den wichtigsten Schriften)
W. Pannenberg, Problemgeschichte der neueren evangelischen Theologie in Deutschland, 1997
H. Graf Reventlow, Epochen der Bibelauslegung, Band IV: Von der Aufklärung bis zum 20. Jahrhundert, 2001
Ch. Taylor, Ein säkulares Zeitalter, 2009

Zu Teil I

1

F.C. Baur, Das Christentum und die christliche Kirche der ersten drei Jahrhunderte, 1860
– Vorlesungen über Neutestamentliche Theologie, 2 Bände, hg. v. *F.F. Baur,* 1864 (Nachdruck 1973).
G. Hornig, Johann Salomo Semler, in: Gestalten der Kirchengeschichte, hg. v. *M. Greschat,* Band 8, 1983, 267–297
G.E. Lessing, Fragmente eines Ungenannten, Werke, hg. v. *H.G. Göpfert,* Band 7, 1978, 313–604
D.F. Strauß, Das Leben Jesu, 2 Bände, 1835–1836 (Nachdruck 1969)

3

I. Kant, Kritik der praktischen Vernunft (1788); Nachdruck in: Werke, hg. v. *W. Weischedel,* Band 6, 1975, 105–302
– Die Religion innerhalb der Grenzen der bloßen Vernunft (2. Aufl. 1794); Nachdruck in: *Kant,* Werke, hg. v. *W. Weischedel,* Band 7, 1975, 646–879
G.W.F. Hegel, Glauben und Wissen (1802), in: Werke, Band 2, 1969, 287–433
– Das Leben Jesu. Harmonie der Evangelien nach eigener Übersetzung (1794), hg. v. *P. Roques,* 1906
– Vorlesungen über die Philosophie der Religion, in: Werke, Bände 16/17, 1969
F. Nietzsche, Sämtliche Werke, Band 2: Menschliches, Allzumenschliches, Band 3: Fröhliche Wissenschaft; Band 4: Also sprach Zarathustra; Band 6: Der Antichrist

4

F.D.E. Schleiermacher, Der Christliche Glaube nach den Grundsätzen der Evangelischen Kirche im Zusammenhange dargestellt, 2 Bände (1821–1822); Band I, 7. Aufl. 1960, 74–105; Band II, 7. Aufl. 1960, 284–308
– Über die Religion. Reden an die Gebildeten unter ihren Verächtern, 1799 (Nachdruck 1999)
– Kleine Schriften und Predigten, hg. v. *H. Gerdes,* 1970, 354–359

5

E. *Troeltsch*, Die Absolutheit des Christentums und die Religionsgeschichte, 3. Aufl. 1929
- Glaubenslehre. Nach Heidelberger Vorlesungen aus den Jahren 1911 und 1912, hg. v. M. Troeltsch, 1925

6

P. *Feine*, Theologie des Neuen Testaments, 1910
- Die Religion des Neuen Testaments, 1921

H.J. *Kraus*, Die biblische Theologie. Ihre Geschichte und Problematik, 1970, 247–253 (zu J.C. von Hofman)

M. *Kähler*, Der sogenannte historische Jesus und der geschichtliche biblische Christus, 1892

W. *Neuer*, Adolf Schlatter. Ein Leben für Theologie und Kirche, 1969

A. *Schlatter*, Atheistische Methoden in der Theologie, 1905
- Die Theologie des Neuen Testaments, Band I, 2. Aufl. 1920; Band II, 2. Aufl. 1922

B. *Weiß*, Lehrbuch der Biblischen Theologie des Neuen Testaments, 1886; 5. Aufl. 1888

7

F.C. *Baur*, Der Gegensatz des Katholizismus und Protestantismus nach den Prinzipien und Hauptdogmen der beiden Lehrbegriffe. Mit besonderer Rücksicht auf Herrn Dr. Möhler's Symbolik, 1833; 2. Aufl. 1836

J.A. *Möhler*, Symbolik oder Darstellung der dogmatischen Gegensätze der Katholiken und Protestanten nach ihren öffentlichen Bekenntnisschriften, 1832; 7. Aufl. 1909

M. *Reiser*, Bibelkritik und Auslegung der Heiligen Schrift, 2007

8

K. *Barth*, Biblische Fragen, Einsichten und Ausblicke, Nachruck in: *J. Moltmann* (Hg.), Anfänge der dialektischen Theologie, Teil I, 1962, 49–76
- Der Christ in der Gesellschaft (1920), Nachruck in: ebd., 3–37
- Der Römerbrief, 2. Aufl. 1922

R. *Bultmann*, Karl Barths »Römerbrief« in zweiter Auflage, in: *J. Moltmann* (Hg.), Anfänge der dialektischen Theologie, Teil I, 1962, 119–142
- Die liberale Theologie und die jüngste theologische Bewegung, in: Glauben und Verstehen I, 1954, 1–25
- Neues Testament und Mythologie. Das Problem der Entmythologisierung in der neutestamentlichen Verkündigung, 1941 (Nachdruck 1985)
- Das Problem einer theologischen Exegese des Neuen Testaments, in: Glauben und Verstehen I, 1954, 47–72
- Welchen Sinn hat es, von Gott zu reden?, in: ebd., 26–37

Teil II

J. *Ratzinger / Benedikt XVI.*, Jesus von Nazareth, Band I, 2006; Band II, 2010
U. *Wilckens*, Theologie des Neuen Testaments, 2 Bände in 6 Teilbänden (2002–2009)